REBT와 인지이론으로

마음 다스리기

홍경자 저

학지사

머리말

세계인들이 인정하다시피 대한민국은 남북이 분단된 악조건하에서 불과 70년이라는 짧은 기간 동안 경제대국 10위 안에 드는 선진국의 대열에 속하는 성과를 거두었다. 그 결과 우리나라 국민들의 생활과 지적 수준이 크게 향상되었다.

그러나 짧은 기간에 신속한 발전을 이룩하는 과정에는 부작용도 따르기 마련이다. 불안정한 사회 분위기와 지나친 경쟁의식 및 빠른 속도의 사회 변화로 인하여 많은 사람은 스트레스를 안고 산다. 거기에 개인의 심리적, 적응적인 문제까지 더해져 현대인들은 정신건강상 여러 가지 어려움을 겪고 있는 실정이다.

심리적으로 어려움을 겪고 있는 개인을 도와주는 학문이 심리상담과 심리치료라고 하겠다. 대인관계 및 적응적인 면에서 애로를 경험하는 사람을 도와주는 심리상담과 심리치료는 이론적으로 ① 프로이트의 이론에 입각한 정신분석적 치료와 정신역동적 접근, ② 인간중심적 이론과 현상학적 접근, ③ 행동주의적 접근, ④ 인지이론적 접근의 네 가지 방식을 취한다.

요즈음에는 이들 네 가지의 접근 중에서 인지이론적인 방법이 상담과 심리치료에서 가장 많이 사용되고 있다.

똑같은 스트레스 상황에서 어떤 이는 비교적 느긋하게 그 상황을 대처해 나가는가 하면, 또 어떤 이는 안절부절 불안해하고 공황 상태에 이르기까지 극심한 고통을 경험한다. 인지치료의 이론적 입장에서는 개인이 그 상황(사건)을 어떻게 지각하고 받아들이는가, 곧 개인의 인지 내지 사고방식에 따라서 이러한 차이가 발생한다고 보는 것이다. 그래서 어떤 상황을 접했을 때 개인의 사고방식 내지 신념체계가 정신건강상 건전하고 합리적인가, 아니면 왜곡되고 건강하지 못하며 비합리적인가를 먼저 성찰해 보도록 한 뒤에 그의 비합리적인 생각을 타당하고 현명한 생각으로 바꾸도록 안내하는 것이다.

인지적 상담과 치료의 방법을 최초로 체계화한 사람은 엘리스(Albert Ellis)다. 그의 이론인 '합리적 정서행동치료(Rational Emotive Behavior Therapy: REBT)'가 세상에 공표된 이후에 인지치료(CP), 수용전념치료(ACT), 마음챙김, 심리도식치료 등이 개인의 사고 내지 신념을 다루는 이론으로 소개되었다. 이들 이론을 인지행동치료(Cognitive Behavior Therapy: CBT)라 한다.

이 책은 엘리스의 REBT의 주요 개념과 치료방법의 실제에 대하여 설명하면서 CBT의 내용도 아울러 소개하고 있다.

우리 인간은 똑똑하고 명석하며, 합리적이고 과학적으로 사고하는 경향이 강하다. 그러나 우리는 또 어리석고 비합리적이며, 왜곡되고 미신적으로 사고하는 경향도 강하다. 이처럼 우리는 선천적으로, 또 후천적으로 합리성과 비합리성을 동시에 가지고 태어났다. 그래서 어떤 문제는 명석한 두뇌를 활용하여 잘 해결하지만, 어떤 문제에 대해서는 어처구니없이 비논리적으로 대처하고 마치 5, 6세의 어린이처럼 미숙하게 대응하기도 한다.

예를 들어, 어떤 사람이 누구와 갈등을 겪게 될 때, 합리적이고 현명한 사람은 그와 대화하여 서로 오해를 풀어보려고 노력하거나, 그것이 안 되면 기분은 나쁘지만 어쩔 수 없이 다른 사람들과 친해지려고 노력할 수 있다. 그것도 저것도 안 될 때는 겸손하게 엎드려 오로지 자기가 해야 할 중요한 일에 전념하고 미래를 준비할 수도 있다. 그런데 어떤 사람은 지적으로는 매우 명석함에도 불구하고, 그런 갈등 상태를 견디지 못하여 크게 위축되고 사교적인 모임에도 일체 나타나지 않으며 심한 자기비하와 자기학대로 고통당하는 수가 있다. 이것은 그의 사고방식, 신념, 인지도식과 관련되어 있다. 그리고 그런 사고방식은 쉽사리 변화되지 않는 것이 사실이다.

엘리스는 자신의 생각과 신념체계를 검토하고 합리적이고 건강하게 인지적으로 재구성할 수 있는 방법을 ABCDE라는 자기지도양식으로 소개하였다. 또 개인의 고정관념이 쉽사리 변하지 않기 때문에 ABCDE의 작업을 상담자와 더불어 여러 번 익히는 것과 동시에 REBT의 사상에 대한 독서가 필수적이라고 하였다. 그래서 그가 저술한 『정신건강적 사고(A New Guide for Rational Living)』(홍경자 역, 1986)를 일반인과 내담자의 필독서로 권장하였다.

저자는 이 책에서 『정신건강적 사고』에 소개된 REBT의 핵심사상을 간추려 다시 소개하였다(본문 서술에서 엘리스의 강의 부분은 특별히 서체를 고딕체로 표시하였다). 그리고 저자가 상담한 인지행동적 이론의 상담사례와 현대의 두뇌이론도 간략하게 수록하였다.* 저자가 편저한 『REBT와 인지이론의 실제: 생각 바꾸기 훈련 사례』(2020)와 더불어, 이 책이 인지행동이론(CBT), 특히 REBT로 자기 마음의 평안과 인격적 성숙을 얻고 싶어 하는 모든 분과 심리상담에 종사하는 전문가 및 학생들에게 유익한 길잡이가 되기를 희망한다.

끝으로 이 책의 출판을 기꺼이 허락해 주신 학지사의 김진환 사장님께 깊이 감사드린다. 그리고 저자의 원고 저술과 수정 작업을 도와준 이정미, 배미정 선생에게도 고마운 마음을 전한다.

2020년 우면산 기슭에서

저자

* 참고로 이 책에 소개된 사례의 주인공은 모두 가명임을 밝혀둔다.

차례

02 정신건강적 사고로 인도하는 REBT 이론 _ 41

03 인간의 사고–정서–행동에 대한 두뇌 이론 _ 63

04 REBT로 마음 다스리기 _ 95

01

인간은 생각하는 갈대다

일찍이 파스칼(Pascal, 1623~1662)은 '인간은 생각하는 갈대다.'라고 비유적으로 말하였다. 갈대는 바람이 불면 이리저리 흔들리다가 바람이 멎으면 제자리로 돌아와 서 있다. 인간은 어떤가? 인생의 여정에 거센 바람이 불어오면 사람들은 이리저리 흔들리면서 아우성을 친다. 그리고 바람이 멎었는데도 거센 바람 속에 아우성치던 그 공포와 불안을 그대로 간직한 채 벌벌 떨거나 아예 좌초되어 일어설 줄을 모른다.

갈대에는 사고 능력이 없다. 그런데 인간은 사고 능력이 있기 때문에 난관에 부딪힐 때 절망도 하고 원망도 하며, 또 골똘하게 생각한 끝에 난관을 돌파하기도 한다. 우리를 불안하고 공포에 떨게 하는 상황을 '위기'라고 할 때, 위기는 크게 다음의 두 가지의 형태로 다가온다.

① 사랑하는 사람의 갑작스러운 죽음, 예고 없는 해고, 중대한 사고와 자연재해처럼 예상하지 못한 충격의 형태로 다가오는 위기가 있다.

② 결혼의 파탄, 만성 질환, 경제적 · 직업적인 곤경이나 청소년기 또는 중년의 위기, 은퇴 이후 삶의 전환기와 같은 발달적인 위기가 있다. 이런

경우에는 이전에 존재했거나 예상하고 있었던 문제가 마치 종기처럼 서서히 곪다가 드디어 곪아 터지는 경우다.

위기에 봉착하면 누구나 당황하기 마련이다. 그리고는 깊이 생각해 보지 않고 본능적으로 또는 감정적으로 대응하거나 과거에 익숙했던 비효율적인 방법으로 대처하는 경우가 허다하다. 그러나 소수의 사람들은 다각도로 좀 더 나은 새로운 방법을 찾아 강구하게 된다.

1. 위기에 현명하게 대처하는 방법

세계적인 문화인류학자이자 문명연구가인 다이아몬드(Jered Diamond)는 위기에 처했을 때의 대처 방안을 다음과 같이 제시하였다(강주헌 역, 2019).

① 위기상태라는 사실을 인정한다.
② 자기가 책임지고 무언가 행동해야 한다는 사실을 수용한다.
③ 문제점(제대로 기능하는 부분과 변경해야 할 부분)을 규명한다.
④ 정서적으로 물질적으로 지원받을 수 있는 자원을 알아본다.
⑤ 위기를 현명하게 타개한 성공사례(본보기)를 외부에서 찾아본다.
⑥ 자아강도를 점검한다.
⑦ 자기의 강점과 약점을 객관적으로 평가한다.
⑧ 자신이 과거에 경험한 위기에서 배울 점을 찾는다.
⑨ 세상의 불확실성과 실패의 가능성을 수용하고 인내심을 기른다.
⑩ 융통성 있고 유연한 태도로 임한다.
⑪ 위기 상황에서 자신의 기본철학(인생관)을 고수할지의 여부를 결정한다.
⑫ 외부적인 제약(방해조건)으로부터 자유로울 수 있는지를 점검한다.

대부분의 사람들은 삶의 경험이 제한적이고 주변의 인물을 통하여 보고 배울 수 있는 간접 경험의 폭도 넓지 않다. 게다가 다이아몬드가 제시한 것과 같이 객관적이고 포괄적인 안목으로 문제해결적인 대안은 찾아볼 수 있을 만큼 사고방식이 체계적이지 못한 경우가 허다하다.

그렇다면 어떤 자세로 임하는 것이 지혜로운 태도일까?

삶의 어려운 문제를 풀어 나가는 것은 마치 새로운 기술을 익히는 것과 비슷하다. 테니스, 골프, 수영, 축구, 배구, 춤, 악기 연주, 노래 또는 어떤 요리나 의복 디자인을 배운다고 하자. 처음에는 그 기능을 잘 수행하기 위한 원리를 배운다. 이어서 코치의 지도 아래 실습한다. 그다음에 자기 혼자의 힘으로도 너끈히 해 낼 수 있기까지 무수한 연습을 한다. 그러고 나서 여러 선수들이나 전문가들의 실력을 관전한다. 드디어 전문가로서 자기만의 개성을 살려 탁월한 솜씨를 세상에 선보인다.

인생의 난관을 헤쳐 나가려면 이와 비슷한 과정을 거쳐야 할 것이다. 적응적인 문제는 자기가 처한 곳의 상황, 그곳 사람들과의 관계와 자신의 심리 상태 및 실제적 대처방식이 복합적으로 얽혀 있다. 그러므로 앞에서 언급한 것과 같은 어떤 기능을 배우는 것보다는 훨씬 더 고차원적인 해결 능력을 요구한다. 따라서 심리적인 문제 해결을 위해서는 다음과 같은 단계가 필요하다.

(1) 다양한 사람들의 삶의 이야기를 접한다

다른 사람들은 인생의 위기를 어떻게 헤쳐 나갔는가? 그들의 신념과 가치관은 그들의 삶에 어떤 영향을 주었는가? 여러 사람의 진솔한 체험담을 들으려면 독서를 해야 한다. 내가 군이 정치에 관심이 없더라도 남아공의 만델라 대통령, 영국의 처칠 수상, 미국의 루즈벨트 대통령의 전기 등을 읽게 되면 가슴을 울려주는 감동과 더불어 나의 시야는 확장될 것이다.

(2) 심리적인 전문가의 도움을 받아 새로운 대처방식을 습득한다

삶의 애로점을 경험할 때 대개는 골똘하게 생각하고 걱정하느라 많은 시간을 허비한다. 그렇더라도 뾰족한 수가 생각나지 않은 채 시간만 흘러가고 마음은 여전히 무겁기만 하다. 이때 상담심리전문가나 정신치료의 전문가를 찾아가 도움을 구하는 것이 시간적으로나 에너지 면에서 훨씬 더 경제적이다.

첫째로, 전문가와 더불어 나의 문제는 무엇인가를 명확하게 규명할 수 있다. 내 힘으로 해결 가능한 문제인가, 아닌가? 실제 문제보다 과대평가해서 내가 안절부절하고 있는 것이 더 큰 문제인가? 이런 것들을 객관적으로 규명하는 것이다. 내가 만약에 겁이 많고 융통성이 부족한 성격이라면, 나의 부모의 양육태도는 엄격했는가, 나는 학대 받았는가, 심리적 외상(trauma)의 후유증은 없는가를 점검해 볼 수 있다. 이것은 다이아몬드가 제시한 ③번과 ⑥번에 해당한다. 그리고 전문가를 찾아가 심리상담을 받는 것은 ④번, 즉 정서적 지지 자원을 구하는 행위다.

둘째로, 기존의 비효율적인 대처방식을 버리고 새로운 대처방식을 익히도록 한다. 예를 들어, G씨는 가까운 사람들과 의견 차이가 나거나 사소한 지적을 받게 되면 불같이 화를 내고 일방적으로 관계를 끊어버린다. 자기 분야에서는 실력이 뛰어나고 겸손한 G씨는 외로움을 타고 세상은 불공평하다고 투덜댄다. 이때 G씨는 상담심리전문가와 더불어 갈등을 대화와 타협으로 푸는 방법을 역할놀이로써 익힐 수 있다. 물론 사람들에 대한 적대감과 불신의 뿌리를 파헤쳐 어린 시절의 트라우마를 알아차리고 그것을 극복하는 방법도 병행될 것이다. 이것은 ⑦, ⑧, ⑪번에 해당한다고 볼 수 있다.

(3) 새로운 사고방식과 행동양식이 제2의 천성으로 체득될 때까지 쉬지 않고 수련한다

구기 종목 선수는 어떤 상황에서도 공을 장난감처럼 자유자재로 가지고 논다. 그와 비슷하게 제아무리 어려운 삶의 문제가 연속해서 엄습한다 하더라도 그것에 압도될 것이 아니라, 나는 내 인생의 주인공으로서 너끈히 그 문제를 안고 살아갈 수 있게 되어야 하지 않겠는가? 이를 위해서는 사색하고 독서하고 또 깊이 성찰하는 습관이 요구된다. 그리하여 세상을 바라보는 안정된 시각을 터득할 필요가 있다. 이러한 관조(觀照)의 능력은 거저 얻어지는 것이 아니다. 우리는 끊임없이 새로운 자극에 주의가 분산될 수밖에 없는 디지털 시대에 살고 있다. 그래서 메뚜기처럼 정보를 찾아 이리저리 건너뛰는 습관이 이어지기 때문에 한 가지 과제에 몰두할 수 없으며, 두뇌(전-전두엽)의 발달에 지장을 받고 있다. 인생의 의미와 모순투성이의 세상에 대해서 진지하게 생각해 보고, 종교 서적과 훌륭한 선인(先人)들의 말씀을 읽고 묵상해 보며 그 속에서 변하지 않는 지혜를 발견할 때 비로소 우리는 역경 속에서도 우리 스스로를 흔들림 없이 지탱해 나갈 수 있게 된다. 이를 위해서 사색과 독서에 몰입하는 시간이 절대적으로 필요하다.

매리언 울프(Maryanne Wolf)는 그의 저서 『다시, 책으로(Reader, Come Home)』(전병근 역, 2019)에서 우리가 독서를 하게 되면 기존의 두뇌 안의 회로가 사라지고, 새로운 회로가 구축된다고 하였다. 그리고 문자적으로 새로운 생각을 확장하는 것과 동시에 생리적으로도 새로운 변화를 일으킨다고 한다.

독서는 책 속 주인공의 관점으로 우리를 옮겨가서 타인의 관점으로 세상을 바라볼 수 있게 해 준다. 이것이 공감이요, 연결감의 체험이다. 그 결과 다른 사람의 렌즈를 통해서 우리 자신을 바라볼 수 있게 되어 우리의 삶이 바뀌는 극적인 계기를 맞이할 수 있다. 책 속에는 우리의 영혼에게 들려주는 진리의 말씀 또는 신의 목소리, 내지 보이지 않는 성소(聖所)가 있다. 그 비밀을 알게 되면 곤경에 처해서도 변함없는 기쁨을 간직할 수 있다.

이 책 역시 독자들이 사고의 폭을 넓고 깊게 경작(耕作)하는 데에 도움을 주기 위한 목적으로, 엘리스가 저술한 『정신건강적 사고』(홍경자 역, 1986)의 내용이 많이 소개되어 있다. 독서를 통하여 독자들의 대뇌의 신경회로(synapse)가 새로 생기고 확장되고, 더욱 깊고 치밀하게 짜여서 사고방식에 새로운 패러다임이 구축되기를 기대하는 것이다.

요컨대, 인생의 굴곡 앞에서 우리는 이리저리 흔들리지 않고, 자기 삶의 푯대를 향하여 안정된 마음으로 나아가야 할 것이다. 이를 위해서 첫째, 자신의 마음을 다스리는 방법을 터득한다. 둘째, 사고, 독서, 성찰의 수행을 통하여 새로운 대처 방식을 습관화한다. 셋째, 자기리더십(self-leadership)을 능숙하게 행사하며 자기 삶을 향유한다. 가령 남의 눈치를 살피면서 자기 할 말을 소신껏 표현하지 못하고 불안을 느끼는 사람이 있다고 하자. 그는 자기의 의사결정권을 남에게 양도하고 마치 하인인 것처럼 사는 셈이다. 지금부터는 자기 삶의 주인으로서 입지를 확보해야 한다. 그리고 한 걸음 더 나아가 자신의 인권을 단단히 지키면서 의젓한 리더십을 행사해야 한다. 하인의 위치에서 주인으로, 또 지도자와 장수의 위치로 격상될 필요가 있다. 이것은 마치 다음과 같은 성경 내용과 같다고 하겠다.

> 제자가 그 선생보다, 또는 종이 그 상전보다 높지 못하나니, 제자가 그 선생 같고, 종이 그 상전 같으면 족하도다. (마태복음 10:24-25)

2. 상담과 심리치료

우리가 일생을 살다보면 기쁠 때도 있지만, 속이 상할 때도 많다. 인생은 누구에게나 결코 호락호락하지 않다. 실패와 난관의 시기에 봉착하여 우리의 마음이 괴로울 때 오늘날 상담과 심리치료 분야에서 크게 네 가지의 방식으로 전문적인 도움을 받을 수 있다. 이때 전문적인 조력자를 상담자, 카운슬러, 치료자라 하고, 도움을 받는 사람을 '내담자' 또는 (신경정신과에서는) '환자'라고 한다.

심리상담과 심리치료는 이론적으로 다음과 같은 네 가지 접근을 취한다.

① 프로이트(Freud)가 창안한 정신분석적 치료와 정신역동적(psycho-dynamic) 접근
② 로저스(Rogers)가 주창한 인간중심적 상담과 기타 여러 가지 현상학적인 접근
③ 스키너(Skinner) 등의 학습이론에 입각한 행동주의적 접근
④ 엘리스(Ellis)나 벡(Beck) 등의 인지이론적 접근

우리가 잘 알다시피 정신분석학 내지 정신역동적 접근에서는 개인의 부적응의 원인을 어린 시절에 주로 부모(양육자)와의 관계에서 경험한 어떤 결핍이나 콤플렉스 때문이라고 간주한다. 그래서 정신역동적 상담에서는 개인의 성장사에 대하여 이야기하게 하고 그에 대한 분석의 시간을 가지게 되므로 비교적 오랜 치료 시간이 소요된다.

이에 비해서 로저스의 인간중심적 상담과 현상학적인 접근에서는 개인이 현재 당면하고 있는 애로점에 대하여 상담자가 잘 경청해 주고 그 마음을 잘 이해해 줌으로써 그가 자기 문제에 대한 통찰을 얻고 해결 방안을 스스로 생각해 내도록 도와준다.

한편 행동주의적인 접근에서는 가령 상습적인 학교 지각, ADHD나 틱장애, 데이트 불안, 발표 불안과 같은 사회공포증처럼 행동적으로 보이는 증상에 초점을 맞추어 치료하는 방식으로 내담자를 도와준다.

인지이론적인 접근에서는 개인의 부적응은 어떤 불운한 상황이나 환경 때문이라기보다는, 그런 상황을 개인이 어떻게 지각하고 어떻게 해석하느냐에 따라 일어난다고 간주한다. 가령 이성에게 3~4회 데이트를 신청했지만 거부당한 적이 있는 탁×× 씨에게 예쁜 여성은 두려움의 대상이다. 탁×× 씨는 자신이 매력 없는 사람이라고 생각하고 열등감이 심하다. 그리고 사교적인 모임에 나가기를 회피한다. 그런데 데이트 신청한 여성에게 4~5회 거부당한 하×× 씨는 이와 반대다. '좋아, 나의 외모가 초라하다고 그녀가 나를 신

통치 않게 여기는 모양이군. 사실 내가 봐도 내 얼굴은 초라해. 그러니까 내가 음악과 뮤지컬, 문학과 영화 이야기, 또 유머로써 그녀의 관심부터 끌어보자.' 이런 마음으로 하×× 씨는 그 여성에게 다가가 친구처럼 오랫동안 교제하는 전략으로 바꾸었다. 하×× 씨는 융통성이 있는 성격이다. 유행가 가사처럼 느긋하기도 하다.

> "나는야 나무꾼~ 열 번 찍어 안 넘어가면 100번, 1000번도 찍을 수 있어~ 나는야 당신의 사랑의 나무꾼~"(박구윤의 〈나무꾼〉)

하×× 씨는 인물이 별로 잘생기지 않은 것에 대해서, 그리고 여성에게 매력적으로 보이지 않는 것에 대해서 크게 창피해 하지 않았다. 이것을 사람들은 '자존감'이나 '자신감'이라고도 말한다. 아무튼 자존감이나 자신감 역시 자기에 대하여 어떻게 생각하고 있는가와 관련된 것이다. 이처럼 탁×× 씨와 하×× 씨는 동일한 상황에 대해서 각기 다른 관점을 취하고 있다. 그래서 인지이론적 접근에서는 고민에 쌓여 있는 내담자의 생각 내지 사고의 내용을 알아보고 그에게 정신건강상 유익하고 발전적인 방향으로 사고하는 방법을 가르쳐 주는 기술을 사용한다.

3. 갈등과 콤플렉스

인간은 홀로 살 수 없는 존재인데, 사람들과 어울려 살면서 불가피하게 겪게 되는 갈등과 심리적인 콤플렉스가 우리를 괴롭게 한다.

한정수 씨는 조석희 씨와 친구로 사귄 지 6~7년이 된다. 그들은 방송통신대에서 만났다. 두 사람은 어려서부터 지금까지 서럽게 고생하고 열심히 살아온 공통된 이야기를 나누며, 늦깎이로 시작한 공부를 함께 하면서 돈독한 우정을 나누었다. 대학 졸업과 더불어 두 사람은 우연히도 같은 직장에서 일하게 되었다. 이때부터 문제가 발생하였다. 언젠가 한정수 씨가 조석희 씨에게 다정하게 인사를 했는데, 그는 인사를 받는 둥 마는 둥 자기 일에 몰두하였다. 그 다음에도 여러 사람들이 모여 대화를 나누는 자리에서 그는 다른 사람하고만 이야기를 하고 자기에게는 별로 눈길을 주 않았다.

한정수 씨는 몹시 화가 나서 조 씨를 멀리 하였다. 자기의 속마음을 다 털어 놓고 또 그가 어려울 때 자진해서 도와주었는데, 조석희 씨가 왜 그러는지 알 수가 없었다. 회사의 동료들이 조석희 씨와 하나가 되어 자기를 무시하고 따돌린다는 생각도 들었다. 그는 내성적이라 여러 사람과 친하게 지내지 못했고 유일하게 조석희 씨를 의지했었다. 중·고등학교 시절에도 단짝이었던 영민이가 어찌된 영문인지 다른 아이와 친하게 지내자 그는 화가 나서 관계를 끊고 줄곧 외톨이로 지냈다. 그러니까 한정수 씨가 겪는 대인관계의 갈등과 분노 감정은 이번이 처음이 아니다. 한정수 씨는 조석희 씨에게 때로는 친절하게 대했다가 때로는 자존심을 세워 냉정하게 대하면서 모른 척했다.

그러나 내면에서 끓어오르는 분노는 줄어들지 않아 밤잠을 설치기 일쑤였다. 심호흡도 해보고 명상도 해보고 담담하게 마음먹고 그를 투명인간처럼 대하자고 다짐했지만, 별로 효과가 없었다. 다른 말로 표현하자면 한정수 씨는 상식적인 방법과 자기에게 익숙한 대처방식으로 조 씨와의 관계를 풀어나가고자 노력하였다. 그런데 그것들이 별로 도움이 되지 못하였다. 한편 조석희 씨는 한정수 씨의 돌변한 태도를 보고 당황하는 듯하더니 그 역시 냉정하게 거리를 두었다. 그래서 두 사람 사이에는 긴장감이 감돌았다. 한쪽이 친해지려고 하면 다른 쪽이 샐쭉하고, 이런 줄다리기 식의 힘겨루기 현상이 오래도록 지속되었다.

어떻게 하면 한정수 씨는 친구 조 씨와의 관계를 잘 풀어갈 수 있을까? 또 부질없는 열등감과 수치심을 떨치고 자존감을 회복할 수 있을까?

많은 사람은 인간관계에 마찰과 오해가 생겨 고민할 때 술을 마시거나 엉뚱한 곳에 화를 터뜨리기거나 자책하고 수치스러워 사람들을 회피한다. 그런데 이런 시행착오적인 대응책은 역효과만 낳는다. 요즈음은 심리적인 문제에 대하여 전문적인 도움을 받을 수 있는 기관이 많이 생겼다. 상담자(카운슬러)와 심리치료자(정신과 의사)로부터 새로운 인간관계 맺기와 의사소통의 기술 및 자기 마음을 관리하는 기술을 체계적으로 코칭 · 훈련받을 수 있다.

한정수의 문제를 어떤 방식으로 접근해 나갈까에 대하여 체계적으로 조명해 보자.

첫째, 자기가 느끼는 감정을 알아차려야 한다.

한정수 씨는 친구였던 조석희 씨에게 몹시 분노하고 있다. 그런데 분노 밑에 있는 진짜의 감정은 무엇인가도 알아차릴 필요가 있다. 그가 친구에게 화를 내는 배후에는 배신 받은 느낌과 수치심과 소외감이 있다. 그리고 무엇보다도 잃어버린 우정에 대한 슬픔이 있다.

둘째, 자기가 친구인 조석희 씨에 대하여 무슨 생각을 하고 있는지, 즉 그의 행동에 대하여 어떤 해석과 판단을 내리고 있는지를 성찰해야 한다. 대부분의 사람들은 갈등과 오해가 발생할 때 무조건 화를 내고 상대방을 비난할 뿐, 자기가 어떤 생각을 하기에 그렇게 되었는지를 인식하지 못한다. 자신의 사고 내용을 알아차릴 수 있는 손쉬운 방법은 자기가 무슨 말을 독백하고 있는지에 대하여 주의를 기울이는 것이다. 우리 인간은 생각을 하면서 혼잣말을 중얼거리는 경향이 있기 때문이다.

한정수 씨의 분노 배후에 있는 생각의 내용을 발견하기 위해서 상담자는 그에게 이렇게 질문하는 것이다.

상담자: 선생님, 조석희 씨에 대해서 무조건 화를 내고 계시는데, 화를 내면서 무슨 말을 독백하고 계십니까?

한정수: 그거야 '석희 씨는 배은망덕하고 나쁜 사람이다.'라는 거지요.

상담자: 그래요. 조석희 씨가 왜 배은망덕하고 나쁜 사람입니까?

한정수: 우리가 한두 해 사귄 것도 아닌데 우리의 우정을 헌신짝처럼 내동댕이쳤지 않습니까?

상담자: 그러니까 '조석희 씨는 두 사람의 우정을 소중하게 지켜야 한다. 그런데 그는 나를 보는 둥 마는 둥 무시했다. 그렇게 행동해서는 절대로 안 된다.'는 말씀인가요?

한정수: 바로 그거예요.

상담자: 그렇군요. 그래서 화가 나셨네요. 또 무슨 말을 독백하셨나요?

한정수: '석희 씨가 동료들에게 나에 대하여 험담을 한 게 분명한데, 그렇다면 그들이 모두 나를 멸시할 것이다. 난 창피하고, 직장생활을 잘 해낼 수 있을지…….' 정말 불안하고 견딜 수가 없었습니다.

상담자: 조석희 씨와 동료들이 선생님을 따돌린다면, 그것을 도저히 참을 수가 없네요. 그리고 선생님은 너무 창피하고 수치스러워…….

한정수: 네, 너무 창피하고 괴로워요.

상담자: 그렇게 되면 자신을 어떤 사람이라고 생각하시나요?

한정수: 음. 나는 사람들에게 혐오스러운 존재? 미움 받는 사람이고, 사귈 만한 가치가 없는 사람?

상담자: 좋습니다. 지금까지 말씀하신 것을 정리하자면, 선생님은 친구인 조석희 씨가 자기와의 우정을 절대로 저버려서는 안 된다. 그리고 자기에게 냉정하게 대해서는 안 된다는 것이지요. 또 조석희 씨와 동료들이 자기를 따돌린다면 그것은 견딜 수가 없고, 자신은 몹시 수치스럽고 가치가 없는 존재라는 생각을 하고 계시네요. 우리가 그것을 발견했습니다. 그렇죠?

한정수: 네.

셋째, 자기의 믿음과 사고에 타당성이 있는지, 다시 말해서 객관성이 있고 사리에 맞는지를 검토해 보아야 한다.

한정수 씨는 자기의 생각이 틀림없이 옳다고 굳게 믿고 있다. 그렇기에 괘

썸한 조석희 씨에 대하여 미운 감정과 비난하는 생각을 고수하고 있는 것이다. 그런데 과연 한정수 씨의 사고는 객관적이고 합리적인가? 달리 표현하자면, 자기의 분노는 오로지 친구인 조석희 씨의 행동 때문에 일어난 것일까? 이것은 다음의 두 가지 측면에서 검토해 볼 수 있다.

① 과거와는 달리 조석희 씨가 자기를 보는 둥 마는 둥하며 다른 일에 몰두했고, 또 여러 사람 속에서 다른 사람하고만 오랫동안 이야기를 나누고 자기를 배제시켰다. 이것은 곧 조석희 씨가 자기를 무시한 것이고, 자기와의 우정을 배반한 행위라고 한정수 씨는 믿고 있는데, 그럴 만한 증가 있는가?

어쩌면 조 씨는 그때 시급하게 처리해야 할 안건에 몰두해 있었는지도 모른다. 또 다른 동료와 길게 이야기를 할 사안이 있었는지도 모른다. 그리고 조석희 씨 역시 한정수 씨와 비슷한 성격으로, 세세한 심정을 그때그때 표현하지 못하는 사람인지도 모른다. 다시 말해서 "한 선생, 요즘 내가 급한 안건 때문에 정신이 없어요. 다음에 시간이 나면 만나서 얘기해요."라고 지금-여기에서(here and now)의 형편을 일일이 말하지 않고 행동 위주로 임하는 경향이 있는지도 모른다. 말하자면 자기표현이 서투른 사람이다. 그러므로 '조 씨가 나를 모른 척한 것은 나를 무시한 것이고 우리의 우정을 배반한 것이다.'라는 한 씨의 해석은, 그가 조석희 씨의 행동에 대하여 일방적으로 넘겨짚어 판단한 것이므로 오류가 있다. 이것을 벡(Beck)은 '지레 짐작하기'라고 하였다.

또 '조석희 씨와 동료들이 함께 이야기를 나눈 것은 나에 대한 험담을 한 것이 분명하다. 그러니까 나는 따돌림 당하게 되어 있다.'라는 믿음은 비논리적이다. 그 사건과 자기를 임의적으로 연관지어 생각한 것이므로 그것 역시 오류다. 이런 사고를 벡은 '나와 관련짓기'라고 하였다.

따지고 보니 한정수 씨가 화를 낸 것은 결국 조석희 씨 때문이 아니고 도리어 자기의 그릇된 생각 때문이며, 그로 인하여 두 사람 사이에 오해와 분열이 생겼다고 보는 것이 옳다고 하겠다.

② '조석희 씨가 자기에게 냉랭한 반응을 했기 때문에 자기들의 우정이 깨졌다. 조 씨가 한두 마디의 설명도 없이 소중한 우정을 그렇게 가볍게 저버려서는 절대로 안 된다. 그러니까 그는 아주 나쁜 사람이다. 자기는 분통이 터지고 화가 날 수밖에 없다.' 이것이 한 씨의 생각이다. 설령 조 씨가 한 씨와의 우정을 가볍게 저버린 것이 사실이라고 하자. 그것은 대단히 실망스럽고 섭섭한 일인 것만은 틀림없다. 그러나 이 세상에는 정당한 이유나 설명이 없이 우정관계나 의리를 저버리는 사람들이 종종 있지 않은가?

한정수 씨는 조 씨가 그런 부류의 사람이 아니라고 믿었지만, 따지고 보면 그러지 말라는 법도 없다. 마치 자기를 죽도록 사랑했던 배우자나 애인을 철썩 같이 믿고 살아온 사람이 있었는데, 어느 날 갑자기 그가 자기를 배반하고 다른 사람에게 가버린 것을 경험한 것처럼.

또 조 씨가 자기를 무시하고 우정을 저버렸다고 해서 그는 아주 몹쓸 인간이라고 판단하는 것이 옳은 처사일까? 조 씨가 무슨 사유가 있어서 한정수 씨와 멀어졌는지는 알 수 없지만, 오로지 그 사건 하나를 가지고 조 씨를 아주 나쁜 사람이라고 매도하는 것은 오류다.

그리고 누군가가 자기를 배반했다고 해서 크게 화를 내고 밤잠을 설치는 것은 자신의 정신건강에 유익할까, 해로울까?

누군가가 자기를 실망시킬 때는 매번 화를 내고 관계를 끊어야 하는가? 자기 감정을 조절할 방법은 없는가? 그리고 그와의 관계를 끊기 전에 다른 방식으로 임하며 대화를 효과적으로 나누어 볼 수는 없는가?

이상과 같은 내용으로 상담자가 한 씨와 많은 이야기를 나누게 되면, 한 씨는 그 문제에 대하여 객관적으로 바라볼 수 있게 되고, 자신의 심리적, 대인관계적인 특성에 대한 깨달음이 올 것이다. 이것이 통찰(洞察)이다.

넷째, 자기가 진정으로 원하는 것이 무엇인지, 즉 자기의 욕구를 알아차린다.

한정수 씨는 조석희 씨에게 실망한 나머지 화를 내고 그와의 관계를 차단하고 있는데, 그는 그것을 원하는가? 아니면 진정으로 원하는 것은 무엇인가? 두말할 필요도 없이 한정수 씨는 조 씨와 예전처럼 다정하게 정을 나누는 관계로 돌아가는 것을 원할 것이다.

우리는 자기의 진실한 마음을 들여다보려고 노력하지 않고, 자기 내면에서 올라오는 감정을 억누르는 데에 익숙하다. 우리의 문화가 솔직한 감정 표현을 허용하지 않았고, 우리는 대개 그런 방식으로 양육되었기 때문이다. 많은 경우에 어린이가 평소에 느끼는 섭섭한 감정과 자기가 원하는 것, 특히 돌봄과 보호와 소속감의 욕구를 부모(양육자)에게 표현하는 것이 저지되었고 또 그것이 처벌받기까지 하였다. 그 결과 어린이가 자기의 감정과 욕구를 계속해서 억압하다 보면 자기가 진실로 느끼는 감정과 진정으로 자기가 원하는 것이 무엇인지를 알아차리지 못한다. 그렇게 진실한 감정을 억압하고 억울하게 지내다가 어느 날 갑자기 '욱' 하는 분노로 폭발하고, 그것이 폭력과 살상 행위로까지 발전하는 수가 있다. 한정수 씨 또한 자기의 진실한 마음을 습관적으로 억누르다 보니 조 씨에 대하여 '밉다'는 마음과 더불어 화가 났다고 볼 수 있다. 다만 그는 친구에게 분노를 직접적으로 표현하지 못하고, 냉정한 척, 소극적으로 표현하고 있다. 다시 말해서 소극적-공격성의 행위로 나오기에, 두 사람의 관계는 만성적인 힘겨루기를 반복하고 있다.

다섯째, 자기의 마음을 알리고 자기가 원하는 것을 부탁할 수 있어야 한다. 즉, 속 시원한 자기표현의 기술이 개발되어야 한다.

그래서 한정수 씨는 조석희 씨에게 한 번 만나자고 연락을 취한 다음에 '그동안 우리 사이에 무언가 오해가 있었던 것 같고, 그로 인하여 거리감이 생겼다. 당신이 나를 냉대하는 듯해서 섭섭했었다. 우리 사이에 오해를 풀고 옛날처럼 우정을 나누며 즐겁게 지내고 싶다. 그것이 가능한지 진지하게 이야기해 보자.'라고 말할 수 있어야 한다.

그런데 한 씨는 이런 자기표현을 과연 잘할 수 있을까?

이와 같이 글로써 적어 보면 아주 쉬운 것 같은데, 실제로는 결코 용이하지가 않다. 그래서 자기 감정과 자기 생각을 긍정적으로, 구체적으로 표현하는 기술을 전문가를 만나 코칭 받고 연습할 필요가 있다.

지금까지 갈등과 콤플렉스의 문제를 어떻게 풀어나갈까에 대하여 언급하였다. 그 내용을 정리하면 다음과 같다.

① 어떤 갈등적인 상황과 관련하여 자신이 느끼는 감정과 생각을 먼저 알아차려야 한다.
② 그리고 자신의 감정, 즉 콤플렉스나 분노, 자책감 등은 그 상황이나 사건 때문에 발생한 것이 아니라, 그에 대하여 자신이 가지고 있는 생각이나 평가 때문인 것을 인식할 필요가 있다.
③ 인간의 감정은 복합적인데, 대부분 분노 감정의 이면에 있는 진실한 감정은 '섭섭함' '외로움' 등이다. 그리고 그것은 사랑(인정, 보호)받고 싶고 소속되고 싶다는 욕구와 관련되어 있다. 자기의 이러한 진실한 욕구를 알아차려야 한다.
④ 자신의 마음(감정, 욕구)을 상대방에게 알리는 기술이 습득되어야 한다. 그리하여 속 시원한 자기표현을 할 수 있을 때 적응적, 심리적인 문제를 잘 풀어나갈 수 있다.
⑤ 이상의 능력은 상담과 심리치료와 관련된 전문가를 만나 일정기간 동안 치유, 코칭, 훈련을 받음으로써 개발될 수 있다.

거의 모든 상담과 심리치료는 ①, ②, ③, ④의 분야를 다루고 있다. 그러나 내담자가 심리적으로 갈등하고 사람들과 교착상태에 있을 때, 그의 생각(신념)과 감정(정서)과의 연관성을 찾아보고 그 사이에 개입된 오류(비논리성)를 발견하는 작업, 즉 ①과 ②의 영역은 인지행동적 치료, 특히 REBT에서 집중적으로 다루고 있다.

그리고 내담자가 자기의 신정한 욕구를 알아차리는 것과 그것을 효율적으로 표현함으로써 관계를 개선하는 일, 즉 ③과 ④의 영역은 게슈탈트, 감정코칭, 비폭력 대화 등의 이론에서 강조하고 있는 것으로 간주된다.

4. 엘리스의 합리적 정서행동치료와 기타 인지행동치료

인지(認知)란 인간이 정보를 처리하는 방식으로서 생각, 지각, 해석, 주의, 기억, 지식과 같은 활동을 말한다. 인지(cognition)라는 말은, '알다'라는 의미의 라틴어 *cognosco*에서 파생된 것으로서, 모든 인지적 기능의 정신 과정을 일컫는다. 그리고 인지과학이란 인간이 생각하는 방식을 연구하는 학문이다.

어떤 상황이나 사건에 대하여 내담자가 어떻게 지각하고 인지하는가? 그의 생각(사고)이 불행감의 주요 원인이라면 어떻게 그런 생각을 바꾸어 다른 생각으로 대체할 수 있는가? 이러한 작업을 메타-인지(Meta-cognition)의 과업이라고 한다. 즉 메타-인지란 생각에 대한 한층 높은 차원의 생각 내지는 인지에 대한 새로운 인지를 의미한다고 볼 수 있다.

인간의 사고 내지 인지 작용을 다룸으로써 내담자의 정신건강을 돕는 인지적 치료와 인지상담은 엘리스의 REBT가 시효라고 볼 수 있다. 그 뒤에 벡(Aaron Beck, '인지치료'의 창시자)과 마이켄바움(Donald Meichenbaum, '인지행동수정'의 창시자)이 각각 독자적인 인지이론을 개발하였다.

또 영(Young)은 심리도식치료(Schema Therapy) 이론을 소개하였고, 2000년대에 들어와서는 카밧-진(Kabat-Zinn) 등이 불교의 지관(止觀)명상을 활용하여 마음챙김(mindfulness)이라는 이름으로 스트레스를 감소시키는 데에 적용하였다. 그리고 헤이스(Hais)가 수용전념치료(Acceptance and Commitment Therapy: ACT)의 개념을 소개하였다. 한국에서는 용타스님이 '동사섭'을 주창

하였다. 요즈음에는 변증법적 행동치료(Dialectic Behavior Therapy: DBT), 구성주의, 자비치료 등이 소개되고 있다.

이들 이론을 모두 '인지행동치료(Cognitive Behavior Therapy: CBT)'라고 한다. 현재 인지행동치료적 접근이 상담과 심리 치료에서 중추적인 치료법으로 자리매김하고 있다. 이들 이론은 메타-인지로써 내담자가 복합적인 전망을 가질 수 있게 도와주고 치료 절차가 간결하며, 내담자에게 쉽게 적용할 수 있고 단기간의 상담으로도 치료 효과가 뛰어나기 때문이다. 특히 REBT는 불안, 우울, 분노, 중독, 공포증, 성문제 등에서 탁월한 효과가 입증되었다.

REBT 이론은 지나치게 경쟁적인 우리나라의 사회 분위기 속에서 스트레스를 받고 있는 많은 사람에게 유연한 태도로 살아가는 방법을 제시해 준다고 생각한다. 그래서 저자는 1980년대부터 우리나라에서 처음으로 엘리스의 책을 번역하였고, 상담에 REBT 이론을 적용하였다.

- 엘리스 & 하퍼 저 / 홍경자 역(1984). **이성을 통한 자기성장**(Growth through reason). 서울: 탐구당
- 엘리스 저 / 홍경자 역(1986). **정신건강적 사고**(A new guide for rational living). 대구: 이문출판사
- 엘리스 저 / 홍경자, 김선남 역(1995). **화가 날 때 읽는 책**(Anger: How to live with/without it). 서울: 학지사

그리고 박경애(1997)가 1990년대에 와서 REBT의 총론서인 『인지 · 정서 · 행동치료』를 저술하였고, 2019년에는 '한국 REBT · 인지행동치료학회'를 창립하였다. 그동안 REBT와 관련된 학술 논문들이 수백 편이나 발표되었고, 많은 학자가 엘리스의 책을 번역하였다(김남성, 조현주 역, 2000; 류창현 역, 2010; 방선욱 역, 2003; 서수균, 김윤희 역, 2007; 유성진 역, 2017; 이동귀 역, 2011; 정태연, 이민희 역, 2016 등).

엘리스의 사상을 간단히 요약하자면 다음과 같다.

동물과는 달리 우리 인간은 두뇌를 사용하여 생각하는(사유) 능력이 있기 때문에 오늘날 우리는 고도로 발달한 문명 사회에 살고 있다. 인간의 이성 덕분에 우리는 합리적으로 사고한다. 그런데 또 한편으로는 어리석게 판단하고 비합리적으로 사유하며 그것으로 인하여 심리적인 괴로움을 더욱 증폭시키기도 한다. 이처럼 인간에게는 선천적으로, 또 후천적으로 합리성과 비합리성이 동시에 주어졌다. 적응적이고 행복하며 생산적인 삶을 살기 위해서 우리는 합리적으로, 과학적으로, 또 철학적으로 사고하는 방법을 체득할 필요가 있다.

엘리스는 내담자들의 비합리적인 사고를 합리적인 사고로 변경시키기 위한 도구로서 ABCDE의 간단한 모형을 소개하였다. 그리고 비합리적인 사고가 어떤 면에서 해로운지, 또 그것을 어떤 방식으로 바꾸는 것이 좋은지에 대해서 명쾌한 해답을 주었다.

우리에게 내재된 비합리적인 신념을 타파하고 자유로운 영혼으로 살기 위해 여러 번 우리의 사고 특성을 분별해야 하고, 고정관념과 반대되는 다른 생각, 즉 폭넓은 가치관에 대해서 여러 번 듣고 읽어 자기의 것으로 소화해야 한다고 그는 강조하였다. 『정신건강적 사고(A New Guide for Rational Living)』는 내담자들이 유연한 사고를 확실히 다지도록 도와주기 위해서 그가 저술한 독서요법의 교과서라 할 수 있다.

엘리스는 그리스 철학, 불교, 도교, 기독교 등에서 영감을 받아 그의 이론적 체계를 수립하였다. 특별히 그는 그리스의 철학자 에픽테토스(Epictetus, BC 1세기)의 말을 그의 사상적인 근간으로 삼았다.

> "인간이 심리적으로 괴로워하는 것은 어떤 사실 때문이 아니라, 그 사실에 대하여 그가 가지고 있는 관념(생각) 때문이다."
>
> —에픽테토스—

5. 인간의 사고와 감정과 행동에 대한 REBT 이론

엘리스는 그의 이론인 합리적 정서행동치료(REBT)에서 인간의 사고, 정서, 행동은 상호 복합적으로 영향을 주고받는다고 강조한다. 그리고 인간의 감정(정서)과 행동은 특히 사고에 의해서 영향을 받는다고 믿는다.

아침 출근으로 박 씨, 최 씨, 강 씨가 버스를 탔는데, 웬일인지 버스는 15분이 지나도 한 지점을 통과하지 못하고 정체되어 있다.

이때 세 사람의 반응을 보자.

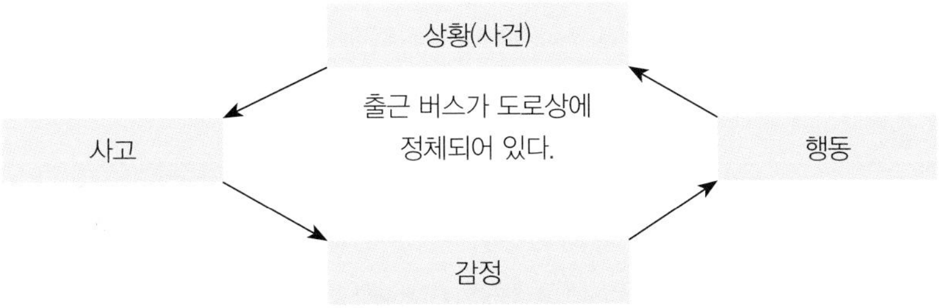

구분	행동	감정?	무슨 생각?
박 씨	버스 기사에게 언성을 높여 빨리 가자고 독촉한다.		
최 씨	이어폰을 끼고 손짓 발짓하며 노래를 따라 부른다.		
강 씨	고개를 갸우뚱하고 핸드폰의 카톡 창에 열심히 글을 쓰고 있다.		

이 예에서 박 씨는 기사가 무슨 수를 써서라도 정체 현상에서 빠져나와 차를 빨리 몰아야 한다고 생각하고 있다. 그런데 차가 움직이지 않으니까 마음이 다급하여 화를 내고 있다. 이에 반해서 최 씨는 차가 정체되어 있는 현상은 어쩔 수 없으니 차라리 그 시간에 음악이라도 듣자고 생각한 것으로 보인다. 그래서 최 씨는 오히려 느긋하고 즐거운 마음으로 보낸다. 그리고 강 씨

는 '버스가 정차되어 있으니 어쩌지?'라고 걱정하면서, 그렇다면 ○○과의 약속시간에 맞춰 갈 수 없겠다고 판단하고, ○○에게 현재 상황을 알리는 글을 쓰고 있는 것으로 보인다. 이처럼 동일한 상황에서 박 씨와 최 씨, 강 씨는 그들의 생각 내지는 마음가짐에 따라 감정과 행동이 달라진다. 그러니까 사람은 생각하는 대로 느낀다.

엘리스는 '인간이 불행하다거나 부적응적 행동을 하게 되는 원인은 불운한 외부의 조건 때문보다는, 그러한 외부의 조건을 지각하고 인지하는 과정에서 비합리적이고 왜곡된 판단이 작용하기 때문'이라고 말한다. 이것을 불교적 용어로 표현하자면, 일체유심조(一切唯心造)라고 할 수 있다. 행복감이나 불행감을 위시하여 이 세상의 모든 것(삼라만상을 포함하여)은 오직 마음에서 지어낸 것이다.

인간의 인지 과정을 살펴보면, 어떤 사건이나 자극을 '지각'한 다음에 그것에 대하여 '추론'하고, 그 이후에는 '평가'적인 의미를 부여하는 경향이 있다. 예를 들어, 회사의 사장이 당신이 실수한 업무상의 과실을 지적하고 당신을 질책했다고 하자. 이때 사장은 당신이 차후에는 동일한 실수를 범하지 말라고 지적한 것일지도 모른다. 그런데 당신은 '큰일 났다. 사장이 나를 싫어하기 때문에 질책했구나.'라고 추론한다. 그러고 나서 그것은 참으로 '끔찍한' 또는 '견딜 수 없는 일'이라고 평가한다. 그와 같은 생각 때문에 당신은 심한 불안과 수치심 등을 느끼게 된다. 이것은 '만약 A가 발생하면 B가 될 것이다.'와 같이 단순하고 직선적인 사고다. 그리고 '만약 사장이 나를 싫어한다면 나는 망했다. 나는 분명히 무능력한 존재인가 보다.'라는 식으로 판단하는 것은 이분법적이며 범주적인 사고를 하는 형태인데, 이것은 너무 단순하며 분명한 오류다. 그러한 비합리적인 사고의 습관에 젖어 있는 사람은 의례 불안하고 부적응적인 방식으로 생활할 소지가 많다. 그러므로 엘리스는 지나친 불안은 대부분 스스로가 가지고 있는 비합리적인 신념 때문이라고 보았다.

6. 심리적인 괴로움의 원인: 세상에 대한 왜곡된 생각과 허황된 기대감

이 세상을 살면서 조금이라도 불안하지 않은 사람은 없다. 그런데 어떤 사람은 난관에 봉착할 때 지나치게 불안해하며, 분노, 절망 등의 감정에 사로잡혀 인간관계가 깨지고 생산적인 삶을 살지 못한다. 사람들이 가지고 있는 이와 같은 감정은 세상에 대한 왜곡되고 허황된 기대감 때문에 일어난다. 그것이 '당위적인 신념'이다.

엘리스는 사람들이 다음과 같은 세 가지 당위적인 신념을 가지고 있다고 말한다.

① 나는 무슨 일이 있어도 주어진 일을 잘해야 하고, 중요한 사람에게서 인정받아야만 한다.
② 사람들은 어떤 상황에서든 언제나 나를 공정하고 친절하게 대해 주어야만 한다.
③ 세상 일은 반드시 내 뜻대로 되어야 하고, 즉각적인 만족이 뒤따라야만 한다.

이것은 우리가 원하고 소망하는 사항(wish, want, preference)일 뿐이지, 우리가 강요(must, should)할 사항이 아니다. 그럼에도 사람들은 비현실적으로 그런 강요적인 생각을 가지고 있다. 엘리스는 이처럼 자기와 타인과 세상에 대하여 절대적인 강요를 하는 생각이 모든 정서장애의 뿌리라고 말한다. 이러한 당위적인 신념으로 인해서 다음과 같은 ②, ③, ④의 비합리적인 생각이 뒤따라온다.

① 당위적 사고(반드시 ~해야만 한다.)
② 재앙적 사고(끔찍하다. 큰일 났다. 망했다.)
③ 인간 비하적 사고(나는 무가치한 사람이다. 그 사람은 쓰레기다.)

④ 낮은 인내심(이 상황을 도저히 참을 수 없다.)

7. 당위적 사고의 오류

엘리스는 당위적 사고의 오류에 대해 다음과 같이 지적하고 있다(홍경자 역, 1986, 9장).

'절대로 ~해서는 안 된다.'는 식의 당위적 사고는 다음 네 가지 이유로 인해 비현실적이고 비논리적이다.

① 지금까지 발견된 과학적 지식에 의하면 절대적인 당위성은 이 세상에 존재하지 않는다.
② '~해야 한다.'는 당위성을 철석같이 믿게 되면 당신이 마치 신(神)처럼 되어 무언가를 강요하는 태도가 된다. '나는 친구에게서 절대로 배반 당해서는 안 돼. 그런데 내 친구가 나를 버렸으니 큰일이다.'라는 말은, 사실상 '내 친구가 나를 사랑해 주기를 몹시 바라고 있어. 그러니까 내 친구가 나를 배반해서는 절대로 안 되는 거야.'라는 뜻이다. 글쎄, 그게 말이 되는 표현일까? 당신은 실제로 당신 친구(혹은 다른 사람)의 감정을 당신 맘대로 통제하는 능력자인가? 당신이 왕 중의 왕이요, 우주의 어머니요, 하나님이란 말인가?
③ 당신은 무엇인가가 꼭 있어야 한다고 주장하고 있다. 그런데 실제로는 그것이 있지 않다면 당신은 자가당착에 빠지는 셈이 된다.
④ 당신이 어떤 당위성(마땅히 ~해야만 한다.)을 굳게 믿고 있을 경우에는, 필연적으로 불안해지기 쉽다. 왜냐하면 당신이 말하는 당위성이 실제로는 존재하지 않을 확률이 높기 때문이다. 그래서 당신 뜻대로 세상이 돌아가지 않으면, 마치 땅이 꺼지고 하늘이 무너지는 듯한 감정을 느끼게 될 것이다.

그러므로 사랑하는 사람이나 사물을 잃게 되었을 때, 깊은 상실감과 슬픔을 느끼는 것과 우울증에 빠져 절망하고 자포자기하는 태도를 취하는 것은 다르다. 상실감과 슬픔은 건전하고 정당한 감정이다. 그러나 마치 날벼락이 떨어져 이 세상이 망한 것 같은 공포심에 빠져 염세하고 비관하는 태도는 정당성이 결여된 비정상적인 감정이다.

우리는 이 세상에서 전적으로 완전한 희열과 그지없는 행복감에 젖어 사는 인간이 존재한다고는 보지 않는다. 우리가 완전성만을 열렬히 추구하게 되면 좌절감과 불행감도 비례해서 크기 마련이다. 사실상 인간은 심리적인 괴로움을 가져다주는 생각에 사로잡혀 있기 마련이다. 생리학적으로 볼 때 인간은 심리적인 괴로움을 가져오는 방식으로 사고하는 경향이 농후하다.

우리가 살고 있는 사회와 문화 또한 비합리적인 사고방식을 고취하는 경향이 있다. 가령 '뛰어나게 성공해야 한다.'는 관념에 대해서 한번 고찰해 보기로 하자. 대부분의 인간이 그러하듯이, 당신 역시 공부도 잘하고, 일도, 예술도 잘하고, 가장 빨리 달리는 선수가 되고, 최고봉에 오르는 등산가가 되고자 열망하는 선천적인 경향성을 가지고 있다. 우리는 문제를 잘 풀어 나가고, 일을 잘하고자 하는 열망이 강하다. 그리고 그러한 충동은 인간의 생존을 위해서도 유익하다. 인간에게는 그러한 내재적 경향성이 있다. 게다가 대부분의 사회와 문화가 의식적으로 경쟁을 주입시켜 온 것도 무시할 수 없다. 그리하여 우리 문화권에서 자라온 대다수의 사람들은 성취지향성이 넘쳐흐른다. 그런 이유로 당신이 수립한 성공의 수준에 미치지 못하게 되면 당신이 가지고 있는 기준이 과연 합리적인지를 검토하고 도전해 보는 일이 상당히 어려울 것이다. 불합리한 세상에 살면서도 합리적으로 사고하는 능력을 소유하고, 그에 따라 세상적인 성공의 욕구를 초월하며, 담담한 심정으로 살 수 있기는 결코 쉬운 일이 아니다. 그러나 이 세상에서 하기 힘든 일이 비단 이뿐이겠는가! 맹인이 점자책 읽는 법을 배운다든지, 발레를 배우고 피아노를 잘 치는 일도 힘든 것이 아닐까? 힘들기는 하지만 그래도 노력해서 안 되는 일은 없다.

8. 자기독백과 어의학적 의미

인간은 생각하면서 동시에 독백하는 경향이 있다. 그리고 자기독백에 의해 자신의 생각, 감정, 행동이 좌우된다. 사고와 언어는 밀접하게 연관되어 있다. 그러니까 인간은 자기와 대화하고(self-talking), 자기를 평가하며, 그런 심리상태로 자기를 유지하는 존재다. 가령 회사의 면접시험에 연거푸 낙방했을 때 K라는 사람은 '나는 도대체 되는 일이 없어.' '이 멍청아, 왜 의젓하지 못하고 당황하고 우물쭈물했니?'라고 중얼거린다고 하자. 그는 그런 독백을 하면서 그 말이 맞다고 믿게 된다. 그래서 자기는 열등한 존재라고 생각한다. 똑같은 상황에서 P라는 사람은, '정말 속상하군. 세상에 쉬운 일은 없는 거야. 그래도 한 번 더 노력해 보자. 하면 돼.'라고 독백한다고 하자. 그는 자신의 긍정적인 독백을 믿고 재기할 수 있을 것이다.

REBT에서는 자신과 타인, 또 세상에 대하여 무슨 말을 중얼거리고 있는가를 알아차리도록 촉구한다. 그리고 왜곡되지 않으며, 객관적이고 긍정적인 말로 자기와 현실에 대하여 독백할 것을 강조한다. 이것이 어의학(語義學)적인 관점이다.

'끔찍하다.' 또는 '나는 망했다.'라는 말의 어의학적 의미를 살펴보자. 어의학적으로 볼 때 '끔찍하다.'라고 하는 말은 경험론적으로 증명해 볼 수 없는, 마술적이고 과장된 뜻을 내포하고 있다. '그 사건이야말로 끔찍하기 그지없다.'라고 생각한다면, 자신의 통제력을 완전히 포기하고서 상상으로 그려진 공포심에 자신을 내맡겨 버린다는 뜻이 된다. 그러므로 코르치브스키(Afred Korzybski)와 같은 어의학자의 주장을 따르는 것이 좋다. 즉, '끔찍하다(큰일 났다). 망했다, 지긋지긋하다.'와 같은 말 대신에 '불운하다, 불편하다'와 같은 단어를 사용하는 것이다. 그래서 건전한 감정 수준에 머무르도록 하는 것이 필요하다.

9. 정신건강에 좋은 감정과 해로운 감정: 적절한 정서와 부적절한 정서

REBT에서는 적절하고 건전한 감정과 부적절하고 불건전한 감정을 명확히 구별한다. 당신이 소중하게 아끼는 것을 잃어버렸을 때 상실감과 슬픈 감정을 느끼게 되는 것은 적절한 반응이다. 그러나 겁에 질리거나 우울증에 잠기는 것은 적절한 반응이라고 볼 수 없다. 불안과 우울은 '내가 이 사람(물건)을 잃다니 큰일 났다. 그것은 끔찍스러운 일이고 나는 망했다.'라고 하는 비합리적인 신념(iB)에서 비롯된다. 여기에서 '끔찍하고 망했다.'라는 말은 '불운하고 불리하다.'는 뜻보다 훨씬 더 강한 의미를 내포하고 있다.

정신 건강상 해로운 감정은 부정적인 비합리적 관념 때문에 일어나는 것이다. 우리는 자기 감정의 강도를 확인할 필요가 있다. 혹시 당신은 사소한 문제를 가지고 지나치게 법석을 떨며 투덜대고, 격노하고, 엄살이 심하다 할 정도로 걱정 속에 살거나, 또는 '모든 것이 내 탓이다.'라고 생각하고 과도하게 자책하지는 않는가?

갑자기 어떤 불운한 사건을 당하게 되면 누구나 놀라고 불안하며, 슬프거나 짜증이 나기 마련이다. 그러니까 이것은 지극히 당연하고 정상적인 감정이다. 이것을 엘리스는 '적절한 감정(정서)'이라고 하였다. 그런데 자기 힘으로 감당하기 힘든 상황에 처하게 되었을 때 마치 그런 사건이 일어나지 않은 것처럼 부인하거나 (상상력을 동원하여) 회피하는 사람이 있다. 그럴 경우에 그 문제는 제대로 처리되지 않고 그대로 남아 있게 된다. 따라서 부인, 회피, 핑계, 합리화 등은 정신건강상 미숙하고 해로운 대응책이다. 이와 반대로, 지나치게 과민 반응을 보이고 안절부절하는 경우에도 정작 그 문제는 해결되지 않은 채 그대로 남아 있게 된다. 이것 역시 미성숙하고 정신건강상 해로운 대응책이다. 이런 경우에 보이는 지나친 부정적 감정을 엘리스는 '부적절한 감정(정서)'이라고 하였다.

적절한 감정과 부적절한 감정에 대한 엘리스의 설명을 들어보기로 하자.

행복이라든가 쾌락, 기쁨, 희열과 같은 긍정적인 감정은 당신이 무슨 일을 행한 다음에 그 부산물로서 일어나는 것이지, '오직 기뻐하라!'라고 간단히 명령을 내린다고 해서 거저 얻어지는 것은 아니다. 그러므로 우리 REBT 치료자들은 당신에게 행복하게 되는 방법을 알려줄 수는 없다. 그러나 우리는 당신에게 지나치게 비관하지 않고 사는 방법을 가르쳐 줄 수는 있다.

사전에서 '불행감'이란 '슬픈, 비참한, 갈기갈기 찢긴, 서러운 감정'이라고 정의하고 있다. 그런데 불행감은 적어도 다음과 같은 두 개의 요소로 구성되어 있다.

① 당신이 목적하는 바를 성취하지 못했을 때 느끼게 되는 실망감과 짜증스러운 감정
② 당신이 목적하는 바를 기필코 성취하겠다고 다짐했는데, 그것을 성취하지 못했을 때 느끼게 되는 쓰라린, 화가 나는, 불안하고 절망적인 자기비하의 감정

②의 경우에는 당신이 피해자라고 보며, 당신은 그런 좌절을 겪어서는 절대로 안 된다고 어리석게 독백함으로써 만사가 끔찍스럽고 지긋지긋하다고 느끼게 되는 감정이다.

①은 적절한 감정이고, ②는 부적절한 감정이다.

적절한 정서(appropriate emotion)는 '~하기를 좋아한다.' '~하기를 바란다.'(want, wish)와 관련된 정서다. 예를 들면, 걱정, 슬픔, 성가심(짜증), 후회, 실망감 등과 같은 감정이다. 그러니까 '나는 ~을 원한다. 그런데 그렇게 되지 않아서 매우 실망이 된다.'라고 느끼는 것은 매우 타당하고, 정신건강에 유익한 정서다.

반면에 부적절한 정서(inappropriate emotion)는 '반드시 ~이어야 한다.' '절대로 ~이거나, ~해서는 안 된다.'라고 하는 절대적인 명령이나 당위적인 생각과 관련되는 정서다. 예를 들면, 안절부절-지나친 불안, 우울, 절망(신세 한탄), 분노(격노), 죄책감, 수치심 등과 같은 감정이다. 어떤 사람이 '나는 무슨 일이 있어도 기어코 떵떵거리고 살아야만 하는데(I must, I should), 내 형편이 그렇지 못하니까 나는 창피해서 미칠

지경이다.'라며 은둔하고 지낸다면, 그가 느끼는 수치심 등은 온당치 못하며 부적절한 감정인 것이다.

10. 생각을 바꾸면 자족(自足)하게 된다

어느 개인이 심리적인 괴로움에 빠져 있을 때 그의 합리적인 인지능력인 지성과 지혜를 최대화하면 비합리적인 사고와 부적응적 행동을 바꿀 수 있다고 본다. 다시 말해서, 인간은 자신이 늘 사용하던 사고방식과 행동 유형과는 다른 형태를 선택할 수 있다. 이것이 '인지적인 재구성'(Cognitive Reconstruction)의 작업이다. 그리하여 여생을 편안한 마음으로 살아가도록 스스로를 훈련할 수 있다.

상담자와 심리치료자는 내담자가 자신의 사고와 감정과 행동의 특성을 분별하도록 도와줌으로써 왜곡된 신념에서 비롯된 자기파멸적인 생각, 감정, 행동을 바꾸어 생산적이고 긍정적인 삶으로 전환하도록 인도하는 역할을 한다. 즉, 메타-인지적 접근으로 내담자가 사고의 전환을 하도록 안내한다. 그리하여 '우리는 모두가 실수하기 쉬우며, 자기의 신념과 사고가 항상 옳은 것은 아니다.'라는 점을 수용하면서 자기 자신과 타인을 받아들이도록 한다. 그리고 세상에서 실패할 때 자기가 취한 행동, 곧 실수 자체는 인정하되, 자기 존재 자체는 존중하는 태도, 즉 무조건적인 자기수용을 하도록 안내한다. 또한 좌절적인 상황에 처했을 때, 즉각적(단기적)으로 욕구충족하려고 발버둥치기보다는, 인내심을 가지고 장기적 만족을 기하며 세상사를 담담하게 수용하게 한다. 그 결과 자기의 삶을 주도적으로 영위하는 자기리더십의 인간, 곧 주체성이 있는 삶을 살도록 안내한다.

우리가 갈대와 같은 존재라면 산들바람이 불 때는 경쾌하고 즐겁게 흔들리자. 그리고 천둥 치고 먹구름과 회오리바람이 불어닥칠 때는 어떻게 그 시기를 잘 견뎌낼까를 연구하며 몸을 도사리고 내공(內功)을 기르자.

우리는 생각하는 갈대다.

우화를 하나 소개하겠다.

옛날옛날에 아주 태평성대를 누리는 나라가 있었다. 그런데 이웃나라에서는 그 나라를 질투하고 자꾸만 침략하였다. 그래서 평화스럽던 나라가 온통 소란스럽게 되었다. 마침내 그 나라의 왕은 백성들의 소란스러운 마음을 가라앉히는 방법을 고안하라고 제상에게 명령하였다.

제상은 한 달간의 말미를 달라고 부탁하였고 한 달이 지난 다음에 드디어 해결책을 가지고 나타났다. 그 제상은 왕궁 앞에 마법의 거울을 가져다 놓았다. 그리고 "마법의 거울 앞에 서서 자신을 바라보는 사람은 모두 변화된다." 라고 써 붙였다. 사람들이 몰려들었다. 첫 번째 그룹은 신앙인들이었다. 그들은 그 말을 믿었지만 마법의 거울 앞에 자신을 드러내지는 않았다. 두 번째 그룹은 무신론자들이었다. 그래서 그들은 거울 앞에 나타나지 않았다. 세 번째 그룹은 자기네들의 신앙을 전파하는 전도사들이었다. 그들은 '마법의 거울 앞에 나와 서 보라.'고 사람들에게 설교는 했지만, 그들 자신은 오지 않았다. 네 번째 그룹은 불신자로서 자기들의 불신앙을 외치고 다녔다. 그리고 마법의 거울 앞에 나타나지 않았다. 다섯 번째 그룹은 스스로 실용주의자라고 하였다. 그리고 마법의 거울에 대한 이야기가 옳을 수도 있고 틀릴 수도 있다고 생각하였다. 그리고는 나타나지 않았다. 여섯 번째 그룹은 아주 적은 숫자였지만 실험하기를 좋아하는 사람들이었다. 그들은 거울 앞에 서서 무슨 일이 일어날지를 지켜보았다. 마침내 그들은 변화되었다. 마법의 거울은 각자의 신체에서 발하는 기(aura)를 반사시킬 뿐만 아니라, 거울 앞에 서 있는 사람의 마음도 반사시켰다. 이들은 자기 내면에 폭력과 증오심이 있다는 것을 발견하였다. 그리하여 자기 나라 안에서 나타나는 소란스러움은 그들 안에 있는 폭력과 증오심이 나타난 것이라는 사실을 깨달았다(Swami Sukhabodhananda, 2002).

산에 와서

– 신진영 –

산에 와서
용서를 배웠다
높은 산 깊은 계곡을 바라보며
산을 사랑하듯이
인간을 용서하는 것이라고

산에 와서
그리움을 배웠다
밤하늘 높이 별들이 빛나고
인간사 홀로 있으면 그리워지는
사람의 마음이란 이런 거라고

산에 와서
하늘이 보였다
먼 하늘 그리움 끝나는 곳
사랑하는 법도 배웠다
푸른 하늘이 산보다 높았다

산에 와시
사람의 모습이 보였다
산을 닮은 사람
산처럼 의연하고 듬직한 사람

안기고 싶은 사람의 정신
고독한 영혼을 지닌 사람

산에 와서
나는 시인이 되었다
모두를 사랑하고
사랑의 노래할 수 있는 시인이 되었다
산의 정신을 알게 되었다

02 정신건강적 사고로 인도하는 REBT 이론

좌절적인 상황을 경험할 때 어떻게 마음의 평화를 유지할 수 있을까?

그것은 그런 상황에 압도되어 지나치게 부정적인 생각과 감정 속에 빠져 있을 것이 아니라, 객관적인 태도를 취하며 비교적 담담하게 그 상황을 바라보고 자기의 마음을 조절할 때 가능하다.

『손자병법(孫子兵法)』에 '지피지기(知彼知己)는 백전불태(百戰不殆)'라는 말이 있다. 자기를 알고 상대방을 알고 있으면 무수한(100번의) 전쟁 상황에서도 위태롭지 않다는 것이다. 우리는 먼저 공포와 불안, 수치심, 분노 등의 부정적인 감정을 유발시킨 진짜 원인, 곧 우리의 생각 내용이 무엇인가를 찾아내야 한다. 그리고 그러한 생각이 정신건강상 유익하며 합리적인가를 따져 보아야 한다. 만약에 우리의 사고 내용이 객관적이지 못하고 편파되어 있으며 정신건강에 해로운 것이라면, 그것을 객관적이고 사리에 맞으며 합리적인 생각으로 바꿀 필요가 있다.

엘리스는 우리의 정신건강을 위해서 비합리적인 사고(생각)를 합리적인 사고로 바꾸는 과정을 ABCDE의 간단한 모형으로 설명하였다.

ABCDE를 설명하자면 다음과 같다.

- A(선행사건 또는 상황, Activating Event): 개인에게 심리적인 괴로움을 안겨 주는, 상황, 행동 등을 말한다.
  가령 아내가 외도하여 가출했다든지, 자녀가 사고로 크게 다쳐 거의 불구가 되는 등, 강렬한 정서를 유발하는 어떤 사건이나 행위를 말한다.
- B(신념체계 또는 생각, Belief System): 어떤 사건이나 상황에 대한 개인의 신념체계 또는 사고방식을 말한다.
  신념체계에는 합리적 신념(rational beliefs)과 비합리적 신념(irrational beliefs)이 있다. 합리적 신념(rational Belief System: rB)은 객관적이고 타당하며 어떤 목표를 달성하는 데에 도움을 주는 생각이다. 비합리적 신념(irrational Belief System: iB)은 주관적인 판단으로 왜곡되어 있고 지나치게 부정적이며 자기 징벌적이고 세상을 원망하는 생각이다.
- C(결과, Consequence): 선행사건에 접했을 때 수반되는 감정(정서)과 행동을 말한다.
  선행사건을 비합리적으로 해석할 때는 부적절한 정서와 행동이 뒤따르고, 합리적으로 해석할 때는 적절한 정서와 행동이 뒤따른다.
- D(논박, Dispute): 자신의 신념이나 사고가 과연 사리에 맞고 합리적인지를 따져보는(반박) 것이다.
- E(효과, Effect): 비합리적인 신념을 철저하게 논박한 다음에 뒤따르는 효과로서, 합리적이며 자기수용적인 생각과 긍정적인 감정과 적응적인 행동이 수반된다.

REBT에서는 A(선행사건)가 C(정서적, 행동적 결과)를 초래한다고 보는 것이 아니라, 개인의 A에 대한 신념 내지 생각, 곧 B가 C를 초래한다고 본다.

1. 사고-감정-행동의 연관성: ABC 모형

이 씨와 김 씨는 사장에게 질책을 받았다. 이 두 사람의 생각과 감정과 행동이 어떻게 다른지 ABC 모형의 예를 들어 살펴보기로 하자.

〈이 씨의 경우〉

A: 선행사건 →	C: 결과	B: 신념체계(생각)
사장이 나를 질책했다.	감정: 몹시 불안하다. 행동: 위축되어 사장을 피한다.	이 씨는 어떤 생각? (큰일 났다. 내가 사장의 눈 밖에 났으니 나는 망했다. 나는 무능력한 사람이다) 이 씨의 생각은 합리적인가, 비합리적인가? (비합리적-과장적, 자기파멸적 생각: iB)

〈김 씨의 경우〉

A: 선행사건 →	C: 결과	B: 신념체계(생각)
사장이 나를 질책했다.	감정: 기분이 찝찝하다. 행동: 다음에는 실수하지 말자고 결심한다.	김 씨는 어떤 생각? (내가 실수했구나, 사장이 질책할 만도 하구나) 김 씨의 생각은 합리적인가, 비합리적인가? (합리적, 온당한 생각: rB)

앞에서 살펴본 바와 같이 인간의 감정과 행동은 사고의 선물이다. 우리는 동일한 상황에서도 마음먹기에 따라서 몹시 불안하기도 하고 담담하기도 하다.

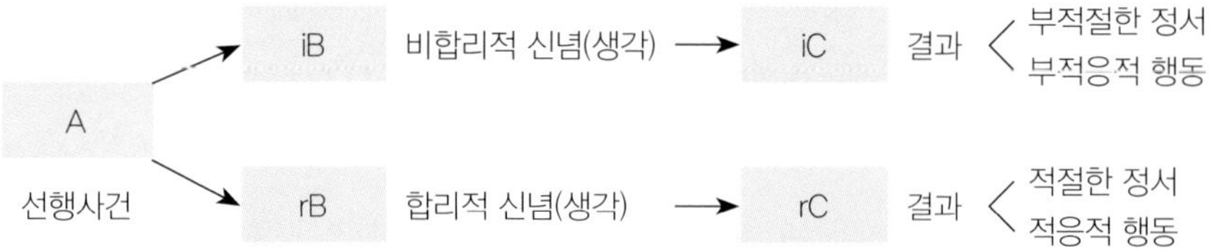

[그림 2-1] A-iB-iC와 A-rB-rC

지금까지 살펴본 내용을 정리하면 [그림 2-2]와 같다.

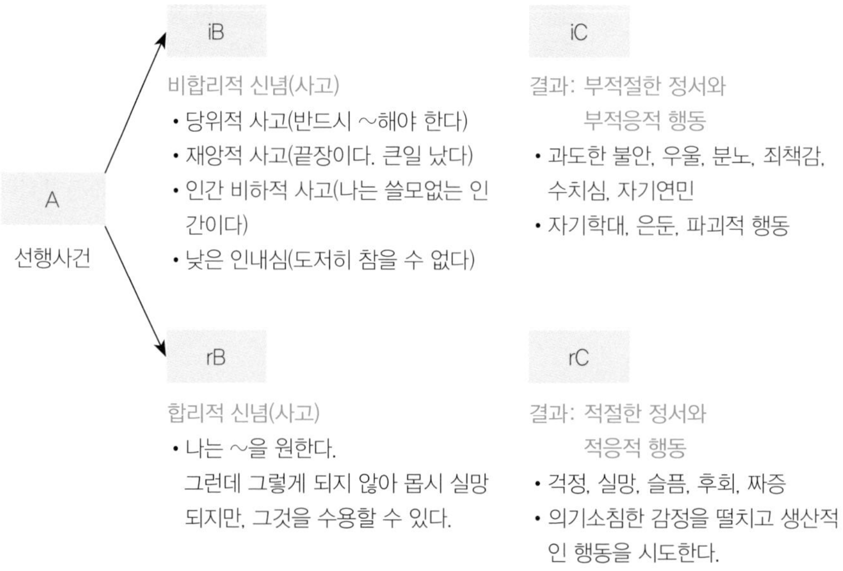

[그림 2-2] ABC로 풀어가기

2. 정신건강적 사고: ABCDE 모형

엘리스가 말하는 대표적인 비합리적인 신념, 즉 당위적 사고, 재앙적 사고, 인간의 가치 비하와 욕구좌절에 대한 낮은 인내심의 네 가지에 대하여 살펴보자.

당위적 사고란 자신과 타인과 세상에 대하여 요구적인 생각을 가지고 있는 것을 말한다. 인간의 가치 비하는 자신과 타인의 가치를 비하하는 경향성을 의미한다.

앞의 사례에서 이 씨는 장래에 대한 걱정으로 밤잠을 잘 수가 없다. 이 씨가 가지고 있는 비합리적 신념(iB)은 다음과 같다.

① 당위적 사고: 나는 무슨 일이 있어도 반드시 사장에게 칭찬과 인정을 받아야만 한다. (should)
② 재앙적 사고: 내가 사장의 눈 밖에 나면 큰일이다.(끝장이다)
③ 인간 비하적 사고: 만약에 내가 사장에게서 미움을 받아 직장을 잃게 된다면 나는 벌레만도 못한 사람(쓰레기)이다.
④ 낮은 인내심: 내가 사장의 신임을 받지 못한다면 나는 그것을 도저히 견딜 수가 없다.

이 씨는 이런 생각이 옳다고 굳게 믿고 있다.

'나는 성공해야 한다.' '일을 잘해야 한다.' '사람들로부터 인정과 존경을 받아야 한다.' '떳떳한 직장인이 되어 경제적으로 자립해야 한다.'며 우리는 그렇게 교육받아 왔다. 그리고 그것이 옳지 않은가? 이런 당위적 사고는 적절한 수준의 것으로서 무해(無害)한 당위적 사고다.

내가 실패하고, 업무 성적이 저조하고, 사장에게서 무시받게 될 때 수치스럽고 화가 나고 의욕상실되는 것은 당연한 것이 아닌가? 그러니까 내가 행여나 사장의 눈 밖에 나서 직장을 잃게 될까 봐 두려워하는 것은 정상적인 반응이 아닌가?

이런 감정은 정상적인 감정이다. 심지어 과도한 공포감, 수치심이나 적개심도 그 사람이 느끼는 진실한 감정이다. 그러니까 모든 감정은 타당하다. 우리는 성공하기 위해서 열심히 노력해야 한다. 그리고 그 과정에서 어느 정도의 스트레스, 긴장, 불안을 느끼는 것은 당연하다. 문제는 그 강도가 지나쳐서 정작 우리가 몰두해야 할 일에 집중하는 것이 방해를 받는 것에 있다. 그러니까 '나는 성공하기를 바란다.' '나는 인정받고 싶다.'의 방향으로 노력하는 것은 바람직한 일이다. 그런데 '나는 무슨 일이 있어도, 기어코, 절대적으로 성공해야만 한다. 그리고 반드시 인정받아야만 한다. 그렇지 않으면 내 인생은 끝장이다. 나는 얼굴을 들고 살수가 없다.'라고 생각하며 자기에게 피해를 주는 것을 REBT에서는 경고하고 있다. 이와 같이 지나치게 강한 당위적 사고와 극단적인 감정이 정신건강에 해악을 끼친다는 것이다.

그래서 이 씨의 생각이 자신의 정신건강과 발전적인 삶에 유익을 주는 신념인가를 따져보도록 촉구하는 것이다. 그리고 이 씨의 그러한 고정관념은 사리에 맞고 진리에 가까울 만큼 타당한가도 따져볼 필요가 있다. 이것이 논박(D)의 과정이다.

3. 자기의 사고가 합리적인지 따져보기: 논박하기

REBT에서는 기능적, 경험적, 논리적 논박을 통하여 이 씨의 신념이 합리적인가를 검토하도록 촉구한다. 상담 시간에 상담자는 이 씨에게 그의 신념인 '나는 무슨 일이 있어도 반드시 사장에게 칭찬받고 인정을 받아야만 한다.'는 생각에 대해서 타당성을 검토해 보도록 안내한다.

대개 REBT 시간에는 상담자가 다음과 같은 질문을 적어주고 내담자가 그에 대한 대답의 글을 적어보도록 한다.

(1) 효과성에 대한 질문: 기능적 논박

만약에 '나는 무슨 일이 있어도 반드시 사장에게서 칭찬받고 인정받아야만 한다.'는 신념을 고집한다면 결국에는 어떻게 될 것 같은가? 그것이 나와 주변 사람들에게 어떤 도움이 되는가?

(이 씨의 대답: 내가 그런 생각에 사로잡혀 있게 되면 안절부절하여 제대로 업무에 집중할 수 없게 될 것이다. 그리고 절망하게 되고 울적하게 되어 나에게 아무런 도움이 되지 않는다.)

(2) 현실성에 대한 질문: 경험적 논박

현실 사회에서는 내가 생각하는 대로 돌아가고 있는가? 대략 몇 %? 다시 말해서 회사의 직원들은 자기가 사장에게서 칭찬받고 인정받아야 한다고 생각하는데 실제로 모두가 (100%) 다 인정을 받고 있는가?

(이 씨의 대답: 아니다. 업무의 성격에 따라서 어떤 때는 80~90% 인정받겠지만, 어떤 때는, 가령 새로운 업무는 40~50%만 인정받을 수도 있다. 그러니까 매번 칭찬받고 인정받기는 힘들다.)

(3) 논리성에 대한 질문: 논리적 논박

나의 생각(신념)이 논리적으로 타당한가? 그것이 논리적으로 옳다는 준거(증거)는 어디에서 찾을 수 있는가? 다시 말해서 나는 무슨 일이 있어도 반드시 사장에게서 칭찬받고 인정받아야만 한다는 논리는 타당한가?

(이 씨의 대답: 타당하지 않다. 기왕이면 내가 사장에게서 신임을 받고 싶다. 그러나 내가 절대적으로 언제나 사장에게서 인정을 받아야만 한다는 준거는 어디에도 없다.)

또 혹시라도, '그럴 확률은 적지만 내가 이 직장에서 퇴직을 당하게 된다면 내 인생은 끝장인가?' '그렇게 되면 나는 인간쓰레기인가?' '그리고 나는 그것을 도저히 견딜 수 없는가?' 그러한 생각에 대해서도 (1) 효과성, (2) 현실성, (3) 논리성의 견지에서 타당성을 따져보는 것이다.

(4) 삶의 태도에 대한 질문: 철학적 논박

비교적 자아 강도가 강하고 세상에 대한 조감 능력이 있는 사람에게는 철학적으로 인생을 관조해 보도록 질문할 수 있다.

"그런 역경에 처해 있기 때문에(because of) 내가 삶을 즐길 수 있는 것은 단 한 가지도 없는가? 그리고 내가 삶을 즐겨서는 안 되는가?"

"그런 역경에 처해 있다 하더라도(in spite of), 내가 삶에서 즐길 수 있는 것들은 어떤 것들인가?"

그러나 엄청난 스트레스를 겪고 있는 내담자에게는 이와 같은 철학적인 논박을 하지 않는 것이 현명하다.

엘리스는 (1), (2), (3)의 논박을 통하여 합리적인 사고로 바꾸는 것을 일반적인 REBT라고 하였다. 그러나 (4)의 논박을 통하여 과학적이고 철학적인 차원에서 사고의 질적인 변화까지 가져다주는 REBT를 품격 있고 '세련된 REBT'라고 하였다.

이 책에서는 REBT를 통하여 독자들이 사고의 질적인 변환이 일어나는 수준까지 격상되기를 기대하면서 철학적인 담론을 많이 하려고 한다.

앞의 사례에서 이 씨의 생각에 대하여 논박(D)을 해봄으로써 이 씨의 생각이 합리적으로 변화되면, 과도한 불안감은 줄어들고 안절부절하던 태도가 비교적 담담하게 바뀔 것이다. 이것이 논박의 효과(E)다.

[그림 2-3] ABCDE 모형으로 풀어가기

4. 자녀와 공부 문제로 갈등하는 부모의 사례

어떤 상황에 접하자 자동적으로 겁이 덜컥 나서 근심, 걱정, 불안에 사로잡힐 때, 우리는 대개 무슨 생각을 하고 있을까? 엘리스는 그때 자동적으로 비합리적인 생각을 하고 있다고 말한다.

저자는 20여 년간 자녀지도에 대한 부모코칭 세미나를 운영하고 있다. 그 세미나에 참석한 어느 자모는 아들과 수년간 갈등 상태로 지낸다고 말했다(홍경자, 노안영, 차영희, 최태산 역, 2007).

그 자모는 공부 잘하는 첫째 아들(민영이, 중3)과는 사이가 원만하다. 그런데 어려서부터 IQ가 높지 않고 공부에 취미가 없는 둘째 아들(민수, 중2) 때문에 화가 나고 속이 터져 미칠 지경이다. 또 민수 어머니는 민수를 야단치며 미워하는 자신의 모습이 한심스러워 낙심된다. 민수는 어제도 오늘도 게임만 하고 있다.

사건(A)		결과(C)
민수가 게임을 하고 있다.	⟶	감정(정서): 화가 나고 아들이 밉다. 행동: 아들에게 큰 소리로 야단친다.

다음은 저자가 민수 어머니와 주고받은 내용이다.

저자: 민수는 IQ가 높지 않고 또 학업에 관심이 없어서 어머님이 지금까지 속이 많이 상하셨군요. 여러 가지로 노력해 보았지만, 공부 문제는 신통한 방법이 없네요. 그렇죠?

민수엄마: 네, 그래서 절망적이에요.

저자: 그러니까 민수가 공부를 가지고 어머니를 행복하게 해 주기는 힘들 것 같네요. 그래서 어머님이 마음을 편안하게 먹으려면 아들에 대한 비현실적인 기대를 접어야 할 것으로 보입니다. 그러니까 이제부터는 어머님이 생각을 돌리는 것이 어때요? '민수는 그렇게 태어났구나.'라고요.

민수 어머니는 이런 말을 순순히 수용하기가 힘들 것이다. 자기 불행의 원인이 민수, 곧 사건(A)에 있다고 믿기 때문이다. 그래서 내가 질문을 이어갔다.

저자: 첫째 아들은 어떠세요?

어머니: 아 민영이는 내 속을 썩힐 일이 없어요. 자기 반에서 1, 2등을 합니다.

저자: 네. 민영이에 대해서는 참 흐뭇하게 느끼시겠어요. 공부를 잘하니까 기쁘시죠? 그런데 민영이는 단 한 번도 게임을 하지 않고 오로지 공부만 하나요?

어머니: 민영이도 게임을 하지요. 요즘 애들은 모두 게임으로 스트레스를 푸는가 봐요.

저자: 그럼 민영이가 게임을 하고 있을 때도 화가 나세요? 그래서 야단을 치시나요?

어머니: 아뇨. 화가 안 나요.

저자: 왜요?

어머니: 그애는 공부를 잘하니까 놀아도 되잖아요? 그러니까 게임을 해도 괜찮아요.

사건(A)
민영이가 게임을 하고 있다.
→
결과(C)
감정(정서): 담담하다.
행동: "그래, 너는 놀기도 해야지."
라고 말한다.

두 아들이 똑같이 게임을 하는 상황(A)에서 어머니는 차남에게는 화를 내고 있고 장남에게는 담담한 마음(C)이다. 결국 어머니의 감정(C)은 두 아들에 대하여 어머니가 무슨 생각(B)을 하는가에 따라서 달라진다고 보아야 하겠다.

어머니는 차남 민수에 대해서 아마도 다음과 같은 생각을 하기 때문에 화를 내고 소리를 지르지 않았을까?

사건(A)
민영이(장남)가 게임을 하고 있다.
→
신념, 생각(B)
민영이는 공부를 잘하니까 쉬는 시간에 게임을 해도 된다.
→
결과()
정서: 담담하다.
행동: "너는 놀아도 된다."라고 말한다.

사건(A)	신념, 생각(B)	결과(C)
민수(차남)가 게임을 하고 있다. →	• 저 녀석은 미련하니까 공부에만 전념해야 한다. • 그런데 게임만 하고 있으니 참을 수가 없다. • 저러다가 꼴지가 되면 큰일이다. 망했다. • 그렇게 되면 난 창피하고 무능한 엄마가 되는 것이다. →	• 화가 난다. • 아들에게 소리 지른다.

어머니가 민수에게 화를 내고 야단을 치면서 만성적인 힘겨루기(power struggle)의 관계로 발전하는 것은, 어머니의 절대적이고 독단적인 신념(민수는 무슨 일이 있어도 놀아서는 안 되고 공부만 해야 한다)과 과장적인 사고(민수가 놀기만 하니 큰일 났다. 망했다)에서 비롯되었다. 이것이 엘리스의 해석이다.

다시 말해서 민수가 놀고 있는 모습을 보면 민수 어머니는 자기도 모르게 '큰일 났다. 저렇게 지내다가는 대학도 못 가고 취직도 못 하고 또 장가도 못 가겠지. 아이고! 이 일을 어쩌나?'라는 생각으로 불안해진다. 그러고 나서 민수에게 화를 내며 호통을 친다. 그러니까 '분노'라는 감정의 밑바닥에는 불안감이 놓여 있다.

이것을 두뇌 이론으로 설명해 보자(참고로, 두뇌의 뇌간, 변연계, 전두엽에 대한 설명은 3장을 보라). 민수가 게임을 하고 있는 장면을 보자마자 민수 어머니의 감정중추인 변연계에 빨간불이 켜진다. 그 상황을 마치 원시림에서 치타나 사자가 나타난 것처럼 위험한 것으로 지각하는 것이다. 이처럼 우리 인간의 두뇌는 확대 해석하며 오작동하는 경우가 많다. 그러면 사고중추인 전두엽은 일시적으로 기능이 마비된다. 그래서 불안과 공포감에 압도되어 민수 어머니는 공격적인 행동으로 나온다. 아들을 큰 소리로 야단치거나 처벌하는 것이 공격행위다.

아들에게 호통치는 것이 민수로 하여금 공부에 취미를 가지고 학습의욕을 고취시키지 않으며 오히려 역효과를 초래한다는 것을 나중에 민수 어머니는 깨닫게 된다. 그러나 마음이 다급해지면 그런 지성적인 판단을 할 수가 없다. 우선 본능적으로 대처해서 아들을 야단친다든지 하는 공격적인 방식을 취한다.

한편 민수는 어떤가? 민수는 놀지 않고 열심히 공부하는 것이 중요하다는 것을 평소에 잘 알고 있다. 그리고 가능하면 마음을 잡고 공부하려고 한다. 그런데 어머니가 부릅뜬 눈과 상기된 얼굴로 자기를 야단친다. 그러면 민수는 자기도 모르게 흥분해서 어머니에게 대항한다. "관둬요. 난 공부 안 할 거예요. 엄마는 나만 미워하고……. 민영이형도 게임하잖아요?" 그리고 씩씩거리면서 문을 박차고 밖으로 나가버린다.

어머니가 부릅뜬 눈으로 큰 소리로 야단치는 것을 보자마자 민수의 대뇌에서 변연계는 그 상황을 자기의 생존 내지 자기 존재를 위협하는 SOS 신호로 받아들이고 빨간불이 켜진다. 자기에게 위험하다고 느껴지는 이런 상황에서 인간은 자기를 보호하고 살아남기 위해서 '공격하기' 또는 '회피하기'의 방식으로 대응한다. 이 두 가지 대처방식을 취할 수 없는 경우에는 '굴복하기(얼어붙기)'로 대응한다.

민수가 엄마에게 반항하는 것은 공격하기 양식이고, 엄마를 피해서 다른 곳으로 가버리는 것은 회피하기 양식이다. 공격하기나 회피하기는 엄마와의 관계에 악영향을 미친다. 그리고 마음잡고 공부해야겠다고 한 민수에게도 악영향을 미친다. 다시 말해서 두 사람이 감정적인 대응을 하는 것은 문제 해결에 하등 도움이 되지 않는다. 민수가 객관적이고 사리에 맞는 생각을 할 수 있도록 도와주려면, 어머니는 민수의 흥분된 변연계를 잠재우고, 전두엽이 활성화되도록 해야 한다. 그것은 어머니가 안정된 태도로 담담하게, 비난하지 않으며 대화하는 것이다. 그래서 '적극적인 부모역할(AP)'의 코칭시간이나 '하모니 리더십' 시간에 저자와 AP 강사들은 효과적인 자녀지도의 요령에 대해 가르쳐 주고 새로운 부모-자녀 간의 대화 방법을 연습시킨다.

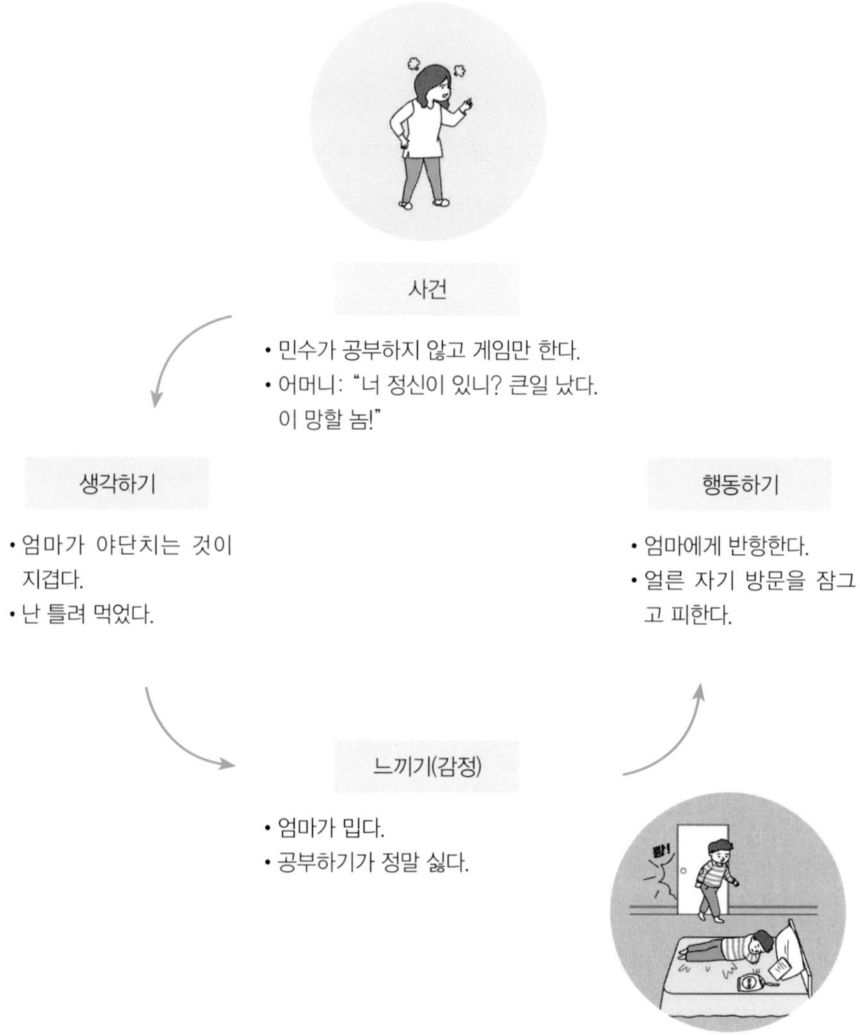

[그림 2-4] 부모(민수 어머니)의 부정적인 언행이 자녀(민수)에게 미치는 효과

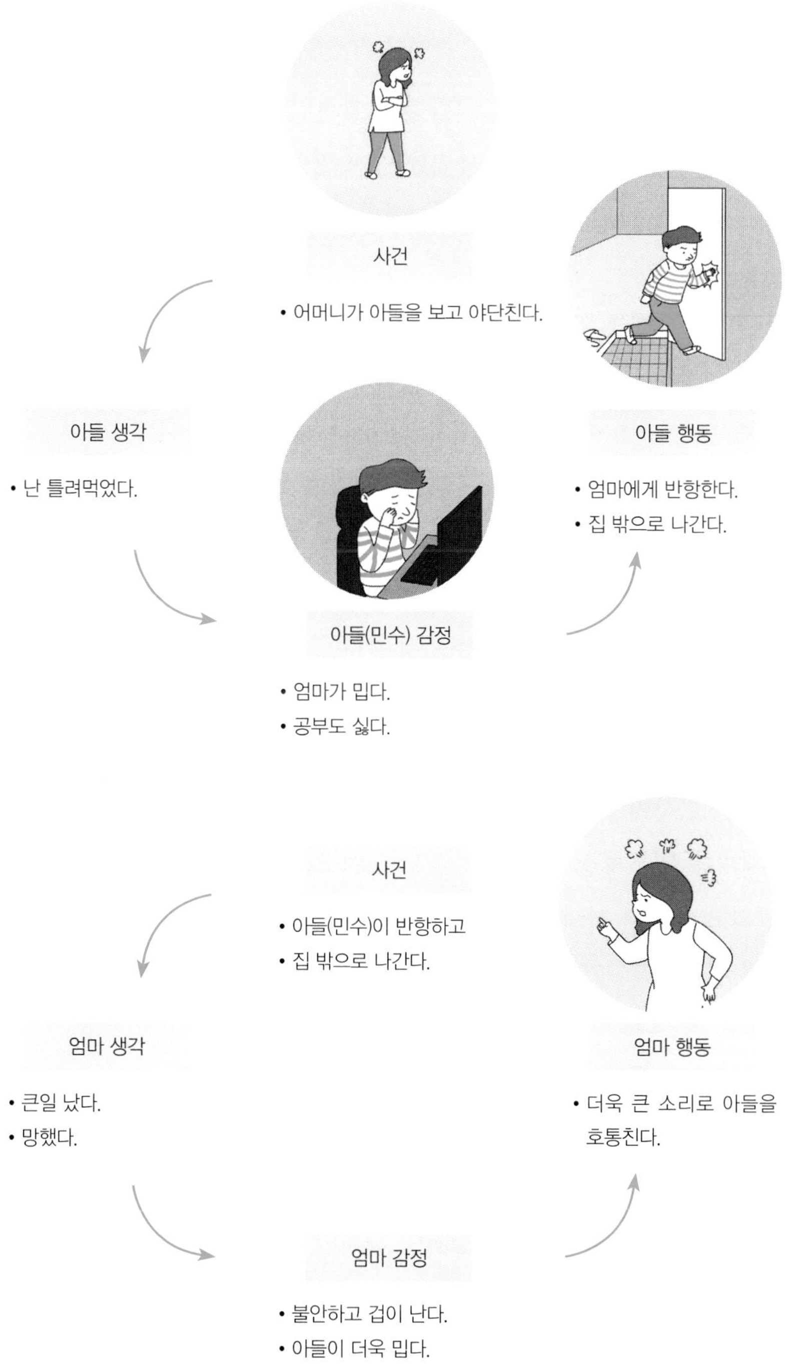

[그림 2-5] 부모-자녀(민수 어머니와 민수) 간의 힘겨루기 현상

그것은 첫째로 민수 어머니가 현명한 사고를 할 수 있게 도와주는 것이다. 우리 대뇌는 생존을 위하여 조그마한 위협적인 상황에도 과민반응을 한다. 그래서 민수가 공부하지 않는 사실을 마치 민수의 집안과 인생이 망한 것으로 과대 해석한다. 그러고 나서 민수 어머니는 지성적인 사유 능력은 팽개치고 본능이 지시하는 대로, 비합리적이고 비논리적으로 행동한다. AP나 하모니 리더십 시간에는 민수 어머니가 올바른 사고를 할 수 있도록 도와주기 위해서 REBT식의 논박하기 시간을 할애한다.

또 '재해석하기(reframing)'를 시도한다. 재해석하기는 '관점의 전환' 또는 '다른 관점에서 바라보기'라고도 하는데, '민수가 공부에 취미가 없다.'는 사실을 어머니가 다른 관점으로 바라보게 하는 것이다. 아마도 민수는 자기의 조부모, 부모의 유전적인 영향을 받아 공부 이외의 분야, 즉 예능계통, 사업가, 인간관계의 분야에 재능이 있는 것 같다. 그렇다면 민수의 적성을 발견하여 민수에게 있는 잠재능력과 재능을 계발하도록 도와주어야 할 것이다.

또 민수의 공부 문제로 부모가 속을 썩고 있는 것이 반드시 수치요, 손해의 조건일까? 오히려 그것을 계기로 하여 자녀를 잘 지도하는 대화의 기술과 학습에 재미를 붙이게 하는 기술을 부모가 연구하는 귀중한 기회가 될 수도 있다. 그리고 세상과 사람들에 대하여 폭넓은 관점으로 바라보고 관용과 인내심을 길러주는 계기가 될 수 있다. 이것이 민수 어머니가 재해석하기를 통하여 깨달은 점이다.

둘째로 저자는 부모코칭(AP와 하모니 리더십) 시간에 자녀에게 감정적으로 대응하지 않고, 부모가 적극적이고 주도적인 리더십을 발휘하여 효과적인 대화기술의 능력자가 되도록 인도한다. 그래서 아들의 기를 꺾지 않고 '기를 살려주는 대화', 즉 격려하기와 긍정적인 관계의 기술을 코칭한다. 민수 어머니가 아들을 인격적으로 존중하며, 나지막하고 부드러운 목소리로 민수를 바라보면서 민수의 마음을 헤아려 주고(공감) 격려하는 것이다. 그렇게 되면 민수의 대뇌에는 어떤 일이 일어나는가? 어머니의 부드러운 얼굴과 나지막한 목소리를 접하게 되면, 민수의 뇌간과 변연계는 그것이 '안전하다(safe)'로 지각되어 변연계는 흥분하지 않게 된다. 변연계가 잠잠하면, 사고의 중추인 전두엽이 활성화된다. 그래서 민수는 어머니의 말씀을 제대로 경청하고 제대로 이해하며, 그 말씀에 대해서 추리하고 성찰하게 된다. 그리하여 합리적인 판단 능력과 지혜가 발동하게 된다.

이것을 도표로 나타내면 [그림 2-6]과 같다.

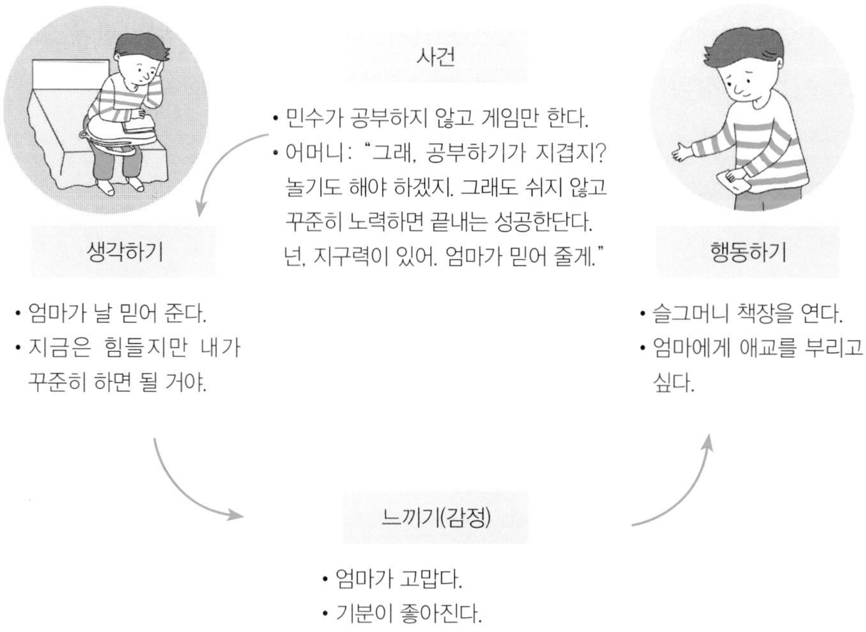

[그림 2-6] 부모(민수 어머니)의 긍정적인 언행이 자녀(민수)에게 미치는 효과

부모가 자녀와 실랑이를 벌이지 않고 바람직한 자녀지도를 하도록 AP 부모코칭 시간에는 '마음 다스리기'의 기술을 코칭한다. 그것을 간단히 소개하면 다음과 같다.

① 부모가 자기 행동의 선택권을 결정한다.

자녀는 기어코 학습에 매진해야 한다는 생각에 집착하여 화를 내며 아이와의 힘겨루기를 계속할 것인가? 아니면 달리 생각하는 길을 알아봄으로써 유연하고 관용적인 태도로 살 것인가를 선택한다.

② 자녀를 있는 그대로 수용하고 인격적으로 존중한다. 그리고 기를 살려준다.(격려하기)

③ 불안, 짜증, 분노 등의 감정이 올라올 때, 그러한 감정과 신체감각을 알아차린다.

④ 있는 그대로의 부모 감정을 수용한다. 그리고 아이에게 담담하게 실망감과 걱정되는 부모 자신의 마음을 표현한다. (I-message)

⑤ 화가 올라올 때 잠시 이완하고 호흡명상을 한다.

⑥ 자기의 사고가 논리적인지 검토한다. (REBT)

⑦ 세상을 넓은 관점에서 바라보는 안목과 초연하게 거리두기를 연습한다.

⑧ 재해석하기(관점의 전환)와 감사하기를 실천한다.

⑨ 유머 감각으로 그 문제를 바라본다.

참고로 저자가 민수 어머니와 함께 유머 감각을 가지고 아들 문제를 다루어 본 내용을 소개하자면 다음과 같다.

〈이용복의 노래를 개사하고 함께 노래 부르기〉

① 진달래 먹고 물장구 치고 다람쥐 쫓던 어린 시절에,
눈사람처럼 커지고 싶던 그 마음 내 마음~

② 공부도 안 하고 학원도 안 가고 게임만 하는 아들 때문에,
가슴이 터져 미쳐 버리겠네. 내 마음 누가 알까~

앞에서 살펴본 민수 어머니의 사례를 가지고 ABCDE의 모형으로 다시 한 번 정리해 보자.

A: 사건–유발요건	C: 결과–감정 · 행동	B: 생각–왜냐하면
아들이 ~하기 때문에	(예: 부모) 나는 화가 난다. 그래서 소리 지른다.	• '너(아들)는 반드시 ~해야 한다.'라고 내가(부모) 생각하기 때문이다. • 네가 ~하지 않으면 나는 참을 수 없다. • 네가 ~을 못 하면 나는 무능한 인간이다. • 그리고 그것은 우리 집안의 망신이고 끝장이라고 생각한다(민수 어머니는 이런 생각이 옳다고 굳게 믿고 있다).

D: 반박하기–과연 내 생각이 옳은가 따져보기

- 내 아들은 무슨 일이 있어도, 기어코, 반드시 ~해야 한다는 생각을 고집하는 것은 어떤 이득이 있는가? (효과성)
- 이 세상에 몇 %의 학생이 반드시 ~하는가? (현실성)
- 내 아들은 기어코 ~해야 한다는 준거(법칙)가 어디에 있는가? (논리성)

E: 효과–반박 후의 효과 알아보기

나의 생각	감정	행동
〈must를 wish, want로 바꾼다.〉 • 이 세상에서 내 아들만은 반드시 공부를 잘해야 한다는 법칙은 없다. • 나는 아들이 기왕이면 공부에 전념했으면 좋겠다(I want). 내가 원하는 것은 그것이다.	〈분노에서 염려로〉 • 아들이 공부에 취미가 없으니까 낙심되고 걱정된다. • 그러나 아들이 몹시 밉거나 크게 화가 나지는 않는다.	〈격려하기, 긍정적 언행〉 • 아들의 개성과 적성을 인정하고 존중해 준다. • 아들에게 나지막한 소리로 말한다. • 아들에게 원하는 것을 부탁하고, 서로 논의하고 합의점을 찾는다.

내 자녀의 행동이 마음에 들지 않아 짜증이 날 때 자녀에 대한 나의 사랑은 내 입장에서 사랑한 것인가, 아니면 아이를 있는 그대로 수용하는 사랑, 곧 무조건적인 사랑인가를 곰곰이 따져보라.

상대방의 입장에서 상대방의 문제를 바라보는 것,
다시 말해서 아이의 입장에서 아이의 욕구와 동기를 헤아려 볼 때, 즉 역지사지(易地思之)할 때 아이의 마음이 이해가 된다. 그것이 공감이다. 그리고 공감을 하게 되면 수용과 무조건적인 사랑이 가능하다.

어린이에 대하여

– 칼릴 지브란(Kahlil Gibran) –

당신의 자녀는 당신의 자녀가 아닙니다.
그들은 생명이 생명 자체를 갈망하는 생명의 아들, 딸입니다.
그들은 당신을 통해서 이 세상에 왔지만, 당신으로부터 온 것은 아닙니다.
그리고 그들이 당신과 함께 있지만, 당신에게 속한 것은 아닙니다.
당신은 그들에게 사랑을 줄 수는 있지만, 당신의 생각을 줄 수는 없습니다.
왜냐하면 그들은 그들 자신의 생각을 가지고 있기 때문입니다.
당신은 그들의 육체를 안고 있을 수는 있지만 그들의 영혼을 안고 있을 수는 없습니다.
왜냐하면 그들의 영혼은 당신이 꿈속에서조차 가 볼 수 없는 '미래'의 집에 거하기 때문입니다.
당신은 그들과 같아지려고 노력할 수는 있지만, 그들이 당신과 같아지도록 만들지 마십시오.

왜냐하면 인생이란 후퇴하지 않으며, 과거에 머무르지도 않기 때문입니다.

당신은 활입니다.

그 활로부터 살아있는 화살인 당신의 자녀가 날아갑니다.

활 쏘는 이(神)는 무한대의 길 위에 놓여 있는 과녁을 보고, 그의 화살들이 힘껏 멀리 날아가도록 그의 권능으로 당신의 몸을 구부리게 합니다.

활 쏘는 이의 손 안에서 당신이 기쁨으로 몸을 구부리십시오.

왜냐하면 그(神)는 날아가는 화살을 사랑하는 것처럼, 든든한 활도 또한 사랑하기 때문입니다.

03 인간의 사고-정서-행동에 대한 두뇌 이론

앞 장에서 언급한 바와 같이 우리는 좌절적인 상황에 접할 때 걱정, 두려움, 절망, 수치심, 열등감, 분노와 같은 감정을 느끼면서 속이 상할 때가 많다. 그리고 그런 감정이 쉽사리 사라지지 않는다. 그래서 가족 갈등이 만성적으로 지속되고, 자기 신세를 비관하여 알코올중독 등 자기에게 해로운 행동을 자초한다. 머리가 똑똑한 사람들이 왜 그와 같이 어리석은 행동을 하는가? 또 속이 상한 감정은 왜 오랫동안 지속되는가? 이에 대한 해답을 현대의 두뇌이론으로 풀어 보기로 한다.

1. 두뇌 발달과 신경세포들의 기능

뇌과학이 밝힌 결과를 소개하자면 다음과 같다(김성훈 역, 2018).

성인의 뇌는 1.5kg가량으로 체중의 2% 정도를 차지하지만, 몸 전체에 흐르는 혈액 중 15%를 소비 한다(참고로 아인슈타인의 뇌는 1.22kg이라 한다).

인간 뇌에는 천억 개의 뉴런이 들어 있다. 한 사람의 대뇌피질에 들어 있는 뉴런들을 일렬로 늘어놓으면 160,000km이며, 이는 지구를 네 바퀴 돌 수 있는 거리다. 뉴런의 수는 일생 중 태어날 때가 제일 많고 임신 3개월과 6개월 사이에 밀도가 가장 높다. 그러다가 임신 후기와 생후 첫 1년 사이에 뇌의 회백질에서 집중적으로 가지치기(pruning)가 이루어진다.

뉴런은 세포체(에너지 생성원), 수상돌기(정보입수), 축삭돌기(뉴런의 긴 꼬리로 이어지는 점선과 같은 역할)로 구성되어 있다.

세상에 태어난 유아의 뇌는 자극에 대해 활동전위라는 폭발적인 활동으로 반응한다. 활동전위란 자극과 접촉한 지점으로부터 가지 돌기(뉴런의 신호 수신용 돌기)를 지나 세포를 통과하며 이어달리기를 하듯 통과하는 전기 신호다. 우리가 어떤 색깔을 보고, 장미꽃의 향기를 맡고, 근육을 움직이고, 누군가의 이름을 기억할 때는 모두 활동전위가 발생한다.

각각의 뉴런 세포체가 중계지점이 되어 외부로 나가는 신호를 보내고, 그

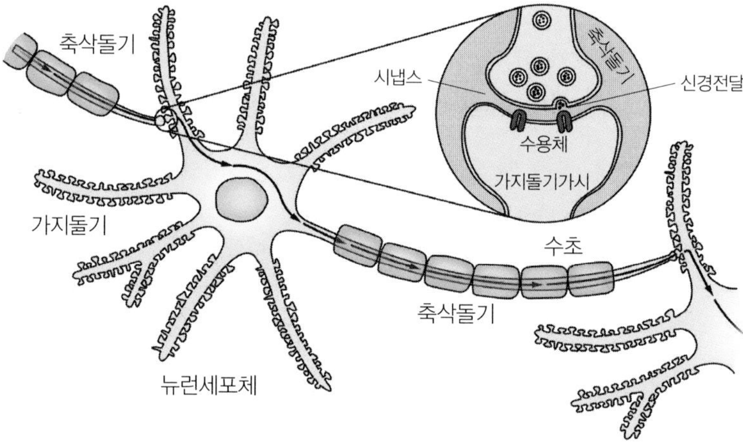

세포들 사이의 신호는 시냅스를 통해 축삭돌기에서 가지돌기 가시로 한 방향으로만 흐른다. 수초로 덮인 축삭돌기는 그렇지 않은 축삭돌기보다 신호를 더 빠른 속도로 전달한다. 시냅스에서는 신경전달물질 분자가 이동해서 가지돌기 가시에 달려 있는 시냅스 수용체에 결합한다.

[그림 3-1] 뉴런, 축삭돌기, 신경전달물질, 시냅스, 가지돌기, 수초의 해부학

출처: 김성훈 역(2018), p. 76.

것이 축삭돌기 종말팽대에 도달하면 이 신호가 반응을 유발하여 종말팽대에서 신경전달물질이 방출된다. 그러니까 다른 뉴런의 수용체가 일련의 연쇄반응으로 활동전위를 촉발한다.

두 뉴런 사이에서 접촉이 이루어지는 부위를 시냅스(synapse)라고 말한다. 시냅스는 두 세포 사이에 존재하는 공간으로, 그 폭이 불과 100만 분의 5cm 정도다. 뇌에서 실제로 행동이 일어나는 곳은 이 시냅스라고 할 수 있다. 신호는 축삭돌기를 타고 시냅스까지 내려간 다음에 신경전달물질은 시냅스의 간극을 넘어가 마치 액체로 된 열쇠처럼 반대편 뉴런에 결합한다. 이런 방식을 통해 신호가 한 뉴런에서 다른 뉴런으로 전달되는 것이다.

두뇌피질의 시냅스는 출생 이후에 폭발적인 활동 속에서 만들어진다. 이 발달단계 동안에 아기의 뇌는 매 초 200만 개라는 놀라운 수의 시냅스를 만들어 내고, 덕분에 아기는 촉각, 움켜쥐기, 얼굴 알아보기, 부모에 대한 애착 같은 정신발달의 이정표에 도달하게 된다.

유아의 뇌는 마치 수십억 개의 안테나를 뻗어 세상에서 정보를 탐색하고 있는 것과 같다. 각각의 뉴런이 살아남으려면 정보를 전달해 줄 수 있는 또 다른 뉴런을 찾아내야 한다. 아기 뇌의 시냅스가 아동기에 가장 많은 이유도 이것이다. 정보처리를 담당하는 뇌 조직인 회백질은 아동기 전체에 걸쳐 계속 두꺼워진다. 뇌세포가 팔처럼 생긴 가지돌기를 추가로 뻗기 때문이다.

인간은 태어날 때 압도적으로 많은 뉴런을 가지고 태어나지만 대뇌피질의 시냅스는 대부분 완전히 형성되지 않은 상태이다. 출생 후부터 외부의 자극에 대하여 무수한 반응을 하면서 자주 반응이 일어나는 부위가 활성화되어 그 시냅스는 살아남고 그렇지 못한 시냅스는 사라진다. 이것이 가지치기(pruning) 현상이다.

청소년기에는 이 '과도한 성장' 덕분에 새로운 것을 빨리 배울 수 있다. 청소년은 다양한 분야의 지식습득이 빠르다. 그러나 풍성한 회백질 때문에 일종의 '인지부조화'가 야기될 수도 있다. 인지부조화가 생기면 뇌가 그 모든

'잡음'으로부터 올바른 신호를 포착하는 데 어려움을 겪는다. 그 결과 청소년기 말기가 되면 뇌는 과도한 시냅스들을 가지치기하기 시작해서 연결을 간소화한다.

새로이 생긴 시냅스는 반복 작용으로 회로가 굳어져 있지 않으며 또 사라진 시냅스가 있기 때문에 청소년들은 사고의 혼란이 심하다. 곧잘 소지품을 분실하고, 약속을 망각하고, 논리정연하게 자기 생각을 설명하지만 행동은 자기의 논리를 따르지 않고 엉망진창이다. 이런 현상은 시냅스의 가지치기 현상과 연관이 있는 것으로 간주된다.

2. 인지(지능)의 발달과정과 특성

인간은 사물에 대한 개념을 어떻게 획득하는가? 다시 말해서 고도의 정신과정인 지능은 어떻게 발달하는가?

이에 대하여 최초로 체계적인 학설을 주장한 사람은 피아제(Piaget)다. 피아제의 이론을 간략하게 설명하자면, 그는 인지 내지 개념의 획득 내지 학습활동을 조작(operation)이라고 말하였다. 유아는 감각과 운동을 통하여 조작이 이루어진다. 유치원시기의 어린이는 시각적으로 보이는 대로 사물에 대하여 이해한다. 그러므로 사물에 대한 판단이 잘못될 경우가 많다. 따라서 이 시기를 '직관기'라고 명명하였다.

또 유아는 다른 사람도 자신이 느끼고 생각하는 것과 동일하게 느끼고 생각한다고 여긴다. 말하자면 타인의 관점에서 조망하는 능력이 없으며 자기중심적이다. 초등학교에 와서야 어린이는 구체적인 설명과 실물 대조 등의 방법을 통해서 추상적인 개념(예: 정의, 사랑)을 이해할 수 있게 된다. 그리고 청소년기 이후가 되면 글(문자)이나, 추상적인 기호(형식)를 통해서 지식을 획득한다. 그런데 이런 지능발달은 어린이가 어떤 새로운 사물을 접할 때 기

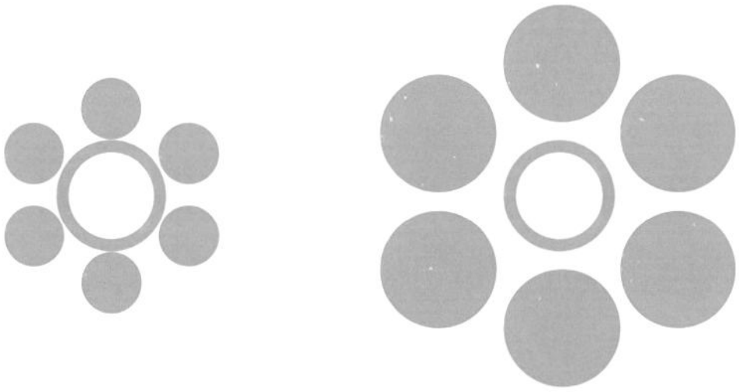

양쪽 하얀 동그라미의 크기는 똑같지만, 왼쪽 동그라미가 더 크게 보인다.

[그림 3-2] 착시 현상

출처: 김대식(2014), p. 35.

존에 경험한 인상과 비교하여 추론해 보고 또 조정하는 작업을 통해서 이루어지는데 피아제는 그것을 동화(assimilation)와 조절(accommodation)이라고 하였다.

이러한 발달과정을 거친 다음에 성인들은 논리적으로 명석하게 사고하고 합리적으로 행동할 수 있는 능력이 획득된다. 그래서 지성인이 된다. 그러나 대부분의 성인들은 여전히 유아동기적인 사고 특성을 가지고 살아간다. 다시 말해서 어떤 사물이나 상황에 대하여 잘못된 지각을 하고 그릇된 판단을 하며 자기 방식으로 해석한다. 이처럼 우리는 선천적으로 비합리성을 타고났기 때문에 그 결과 적응상 애로를 경험하는 수가 많다.

그것은 두뇌가 세상의 현실을 있는 그대로 바라보지 않기 때문이다. 그 이유는 첫째로 시각적 착시 현상 때문이고([그림 3-2]), 둘째로 자기의 신념, 생각, 감각에 따라서 그럴듯한 해석을 하며 자기가 보고 싶은 것만 보기 때문이다.

셋째로, 어떤 현상에 대하여 알아볼 시간이 충분하면 세밀하게 관찰하고 생각해 본 다음에 현명한 선택을 하게 된다. 이것은 전두엽의 기능이다. 그러나 시간적 여유가 없고 상황이 불확실할 때는 기존의 관념에 의거하여 어떤 한두 가지 요인을 고려해서 어림잡아 성급하게 문제를 해결한다. 이때는 주로 변연계 안의 편도체가 지시하는 방향을 따르기 쉽다. 그렇기에 인간은 다분히 비합리적이다. 그러니까 자기의 고정관념을 더 신뢰하고 사실을 왜곡하기 쉽다.

넷째, 인간은 큰 소리와 같은 자극에 자동적으로 공포와 분노를 느끼며, 도망 또는 공격의 기제로 임한다. 이런 과잉반응 역시 우리가 이 세상에 살아남기 위하여 조상 대대로 축적된 유전자(DNA)의 신호 때문이다. 우리는 감정면에서 볼 때 여전히 원시시대를 살고 있다.

다섯째, 인간의 뇌는 근거 없는 낙관성을 보인다. 다시 말해서, 아무리 좌절적인 상황에 처하더라도 내심으로는 '잘되겠지'라고 생각한다. 복권과 도박에 희망을 거는 심리가 여기에 해당된다. 그리고 대부분 자기의 능력을 과대평가하는 경향이 있다.

이러한 특성은 특히 재미(쾌락)를 추구하는 청소년기에 두드러지게 나타난다. 그들이 무슨 자극이든지 '보상'으로 해석하여 신이 나서 깔깔거리는 것은 도파민 호르몬의 생산이 급증하기 때문이다. 그래서 약간의 재미를 경험하면 더 많은 재미(자극)를 갈망하여 중독현상으로 발전하기 쉽다.

이 모든 것은 인간이 세상에 살아가도록 뇌가 그렇게 진화되었다고도 설명한다.

3. 두뇌의 생존 중추(뇌간), 감정 중추(변연계), 사고 중추(전두엽)

두뇌는 크게 뇌간(brain-stem), 변연계(limbic system), 대뇌피질(cerebral cortex)의 세 부위로 나누어 볼 수 있다(홍경자, 2016, pp. 114-117).

인간의 두뇌에서 가장 먼저 발달하는 부위는 뇌간과 변연계다. '뇌간'은 뇌와 척수를 연결하는 신경통로로서, 난자가 수정한 후부터 15개월까지 가장 먼저 발달한다. 또한 시상과 시상하부로 되어 있는 간뇌와 중뇌와 연수를 합

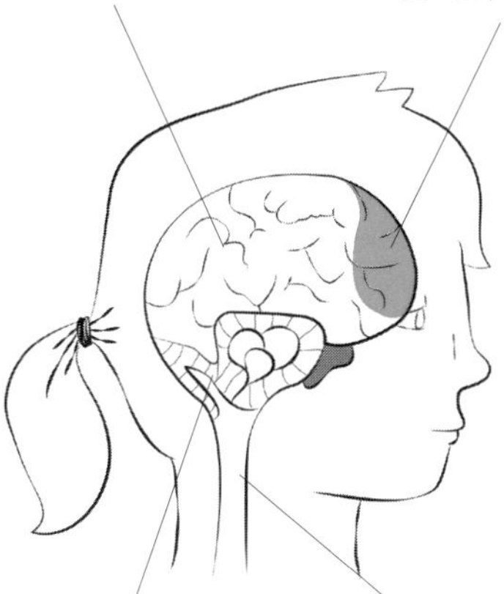

[그림 3-3] 생존의 중추, 정서의 중추, 사고의 중추, 의식의 중추

출처: Sievers & Gonsiewski (2015), p. 10.

친 부분으로, 호흡과 맥박, 체온, 혈압, 동공반사 등 생명 유지에 필수적인 기능을 하는 생존 중추라 할 수 있다. 그리고 감각신호와 대뇌와 사지 간에 전달하는 통로 기능을 한다. 우리가 어떤 상황에 접하게 되면, 뇌간은 신체와 오감을 사용하여 순식간에 안전한 상황인가의 여부를 판별하고, 그것을 정서(감정) 중추인 변연계에 전달한다(생존의 중추인 뇌간을 '파충류의 뇌'라고 한다).

'변연계'는 뇌의 안쪽 중심 부분에 있으며 좌우로 편도체를 거느리고 있고, 그 아래에 해마가 있다. 변연계는 생후 15개월부터 4세까지 가장 활발하게 발달한다. 그것은 성욕, 식욕 등의 원초적 충동과 쾌, 유쾌, 공포, 분노 등과 같은 감정과 기억을 담당하는 정서 중추다(감정을 주관하는 변연계를 '포유류의 뇌'라고 한다). 강렬한 사랑의 감정이나 공포감이나 분노는 인류가 이 세상에 존재할 때부터 함께해 온 인간의 근본적인 감정이다.

고도의 정신 활동을 담당하는 대뇌피질은 전두엽, 후두엽, 측두엽, 두정엽으로 되어 있다. '전두엽(前頭葉, frontal lobe)'은 사고의 중추로서, 대뇌피질

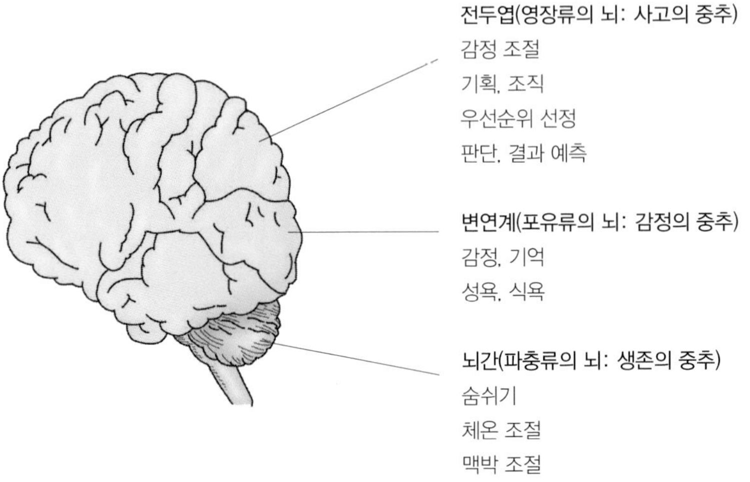

[그림 3-4] 전두엽, 변연계, 뇌간

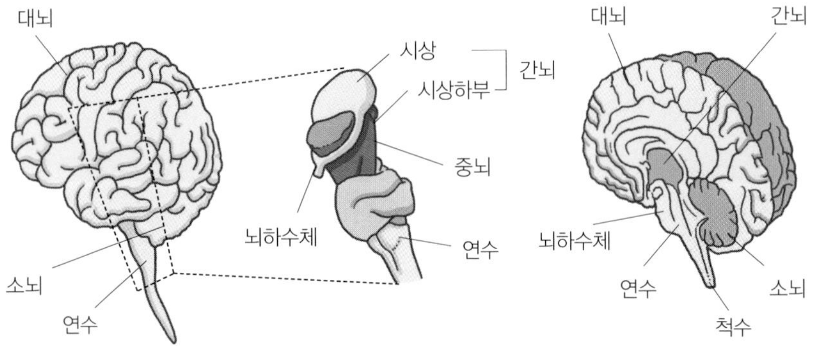

[그림 3-5] 뇌간의 구조와 위치

중에 가장 넓은 부위를 차지한다. 전두엽은 종합적인 사고와 언어를 관장한다. 사물을 판단하고 결과를 예측·기획·조직하며 감정을 조절하는 기능과 기쁨, 사랑, 배려와 연민의 마음, 도덕성, 종교성의 기능을 담당한다(사고 중추인 전두엽을 '영장류의 뇌'라고 한다).

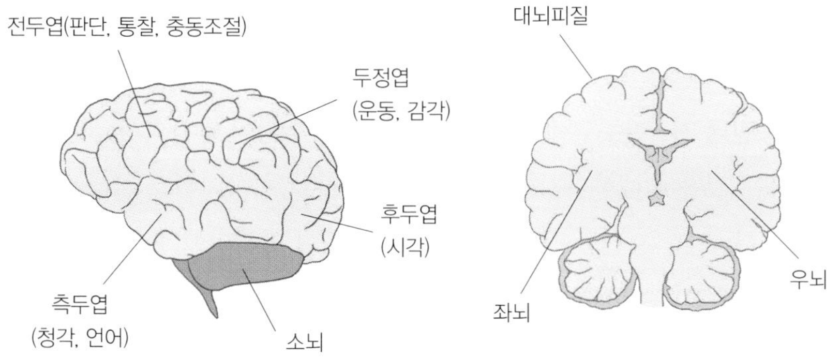

[그림 3-6] 대뇌피질의 구조

출처: 홍경자(2016), p. 116.

[그림 3-6]처럼 두정엽은 신체적인 활동과 공간 지각적인 기능을 한다(운동선수는 두정엽이 발달되어 있다). 양 옆의 측두엽은 청각 기능과 언어 능력을 관장한다. 후두엽은 시각적인 정보를 담당한다.

전두엽은 좌뇌와 우뇌로 나뉘어 있고 뇌량이 그 두 개의 반구(半球)를 연결하여 상호 간에 정보를 교환하게 된다. 좌뇌는 논리적인 사고, 주의 집중, 문자 기호의 이해 등을 수행하고, 우뇌는 음악, 미술 등의 예술 감상과 언어 발성의 기능을 수행한다.

전두엽의 가장 앞부분인 전-전두엽(前-前頭葉, pre-frontal lobe)은 의식의

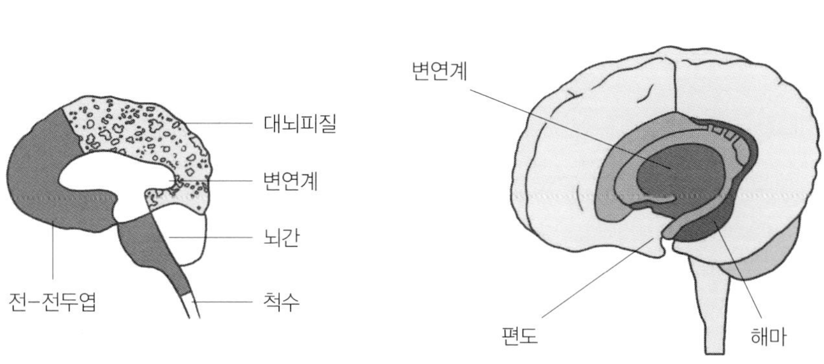

[그림 3-7] 변연계

중추다. 생존의 중추인 뇌간과 감정의 중추인 변연계와 사고의 중추인 전두엽에서는 자기와 타인이 생각하고 느끼는 바가 서로 다르다는 것을 인지하지 못한다. 그런데 전-전두엽에서는 자기의 생각과 감정이 타인의 생각과 감정과 다르다는 것을 이해한다. 그래서 타인의 입장에서 이해하고 공감하며 배려할 줄 안다. 인간은 전-전두엽이 발달한 덕분에 인간만이 동물 중에 유일하게 자신의 사고와 행동을 자각하고 검토하며 반성하고 자기독백을 한다.

높은 수준의 정신 활동을 담당하는 전-전두엽은 청소년기에는 80% 정도밖에 성숙되지 못하며, 평생에 걸쳐 발달한다. 학자들에 의하면 여성은 평균 24세에 가서야, 남성은 평균 30세가 넘어서야 전-전두엽이 충분히 발달한다고 한다. 전-전두엽은 평소에 자녀가 부모를 비롯한 성인들과 여러 가지 생활적인 문제에 대하여 심도 있는 토론을 통해 성찰 기능이 개발된 경우에 성숙 수준에 이른다고 볼 수 있다.

청소년이 감정 기복이 심하고 화를 잘 내고 충동적이며 현명한 문제해결능력이 부족한 것은 그 시기에 변연계가 과잉 활성화되어 있고 전-전두엽의 발달이 제대로 되어 있지 않기 때문이다. 이것은 두뇌 발달의 순서와 관련이 있다.

뇌의 발달은 뇌 뒤쪽에서 앞쪽으로 천천히 이동하며 이루어진다([그림

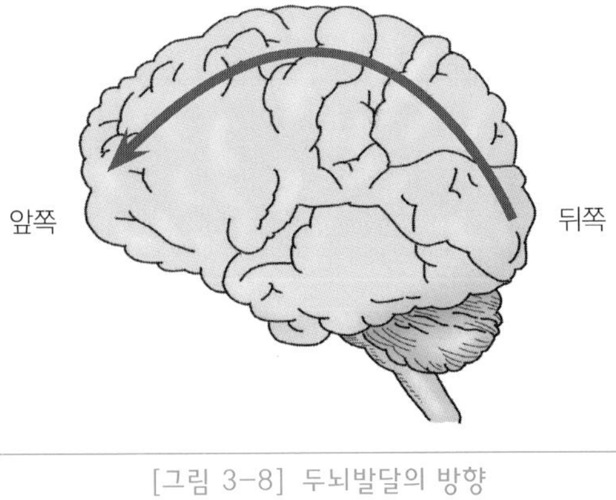

[그림 3-8] 두뇌발달의 방향

출처: 김성호 역(2018), p. 69.

3-8]). 다시 말해서 시각, 청각, 균형 감각, 촉각, 공간 감각을 담당하는 후두엽, 두정엽, 측두엽부터 발달하기 시작하여, 균형 감각과 협응을 돕는 소뇌와, 감각 신호의 중계국 역할을 하는 시상과 식욕, 성욕, 공격성 및 신체기능을 유지하는 시상하부로부터 시작한다. 그리고 맨 마지막에 전두엽이 발달한다.

사람들은 자기 감정을 조절하지 못하기 때문에 많은 문제를 야기한다. 이것은 변연계와 관련되어 있다. 변연계는 본능과 감정의 중추다. 외부 자극이 위험하다고 지각되면 변연계는 곧바로 아드레날린, 코르티솔 등의 호르몬을 분비하고 홍분(분노)한다. 그리고 공격하기(싸우기), 회피하기(도망가기), 또는 얼어붙기(굴복하기)의 준비태세로 임한다.

〈표 3-1〉 **생존을 위한 세 가지 방어기제**

방어기제 유형	행동 양식	에너지 사용
공격하기	맞서 싸우기, 도망가기	에너지 팽창
회피하기	숨기, 모른 척하기	에너지 수축
얼어붙기	항복하기(굴복)	에너지 수축

트라우마와 같이 엄청난 스트레스 상황에서는 전두엽은 합리적인 타당성을 분석할 시간적인 여유가 없다. 그래서 전두엽은 변연계의 반사작용, 즉 생존의 본능이 지시하는 대로 따를 것을 허용한다. 이 시점에서 우리 인간은 무의식적으로, 비논리적으로 반응하게 되어 있다. 그러므로 격노한다든지 회피하거나 우울증의 증상을 보이는 것은 우리가 살아남기 위한 대처 전략이라고 볼 수 있다.

외부 자극이 우리에게 위험 상황이라고 인식되면, 변연계가 활성화되면서 전두엽은 닫히게 된다. 변연계 밑에 양쪽으로 편도체가 있다. 편도체 옆에 해마가 있는데 해마는 장기기억을 담당한다.

편도체가 위험 상황을 판단하는 데 걸리는 시간은 0.01초에 불과한데, '위험'신호가 켜지는 순간 부정적인 생각들이 꼬리에 꼬리를 물고 머릿속에 날아든다. 생존을 보장하기 위해서는 상상 가능한 최악의 부정적 상황을 가성해야 하기 때문이다.

변연계와 편도체는 분노, 증오, 슬픔, 탐욕 등의 원시적인 감정을 발달시키고 정신연령이 5세 유아 수준에 머물러 있는 원시적인 두뇌다. 논리적으로 사고하고 판단하는 능력은 전두엽이 발달하기 시작하면서부터(만 5세 이후에) 적극적으로 개발된다. 탐진치(貪瞋痴)와 집착, 곧 아집(我執)은 편도체의 기능 때문이다. 이것은 불교의 유식(唯識) 이론에서 말하는 제6식인 의식(意識)과 제7식인 말나식(末那識)의 근원이라고 볼 수 있겠다(홍경자, 2020, p. 122).

편도체는 우리의 생존에 필수적인 존재다. 그런데 5세의 유아처럼 '나'밖에 모른다. 상대방의 입장이나 전체적인 상황 판단을 하지 못한다. 또 너무 부정적인 판단을 하며, 해마의 기능으로 인하여 부정적인 과거의 기억을 오래도록 간직한다.

4. 결정적 시기와 인간의 운명

인간의 뇌는 처음 접촉한 경험이나 정보에 끌려가는 경향이 있다. 앞에서 살펴본 바와 같이 신생아의 뇌는 배선의 연결이 불충분하므로 미완성 상태이지만, 무수한 자극을 경험하면서 자기 주변의 상황에 최적한 적응을 하기 시작한다. 그리고 그 뒤에 시냅스의 연결성이 굳어지고 더 이상 바뀌지 않는다. 이 시기를 발달심리학자들은 '결정적 시기'라고 한다.

로렌츠(Lorenz)의 실험은 유명하다. 그는 갓 태어난 새끼 오리들에게 어미 오리를 보여 주지 않고, 그 대신에 자기가 나타나서 매번 모이를 주었더니 새끼 오리들이 성장하는 동안 그를 '어미'라고 믿고 따라다녔다. 고양이 새끼가 태어나자마자 어두운 공간에서 4주간 기르면 시력이 상실되어 영원히 시력을 회복되지 못한 실험 결과도 있다.

어떤 기능이나 어떤 감정이 취득되는 것은 학습인데, 어린 시절에 학습되고 뇌세포에 각인된 영향은 절대적이다. 오리는 몇 시간, 고양이는 4~8주, 원숭이는 1년, 인간은 10년 정도가 결정적인 시기라고 한다. 그래서 어린 시절에 외국에서 생활한 아동은 모국어와 그 나라의 언어를 자연스럽게 자기의 것으로 소화한다.

이것과 관련하여 불안, 공포, 우울증의 증상이나 격노하는 증상을 연관 지어 성찰해 보자.

제7장에서 소개될 나방기 이병은 어려서 부모가 큰 소리로 싸우고 폭력을 행사하는 것을 목격하고 성장하였다. 군대에 입대한 후 상사가 큰 소리로 구령을 하자, 그는 자기도 모르게 가슴이 졸아들고 식은땀이 나며 머리가 하얘지는 증상이 나타났다. '자라 보고 놀란 가슴, 솥뚜껑 보고 놀란다'는 속담이 있듯이, 그는 큰 소리를 들으면 자동적으로 공포심에 휩싸이게 되는 조종 상태에 빠진다. 나 이병의 공포증이라든지 사람들이 이유를 알 수 없는 분노를 폭발하는 현상을 어린 시절의 상처 경험과 연관해서 다음과 같이 해석해 볼 수 있다.

첫째, 우리의 행동은 조상으로부터 물려받은 유전자와 우리의 뇌가 기억하는 선호도에 따라 좌우된다. 따라서 큰 소리를 듣고 본능적으로 공포심을 느끼는 것은 거의 모든 사람에게서 나타나는 본능적인 반사 행동이다. 그리고 그것은 위험으로부터 자신을 보호하라는 경고 신호로서 도망치거나 싸우라는 메시지다. 어떤 공포 자극을 받게 되면 교감신경계가 활성화되어 아드레날린, 코르티솔 등을 대량 방출하여 강력한 힘으로써 대항하게 만든다.

둘째, 나 이병처럼 상관의 구령은 자기를 야단치는 것이 아님에도 불구하고 그것을 현실적으로 분별하지 못하고 과도한 공포감에 시달리는 것은 '결정적 시기'에 경험한 부정적인 사건, 즉 그의 트라우마와 큰 소리가 동일하다고 믿는 착각 현상 때문에 그렇게 된 것이다. 그러니까 우리는 타고난 기질(예: 소심한 성격)과 환경(예: 어린 시절의 양육 경험)에 의해서 우리의 운명이 영원히 결정되는 것처럼 보인다. 그래서 '세살 버릇 여든까지 간다'라는 속담이 있다. 상당히 많은 사람이 유전과 환경의 영향에서 벗어나지 못하고 일생을 마치는 것 또한 사실이다.

그렇다면 얼마나 비극적인가? 다행히 우리는 고도한 사고 기능을 담당하는 전두엽을 활성화시키는 방향으로 노력하면 된다. 그래서 활성화된 교감신경계 대신에, 부교감신경계가 나서서 긴장을 풀고 휴식을 취하도록 하여 호르몬의 균형을 기하도록 해야 한다. 어떤 사물을 접하게 되면 대뇌피질의 시상에 있는 시각의 뇌에 정보가 들어온다. 그러면 해마는 그 정보를 과거의 경험과 비교하여 '안전' 또는 '위험'의 신호로써 순식간에 전두엽으로 보낸다. 이때 전두엽은 그 사물에 대하여 관찰하고 탐색한 후 여러 각도에서 분석을 하고 이성적인 판단을 할 수 있다. 그것이 맥락적인 사고다. 이렇게 안정된 마음 상태에서 차분하게 생각해 보는 습관이 생기면 지성적인 성찰의 능력이 개발된다. 그리하여 우리는 지혜롭게 행동하고 기쁜 마음을 유지하며 생산적으로 살아 갈 수 있다. 다시 말해서 사물을 보는 방식에는 여러 가지가 있으며 그에 따라 자기의 생각과 감정과 행동을 현명한 방향으로 선택할 수 있다는 것을 터득하는 것이다. 나 이병은 피아제가 말한 학습과정 중에서 '동화' 기능은 잘 이루어지지만 '조절' 기능은 빈약한 것으로 보인다.

참고로 두뇌 안에 있는 억제세포와 흥분세포를 살펴보자.

가령 자녀가 저녁 식사 시간이 다 되도록 가방을 팽개친 채 게임에 몰두해 있다고 하자. 이때 부모(어머니)는 아이에게 소리를 지를지, 그대로 두고 노는 것을 허용하며 소리를 지르지 않을 지를 결정할 수 있다. 대부분의 부모는 생각해 볼 겨를도 없이 본능이 시키는 대로 (아이 장래에 대한 걱정에 사로잡혀) 소리를 지른다. 그때는 흥분세포가 활성화될 것이다. 그러나 어떤 부모는 '가만 있자, 저 녀석이 실컷 놀아야 흡족한 마음이 들어서 공부할 의욕이 생길

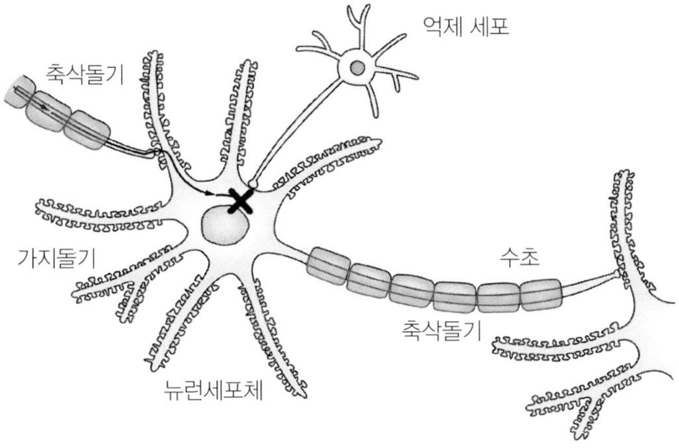

억제 세포는 신호 전달을 멈추게 할 수 있다. 억제 세포는 가지돌기 가시에 억제성 신경전달물질을 분비한다. 그러면 이것이 뉴런의 신호 전달을 중단시켜 세포를 끈다.

[그림 3-9] 억제 세포

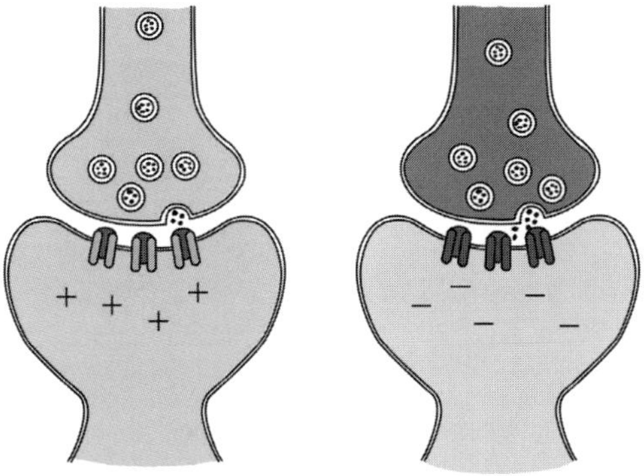

흥분성 축삭돌기는 글루타메이트 같은 흥분성 신경전달물질을 분비한다. 이것은 흥분성 수용체와 결합하여 뉴런을 켠다. 억제성 축삭돌기는 GABA 같은 억제성 신경전달물질을 분비한다. 이것은 억제성 수용체와 결합하여 뉴런을 끈다.

[그림 3-10] 흥분 세포

출처: 김성훈 역(2018), p. 79.

거야. 그러니까 그대로 두자.'라고 생각할 수 있다. 그래서 변연계가 보내는 신호를 무시하고 소리 지르기를 자제하는 것이다. 그때는 억제 세포가 활성화된다. 이것은 전두엽이 충분히 개발됨으로써 넓은 조망 능력을 가질 때 가능하다고 본다.

청소년들에게 부족한 것이 이러한 이성적인 사리 판단력과 현명한 대처 능력이다. 그들은 무슨 사건(예: 누군가가 넘어졌다)이 발생하면 허겁지겁 허둥대고 어리석게 행동한 다음에야 머리를 쓰게 된다. 그러므로 부모는 자녀들에게 "무슨 행동을 하기 전에 한번 더 생각해 봐라."라는 말을 항상 해주는 것이 좋다. "평소에는 얼마든지 수영해도 되지만, 술을 마신 다음에 수영을 하면 건강한 사람도 죽을 수 있다. 왜 그럴까를 한번 생각해 봐라."라고 일러주어야 한다. 청소년의 시기(미성년자)에 해서는 안 되는 여러 가지의 해로운 행동에 대하여 함께 토론하고 설명해 주는 것이 필요하다.

그렇다면 어떻게 하면 본능적인 감정을 자제하고 이성적으로 대처할 수 있는가? 다음 절에서는, 속이 상한 마음을 떨치고 평안을 찾는 방법에 대한 엘리스의 이론을 살펴보기로 한다(홍경자 역, 1986, 4~5장).

5. 감정 통제는 가능한가

감정(정서)은 다음의 세 가지 통로를 통해서 일어난다.

① 대뇌에 있는 시상하부(視床下部)라 불리는 감정 중추와 자율신경조직에 물리적 자극을 줌으로써

② 지각과 운동과정을 통해서

③ 우리들의 욕망과 사고를 통해서

어떤 자극이 대뇌에 들어오면 감정 중추는 흥분되거나 저기압으로 내려가게 된다. 우리는 이런 자극을 직접 감정 중추에 적용해 볼 수 있다. 예를 들어, 대뇌의 일부분에 전기로 자극을 주거나, 어떤 사람에게 흥분제나 우울제의 약물을 투여함으로써 대뇌나 자율신경계통에 영향을 끼칠 수 있다. 혹은 개인의 지각, 운동, 사고를 통하여 간접적으로 자극을 주어서, 중추신경계통과 대뇌 통로에 영향을 주면, 그것이 곧 감정 중추(시상하부와 자율신경계)에 연결되어 영향을 받게 된다. 만일 당신이 감정을 통제하고 싶다면 이 세 가지 방식을 시도해 볼 수 있다. 예를 들어, 당신이 꽤 흥분되어 있어서 마음을 진정시키고 싶다고 하자.

① 전기적 자극 또는 신경안정제를 사용하여 당신의 감정을 직접적으로 변화시킬 수 있다.
② 감각운동적 계통을 통해서 감정을 통제할 수 있다. 예를 들어, 근육이완운동이나, 춤을 추거나 소리를 질러 보거나 요가의 호흡 기법을 사용해서 감정 통제가 가능하다.
③ 당신의 의지와 사고 과정을 이용해서 당신의 흥분을 조절할 수 있다. 즉, 반성하고, 사고하고, 당신 자신을 상상 속에서 둔감화시키고 평온한 생각을 자신에게 독백하고 다짐하는 것이다.

1) 감정조절 방법으로 왜 REBT를 권장하는가

요가나 참선이나 춤이 감정 통제에 물론 효과가 있다. 그러나 그것들은 주로 기분전환 방법이다. 생물물리적, 감각운동적 기술이 사고와 성찰의 방법과 결합되지 않고서는 인간의 감정을 조절하는 데에는 효과가 한정되어 있다. 우울증은 약물 사용이나 근육이완 기술을 사용하여 다소간 호전될 수 있다. 그러나 좀 더 현명하게 사고하고 활기차게 생활하는 것을 중요시하지 않는다면, 약물이나 훈련을 중단하자마자 다시 우울하게 되는 수가 많다. 영구적이고 뿌리 깊은 정서적 변화가 일어나기 위해서는 궁극적으로 철학적인 변화가 필수적이다.

'깊숙이 묻힌 무의식적 생각'은 프로이트(Freud)가 시초에 말한 대로 대개 전의식(前意識)에서 생겨난다. 우리는 전의식의 생각과 감정을 그 즉시 의식하지 못한다. 그러나 그런 생각과 감정을 불러일으켰던 그 행동으로 되돌아가 봄으로써 상당히 쉽게 전의식의 생각과 감정을 유추해 내고 관찰할 수 있다.

정서적 혼란이 발생하면 대뇌피질에 신호가 주어지고 그것이 당신의 정서를 부추긴다. 바로 그 지점에서 당신은 당신 자신에게 송신하는 '무의식적' 메시지를 판독할 수 있는 것이다. 당신에게 적절하지 못한 감정을 불러일으키는 그 비합리적 생각(신념)을 일단 확실하게 이해하고 논박하기 시작하면, 당신의 '무의식적' 생각은 의식 속으로 떠오르게 되고, 당신은 감정을 통제할 수 있는 힘이 크게 고양될 것이다.

모든 사람들은 지각하고, 움직이고, 사고하고 느끼기를 동시에 한다. 어떤 사람은 지각하고 행동하고 사고하고 나서 감정을 느끼는데, 또 어떤 사람은 지각하고 행동하고 감정을 느낀 다음에 사고한다. 후자는 감정이 앞서는 사람이며, 전자는 비교적 생각이 앞서는 사람이다.

그러나 대개 우리는 먼저 생각하고 나서 그다음에 감정을 느낀다. 문제는 우리가 어떤 감정을 느끼게 될 때 대개는 부적절한 감정부터 표출하기 쉽다는 것이다. 그런데 제아무리 진솔하게 당신이 강렬한 감정을 느낀다고 하더라도 어느 때나 솔직하게 감정을 표현하는 것이 이상적인 것은 아니다. 이런 측면에서 볼 때 T집단이나 '참 만남(Encounter)' 집단은 다소 약점이 있다. T집단이나 '참 만남' 집단에 참여하고 나서는 어디서든지 솔직하게 강렬한 감정을 표현하는 것이 좋은 것처럼 오해하게 만드는 경향이 있다.

우리가 느끼는 감정은 생존과 행복을 위해서 필요하다. 이처럼 우리 생활에 유익한 감정을 때와 장소에 어울리는 감정 또는 '적절한 감정'이라고 부른다. 한편 우리의 생존과 행복의 추구를 방해하는 감정을 '부적절한 감정'이라고 한다. REBT에서는 이 두 가지 감정을 확실하게 변별하도록 가르쳐 주려고 한다. 다시 말해서, 당신이 진정코 원했던 것을 얻지 못하였을 때, 참으로 슬프다든지 속이 상하는 것은 적절한 감정이다. 그러나 그런 상황에서 우울하고 자기비하하고 격노하는 것은 자기파멸을 가져오므로 그런 감정은 부적절한 감정이다.

이와 똑같은 원리로 REBT는 '합리적 사고'와 '비합리적 사고'를 구별하도록 도와준다. 합리적인 사고는 적절한 감정을 유발시키고, 비합리적인 사고는 감정에 치우치게 하거나 부적절한 감정을 유발시킨다고 간주한다. 합리적인 사고는 당신을 살아남게 하고, 또 당신이 선택한 목적이나 의미를 성취함으로써 유쾌하고 즐겁고 가치 있는 삶을 살게 한다.

2) 감정은 사고를 수반한 다음에 느끼게 되는가

감정(정서)은 사고 과정을 거치지 않고서도 잠시 동안 존재할 수 있다. 예를 들면, 누가 당신 발을 밟았을 때 당신은 곧바로 화가 난다. 또 어떤 음악을 듣자마자 포근하고 기분이 좋아진다. 그리고 당신의 절친한 친구가 죽었다는 말을 듣고 곧바로 슬퍼진다. 이와 같은 상태에서는 사고 과정과 연관되지 않고서도 당신은 어떤 감정을 느낄 수 있다.

그렇지만 이상의 경우에서도 아주 짧은 순간에 '내 발을 밟다니, 이 사람이 괘씸한 짓을 하는군.'이라든지, '이 음악은 정말 근사해.'라든지, '아니, 내 친구가 죽다니 그럴 수가 있어?'라는 생각을 가져보는 것이다. 전광석화(電光石火)와 같이 짧은 순간이지만 무의식적으로 어떤 생각을 가진 연후에야 당신은 어떤 감정을 느끼게 된다.

어쨌든 시초에 당신의 감정에 수반되는 어떤 의식적, 무의식적 사고가 없이는 당신에게서 감정적인 분출이 계속 일어날 수가 없다. 예컨대, 당신과 절친한 친구나 친척이 죽었을 때는 몹시 울적하게 된다. 이것은 아주 소중한 사람과의 관계를 상실했기 때문이다. 그러나 이 경우 역시 '그가 죽다니, 그럴 수가 있어?' 혹은 '아니, 그렇게 젊은 나이에 죽다니!' 등과 같은 말을 당신 자신에게 독백하지 않고서는 울적한 감정이 지속되기가 힘들다.

그러니까 '사고는 곧바로 감정을 수반한다.'라기보다는 일반적으로 '그런 일이 일어나서는 안 돼!'와 같은 식의 판단적인 생각을 반복함으로써 어떤 감정의 지속이 가능하다고 하겠다. 여기서 '일반적으로'라고 말하는 이유는, 일단 어떤 신체적·심리적 자극으로 인하여 정서적 회로가 퍼져 나가게 되면, 그 자체의 힘에 의해서 계속하여 정서가 울림 현상처럼 퍼져 나가기 때문이다.

약물이나 전기충격을 사용하더라도 정서를 수반하는 신경회로(시상하부의 세포나 자율신경계통과 같은)를 계속해서 활성화시킨다. 그리하여 일단 감정이 불러일으켜진 다음에는 계속해서 당신을 정서적으로 흥분시킨다. 그러나 약물이나 전기충격 같은 외부적인 자극은 대개가 감정을 일으키는 중심 기관을 계속해서 직접 자극하지는 않는다. 당신이 흥분하리만큼 신나는 생각을 가지고 당신 자신을 다시 자극하는 것만이 이렇게 할 수 있다.

3) 인간의 감정에 선행하는 사고 과정은 자기독백으로 되어 있는가

모든 사고 과정이 자기독백으로 이루어진다고는 볼 수 없다. 그러나 실제에 있어서는 우리 모두가 성인기에 이를 즈음에는, 독백하거나 혹은 내재화된 문장 형식으로 대개 중요한 생각을 곰곰이 하고 난 연후에야 어떤 감정을 느끼게 된다.

사랑이나 의기양양한 기분과 같은 긍정적 정서 역시 '이거 정말 좋은데!'와 같이 내재화된 말을 독백함으로써 생겨난다. 그럴만한 이유가 있어서 당연하게 느껴지는 감정도 '참 속상하네.'와 같은 합리적인 말을 독백함으로써 생긴다. 또 우울증이나 분노와 같은 감정 역시 '아이고 못 살아! 나는 정말 바보, 천치야!'와 같은 비합리적 문장을 독백함으로써 생긴다. 이와 같이 강도 높은 말을 독백하지 않고서는 강렬한 감정을 느끼지는 못하는 것이다.

슬픔과 비애의 정서는 생물학적이며 원초적인 삶의 고통 속에 그 근원이 있는 것 같다. 그와 같은 부정적 감정이 없다면 우리는 살아남지 못할 것이다. 특히 어떤 부정적 정서는 우리의 생존을 위해서 필요한 것 같다. 우리가 배가 고프거나 상처를 입었거나 패배를 당했을 때, 불쾌하다거나 섭섭하고 원망스럽다거나 좌절되고 실망하는 감정을 느끼기 때문에 위험을 피하게 되지 않겠는가?

또 인간의 건강과 행복을 위해서 어떤 감정을 느끼는 것은 유익하다. 아름다운 음악 한 곡을 듣거나 고운 빛깔의 황혼을 바라보거나, 어려운 과제를 성공적으로 마쳤을 때 우리가 희열을 느끼기 때문에 삶이란 실로 멋이 있다. 그러므로 누군가 우리의 삶에서 감정(정서)을 통제하려고 한다면 그것은 부질없는 노력이요, 인류를 비인간화하는 행위다. 합리적으로 생각하는 습관을 가지게 되면 예전보다 훨씬 더 진솔한 감정을 인식하게 되고, 더 허심탄회하게 희로애락을 표현할 수 있다.

REBT에서는 당신이 느끼는 감정과 마주해 보고 인식하도록 안내한다. 당신은 '아휴, 창피해!' 대신에 '나처럼 지적인 사람이 그렇게 어리석게 행동했다는 것을 알아냈으니 그런 발견도 괜찮은 일이다!'라고 당신 자신에게 독백할 수 있다. 결국 자신이 자기비하적인 감정을 불러일으킨 장본인이니까, 당신 쪽에서 자기비하적인 감정을 바꾸고 싶다면 그 또한 바꿀 수도 있다.

당신은 또 적절한 감정과 부적절한 감정을 구별할 수 있다. 다시 말해서, 당신이 취한 행동이 못마땅하다고 느끼는 것과 당신이 취한 행동을 엄청나게 창피스럽게 느끼는 것의 차이점을 이해할 수 있게 된다. 다른 사람들의 행동을 보고 당신이 실망했다는 것을 담담하게 표현했을 때의 감정과, 그들의 행동을 보고 화가 나서 그들에게 못된 행동을 바꾸라고 호통칠 때 느끼는 감정을 구별할 수 있게 된다.

역설적인 표현이지만, 당신이 합리적으로 생각하는 습관을 가지게 되면, 예전보다 훨씬 더 진솔한 감정을 인식하게 되고 더 허심탄회하게 희로애락을 표현할 수 있다.

따지고 보면 우리의 감정이나 행동은 저절로 일어나는 것이 아니다.

가령 테니스를 할 때도 머릿속에서 어떤 생각을 먼저 한 다음에, 팔을 이쪽으로, 또 다리를 저쪽으로 움직이게 된다. 그러므로 심리적인 고민도 외부 상황 때문에 느끼는 고통이라기보다는, 그 상황에 대하여 어떤 생각을 먼저 하고 나서 느끼는 정신적인 고통이라고 말할 수 있다.

어떤 사람의 자녀가 갑자기 죽었다고 하자. 이때 수개월간 비탄에 젖어 슬퍼하는 것은 당연하다고 본다. 그런데 아이가 죽은 지 오랜 시간이 지났는데도 계속 비관해서 '내 아이가 죽다니 이럴 수가 있을까! 그처럼 죄 없는 어린 것이 죽다니 세상도 무심하지! 나는 못살아! 미칠 것 같아!'라고 계속해서 독백한다면 그 사람은 아이의 죽음을 잊어버리는 것을 결코 스스로에게 허용하지 않는 것이다. 사실을 말하자면, 자기 아이가 죽었기 때문에 그 이상 더 불행한 일은 있을 수 없을 것이라는 점과, 세상은 자기에게 그처럼 가혹하게 대해서는 절대로 안 된다는 것을 환기시키고 있는 것이다. 그렇게 되면 그는 밤낮으로 슬픔에 잠길 것이다. 따지고 보면 불행감과 피해의식은 '그런 일이 절대로 일어나서는 안 된다.'고 굳게 믿는 생각(신념) 때문에 생기는 것이다.

4) 생각을 바꿈으로써 마음의 평안을 얻을 수 있는가: ABCDE 모형을 중심으로

예를 들어, 내(엘리스)가 치료한 J여사의 사례를 살펴보자.

J여사는 어린 시절에 부모에게 학대를 받고 자랐다. 결혼한 다음에 남편과 자녀들이 J여사를 홀대하자, 그녀는 적개심이 폭발하였고 편두통으로 앓아눕게 되었다. 여기서 남편과 아이들이 J여사에게 함부로 대하며 사랑을 해 주지 않는 상황이 선행사건(A: Activating Event)이다. 그에 따른 결과(C: Consequence)로 J여사는 가족들을 미워하는 마음(감정)을 가지게 되었고, 가족에게 강요하는 태도로 불평을 일삼았다(행동). 그리고 이런 J여사의 행동은 가족 갈등의 악순환을 가져왔다.

선행사건(A)		결과(C)
남편과 아이들이 내말을 듣지 않고 나를 무시한다.	⟶	정서: 화가 난다. 우울해진다. 행동: 불평하고, 명령하고, 큰 소리로 요구한다.

그런데 REBT에서는 선행사건(A)이 결과(C)를 유발하는 것이 아니라, 선행사건(A)에 대한 J여사의 생각 내지 신념체계(B: Belief system)가 결과(C)를 유

발한다고 보고 있다. J여사의 생각(B)은 대략 다음과 같다.

① 나는 어려서 부모에게 천대를 받고 고생했다. 그러니까 결혼한 다음에는 남편과 내 아이들이 반드시, 무슨 일이 있어도 나를 애지중지 아껴주어야만 한다.
② 내가 결혼한 다음에도 나의 가족들이 나를 아껴주지 않으면 그것은 끔찍스러우며, 큰일이다.
③ 나의 가족이 나를 무시하는 것을 도저히 참을 수 없다.
④ 그러한 대접을 받고 사는 나는 천덕꾸러기이며 무가치한 인간이다.

이 내용은 비합리적인 신념이다. 그리고 이러한 신념 때문에 J여사는 분노와 우울과 편두통을 경험한다고 보는 것이다. J여사가 분노, 우울, 자기연민, 불안, 피해의식과 같이 자기에게 해로운 감정에서 벗어나려면 어떻게 해야 할까?

① '그들은 반드시 (절대적으로) 나를 소중하게 아껴주어야만 한다.'(must)는 강요적인 신념을 '그들이 나를 애지중지 아껴주었으면 좋겠다.'라는 소망(I wish, I want)과 선호(prefer)하는 마음으로 바꿀 필요가 있다.
② J여사의 남편이나 자녀들이 J여사를 사랑해 주지 않을 때 '그것은 끔찍하며 자기 인생은 망했다.'라는 생각을 바꾸어서 '그것은 다만 섭섭한 일이다.'라고 생각하는 것이 바람직하다.
③ 그리고 '나는 그런 상황을 도저히 참을 수 없다.'는 것은 궤변이다. 이 세상에는 그보다 더 큰 비극적인 상황도 많이 있다. '내가 도저히 참을 수 없다.'라고 독백하니까 참을 수 없게 된다. '이런 상황이 대단히 애석하고, 정말 내 맘에 들지 않지만, 난 그런대로 참을 수 있다.'라고 생각하면, J여사는 과도한 분노나 자기연민에서 빠져 나올 수 있다.

④ 어려서도, 결혼해서도 푸대접만 받고 사는 자신은 그야말로 '천덕꾸러기이며 무가치한 인간이다.'라는 생각은 독단적이다. 인간의 가치는 어떤 업적, 지위, 인정과 사랑받는 여부로 간단히 평가될 수 있는 것이 아니다. 그런 외적인 기준에 따라 인간적 가치를 평가한다면 저능아, 장애아, 범죄자 등은 모두 쓰레기이며 무가치한 인간이라고 평가하게 되는 사상적인 오류를 범한다. 인간은 다만 인간이라는 것 자체로 인하여 소중하고 가치 있는 존재다.

선행사건(A) — 신념(B) — 결과(C)

선행사건(A): 남편과 아이들이 내 말을 듣지 않는다.

결과(C):
정서: 화가 난다. 우울해진다.
행동: 불평하고 큰 소리로 요구한다.
(부적절한 정서와 행동)

↓

비합리적 신념(iB)

① 당위적 사고: 무슨 일이 있더라도 가족은 나를 소중하게 대해주어야 한다.
② 재앙적 사고: 가족이 나를 푸대접하는 것은 끔찍하다. 나는 망했다.
③ 낮은 인내심: 가족이 나에게 함부로 대하는 것을 나는 도저히 참을 수 없다.
④ 인간 비하적 사고: 그런 대접을 받고 사는 나는 무가치한 인간이고 쓰레기다.

↓

논박하기(D)

①, ②, ③, ④의 신념이 합리적이고 유용한가를 따져보기

↓

효과(E)

논박한 뒤에 나타나는 사고, 정서, 행동
① 합리적 사고: 기왕이면 내 남편이나 자녀가 내 말을 잘 들어 주었으면 좋겠다. 나는 그것을 원한다. (I wish, I want)
② 적절한 정서: 설령 내 가족이 나에게 불친절해도 나는 다만 섭섭할 따름이지, 화가 크게 나지는 않는다.
③ 생산적이고 효과적인 행동: 가족에게 큰 소리로 화내고 강요하지 않는다. 그 대신에 부드러운 어조로 내가 원하는 바를 구체적으로 부탁한다.

그래서 J여사는 근본적인 신념(생각)을 바꾸도록 하는 것이 바람직하다. 이것은 J여사의 생각이 과연 타당한지를 따져 봄으로써 가능하다. 즉, 논박하기(D: Dispute)의 시간을 가져보는 것이다. 그래서 J여사가 비합리적인 생각을 버리고 합리적인 생각으로 바꾸는 작업이 요구된다. '내가 비록 가족에게서 지극한 사랑을 받지 못한다고 하더라도, 나는 가치 있는 인간이다. 나는 행복할 권리가 있다. 그리고 다른 사람에게 나의 행복을 구하려 하기보다는, 내가 나의 행복을 가꾸어 갈 수 있다.'라고 생각하게 되면 J여사는 분노, 피해의식, 우울에서 빠져 나올 수 있다.

5) 감정에도 좋은 것이 있고 나쁜 것이 있는가: 적절한 감정과 부적절한 감정

모든 감정에는 그럴 만한 이유가 있다. 그러므로 우리가 느끼는 모든 감정은 정당하다. 옳은 감정이라거나 그릇된 감정이란 없다. 다만 우리 자신의 생존과 행복한 삶에 유익한 감정이 있고 해악을 끼치는 감정이 있을 뿐이다.

앞에서 살펴본 바와 같이 우리가 가지고 있는 생각이 부정적일 때 과도한 분노, 우울감, 피해의식, 불안 등의 부정적인 감정을 느끼게 된다. 그리고 그런 감정은 우리의 생존과 행복 추구를 저해하므로 부적절한 감정(inappropriate emotion)이라고 한다.

그러나 불운한 상황에 처할 때 다만 섭섭해 하고, 낙심하고, 걱정하는 수준에 머무름으로써, 우리의 삶을 그런대로 생산적이고 즐겁게 향유하는 방향으로 이끄는 감정을 적절한 감정(appropriate emotion)이라고 한다. 우리가 무슨 생각을 하는가, 그래서 무슨 말을 스스로에게 독백하고 있는가에 따라서 우리의 감정이 좌우된다. 그러므로 비참하고 괴로운 마음에서 벗어나 활기찬 삶을 살고 싶다면, 먼저 우리는 어떤 말을 독백하는가를 알아차려야 한다. 그리고 자기에게 손해를 끼치는 독백의 말을 바꾸어서 자기에게 유익을 주는 말로 독백해야 한다.

6) 신경증적인 사람들의 특징

심리적인 고통으로 괴로워하는 사람들을 상식적인 용어로 '신경증(neurosis)'이라고 표현해 보자. 그들은 자기 문제의 본질을 객관적으로 평가하기보다는, 주관적인 생각과 감정에 치우쳐 왜곡되게 판단하고 감정적인 홍수 상태에 빠져 있는 사람들이라고 볼 수 있다. 그들은 심리적인 괴로움의 원인을 대략 다음의 세 가지로 귀인시킨다.

① 자기 자신을 탓하고 비난하며 죄의식을 느낀다.
② 주변의 사람들, 즉 타인을 탓하며 원망한다.
③ 세상과 운명을 탓하고 비관한다.

이들은 가령 '세상에 이런 일은 도저히 일어나서는 안 된다.'고 믿고, 세상과 자기 운명이 자기가 바라는 대로, 또는 자기가 생각하기에 옳다고 (정의롭다고) 믿는 방향으로 나아가야 한다고 믿는다. 그리고 만사가 자기 뜻대로 되지 않을 때 분개하거나 절망한다.

요컨대, '신경증이란 미련하지 않은 사람들이 취하는 어리석은 행동'을 말한다. 신경증으로 괴로워하는 사람은 자신이 얼마나 자기파멸적으로 행동하고 있는가를 인식하지 못하는 사람들이다. 또한 사리에 맞지도 않는 이유를 대면서 손해를 자초하는 행동을 계속하는 사람들이다. 대부분 그들은 무한한 잠재능력을 가지고 있다. 다만 좀 더 현명하게 생각하는 방법을 모르거나, 자기에게 해로운 행동을 중단하려고 하지 않기에 심리적인 고통이 지속되는 사람들이다.

6. 몸매 가꾸기를 완강하게 거부한 조안나의 사례

여기에서는 엘리스가 치료한 사례를 소개하려 한다(홍경자 역, 1986, 9장). 이 사례에서 내담자인 조안나(Joanna)는 애인이 몸매를 좀 가꾸라고 요구하는 것을 '비난'이라 여기고, 자기의 자존심을 지키기 위해서 감정적으로 대처하는 것 같다. 그래서 본능적으로 회피와 거부 반응을 보인다. 엘리스와의 REBT 시간을 통하여 조안나는 비로소 지성적인 사유와 판단 능력이 되살아났다고 볼 수 있다.

나(엘리스)는 자기 몸매를 전혀 가꾸지 않고 방치함으로써 불과 스물세 살의 나이에 벌써 비만증으로 피부는 탄력성을 잃고 실제 나이보다 훨씬 더 들어 보이는 내담자를 잊을 수 없다. 그녀가 나에게 오게 된 것은 그녀의 남자친구가 나를 찾아가 치료를 받으라고 위탁했기 때문이다. 남자친구는 그녀를 사랑하고 있고 그녀와 결혼하고 싶어 했다. 제발 몸매를 가꾸도록 신경 좀 써 보라고 간청도 해 보았다가, 아니면 자기의 청을 들어 주지 않으면 헤어지겠노라고 위협도 하는 남자친구의 말을 그녀는 절대로 듣지 않았다.

내가 그 이유를 묻자 그녀는 다음과 같이 대답하였다.

"그렇지만 맵시를 낸다는 것이 정말로 진실한 행위일까요? 예쁜 옷을 입고 화장을 해서 실제의 제 모습보다 더 아름다운 척 가장해야 하나요? 아니면 제 자신에게 진실해야 할까요? 존(그녀의 애인)의 부탁을 따라야 할까요? 저의 진짜 모습이 겉치레를 한 것과 다르다는 것을 존이 알게 되면 나중에는 더 실망하지 않을까요? 지금 이 상태대로, 저를 있는 그대로 받아들일 수가 없다면, 도대체 존의 저에 대한 사랑은 어떤 수준인 걸까요?"

(E: 엘리스, J: 조안나)

E 1: 날 좀 봐요. 당신은 너무 영리해서 당신이 가지고 있는 쓰레기(hogwash)를 나에게 던져 주네요.

J 1: 쓰레기라니 그게 무슨 뜻이지요?

E 2: 쓰레기는 쓰레기지요. 그리고 내가 이야기한 말들이 다 쓰레기라는 뜻도 되지요. 당신 말은 인공적으로 꾸며서 당신을 더 예쁘게 보이는 일은 자신을 속이는 짓이니까

할 수 없다는 말이지요? 그게 쓰레기 같은 생각이라는 겁니다. 당신의 주장을 좇아서 논리적으로 끝까지 한번 가봅시다. 그래서 타당한 근거가 있는가를 알아보지요. 화장품이나 멋있는 의복은 인공적인 것이니까 사용하지 않겠다는 거지요? 좋습니다. 그럼 유리잔이나 칼, 포크, 수저, 기타 식사 용기는 어떻습니까?

J 2: 글쎄요, 어떤 의미로는 그것들도 인공적이고 부자연스럽군요. 그렇지만 제가 말하는 의도로 보자면 식사 용기는 꼭 부자연스러운 것만은 아니에요.

E 3: 이봐요. 당신은 내게 궤변으로 대답하는군요. 왜 안경을 쓰는 것은 옳은 일이고, 자기의 몸에 알맞게 디자인된 의복을 입는 것은 옳지 않다고 하는지를 알아보도록 할까요? 당신은 똑똑한 사람이에요. 그런데도 일관성이 없는 태도를 취한다면, 거기에는 그럴 만한 이유가 있지 않겠습니까? 왜 일관성이 없지요? 그러나 당신의 생각이 일관성이 없다고 해서 거기에는 반드시 비정상적이거나 병적인 이유가 있다는 뜻은 아닙니다.

J 3: 그럼, 제가 제 모습을 돋보이기 위해서 굳이 미용제품을 쓰지는 않겠다고 말했는데, 저에게는 건전하지 못한 이유도 있고, 또 건전한 이유도 있다고 생각하신다는 거죠?

E 4: 그렇습니다. 비교적 정상적인 이유를 들어 보기로 합시다. 당신을 아름답게 보이도록 곱게 치장하니까 존이 당신을 사랑한다면, 그 사랑은 물론 피상적이겠지요. 그래서 당신은 '도대체 그 따위 사랑을 누가 필요하다고 그랬어?'라고 반문하는 것 아닙니까?

J 4: 그래요. 정말로 그 따위 사랑을 누가 받고 싶겠어요?

E 5: 그렇습니다. 그래서 존이 오로지 당신의 외모 때문에 당신을 사랑한다는 식으로 당신을 대하지 못하도록 과연 어느 수준까지 몸 단장을 해야 할 것인가를 생각해 보는 일은 건전한 것입니다. 그런 이유 때문에 당신이 화장품에만 의지하지 않겠다고 하는 것은 건전한 태도인 것 같습니다. 그런데 이런 건전한 태도를 극단적으로 몰고 가서 당신 자신의 심미적 만족감이나 건강적 차원까지 무시한다면, 당신은 자기모순에 빠져 있다고 말할 수 있겠지요.

J 5: 예를 든다면 제가 어떤 모순에 빠져 있다는 말씀입니까?

E 6: 예를 든다면, 당신은 제아무리 멋을 부려 봤자 여전히 못생긴 것이 감춰지지 않을

테니까, 노력해 봤자 헛수고일 뿐이라고 생각하고, 기실은 내심 두려워하고 있는지도 모릅니다. 혹은 당신이 예쁘게 보이더라도 당신 애인은 여전히 당신을 좋아하지 않을 테니까, 어쩌면 그와 결혼하기는 불가능할 것 같다는 공포심이 내면에 깔려 있을지도 모릅니다.

J 6: 내가 아무리 노력하고 꾸며 봤자 그이에게 어차피 매력 없는 여자로 보이지 않겠어요? 제게는 어떤 매력이나 멋이 없으니까 결국 그이와 끝장나는 것은 아닐까요? 제가 애써 다이어트도 하고 몸매를 가꾸었는데도 불구하고, 그이를 잃게 된다면 그것은 끔찍스러운 일이 아닐까요?

E 7: 그것이 끔찍스럽고 나는 망했다고 당신이 말하니까 끔찍스러운 것이지, 그 사건이 결코 소름끼칠 만한 일은 될 수 없는 것이지요. 물론 애인을 잃게 되면 불편하고 대단히 슬프겠지요. 그렇지만 왜 그것을 끔찍스럽고 망했다고 보는 거지요? 당신이 죽기라고 한단 말입니까? 앞으로 영원히 다른 애인을 사귈 수는 없게 된다는 말입니까? 그리고 설령 맘에 드는 사람이 나타나지 않는다고 하더라도, 재미있게 즐길 만한 일은 영원히 단 한 가지도 없다는 말입니까?

J 7: 모르겠어요. 존이 저를 버리면 어떻게 살아갈지 모르겠어요.

E 8: 방금 하신 말씀이 당신의 고민을 정확하게 지적해 준 말입니다. '존을 잃어버리게 되면 나는 망했다. 그이가 없이는 어떻게 살아갈지 모르겠다.'고 당신은 굳게 믿고 있는데, 그것이 잘못된 생각입니다. 당신이 존을 잃어버리게 되면 그것은 손해이고 속상한 일일 뿐인데, 그것을 공포적인 상황으로 해석하게 되면, 그런 해석을 하자마자 '공포심'이 일어나는 것이지요. 존 없이는 잘 살아갈 수 없다고 믿고 있기 때문에, 실제로 존이 없는 세상을 잘 살아가지 못하는 것입니다.

J 8: 저는요, 언젠가 존이 나를 버릴 거라는 것을 빤히 알고 있고요. 그래서 그를 붙잡아 두는 일을 의도적으로 소홀히 해요. 미리 내쪽에서 그를 붙잡아 두는 것을 포기함으로써 그 뒤에 당해야 할 고통을 피하자는 마음이 나에게 있는 것 같아요.

E 9: 바로 그거지요. 당신이 존과 결혼하고 싶어하는 것은 아주 건전한 태도입니다. 존은 당신과 잘 어울린다고 보고 있으니까요. 그런데 당신이 존을 원하니까 반드시 존을

얻어야 한다고 다짐하고, 만일 당신이 존을 얻을 수 없게 되면 당신은 끝장이라고 독백하는 것은 불건전한 태도입니다. 그러고 나서는 후일에 상처를 입지 않기 위해서 미리부터 존을 얻는 일은 포기해 버리는 거지요. 당신은 아주 어려운 게임의 원칙을 세웠어요. 당신은 몸매를 가꾸는 일을 절대로 하지 않겠다는 원칙을 세운 거지요.

J 9: 그게 그다지도 비정상적인 것일까요?

E 10: 그렇고 말고요. 그것은 마치 가정부가 행여나 식료품을 잘못 선택할까 봐 걱정이 되어서 가정부를 고용할 때 가정학의 박사학위증 소지자를 구하는 것과 같습니다. 그런데 가정부의 월급을 받고 일을 할 만한 가정학 박사를 채용할 수 있는 확률이 얼마나 되겠습니까?

J 10: 제가 아무리 애써 봤자 그런 가정부를 구하기는 썩 힘들겠지요. 이와 마찬가지로 내가 멋부리는 일이나 다이어트에는 일체 관심을 두지 않겠다고 고집하면서, 존의 사랑을 얻으려고 하는 것도 현실성이 없다는 말씀인가요?

E 11: 그렇지요. 그러니까 존에게 절대적인 사랑을 요구하는 식으로 당신이 노이로제의 반응을 보이면서, 존에게 성격을 바꾸라고 강요할 게 아닙니다. 차라리 존에게 절대적인 사랑을 보장받고 싶어 하는 당신의 욕구에 대해서 곰곰이 생각해 보십시오. 그리고 그런 강요적인 생각을 바꾸어 보도록 노력하는 것이 더 좋지 않겠습니까?

J 11: 흐음, 그런 식으로는 여태 생각해 보지 못했어요.

E 12: 심리적인 고민은 시초에는 사람들에게 인정을 받고 싶어 하는 건전한 소망에서 비롯됩니다. 그러고 나서는 나는 무슨 일이 있어도 반드시 인정을 받아야 한다고 강요하는 방향으로 나오면서, 정작 자기 쪽에서는 사람들에게 인정받기 위한 노력은 전혀 하지 않아요. 그래서 이것을 '불건전한 강요'라고 말하는 것입니다. 그 점을 좀 더 생각해 보십시요.

그녀는 나의 말에 대하여 곰곰이 생각해 보았다. 이어서 식이요법을 시작하고 외모에 신경을 쓰게 되었고 애인과의 관계도 훨씬 호전되었다.

이 사례를 보더라도 인간이란 이성적으로 행동하는 면과 사리에 맞지 않게 행동하는 면이 공존한다는 것을 알 수 있다.

달리 표현하자면, 성인(成人)도 가끔씩 미숙하고 유치한 행동을 하는 수가 있다. 즉, 오류에 빠지기 쉬운 속성이 바로 인간다운 면인지도 모른다.

수선화에게

-정호승-

울지 마라
외로우니까 사람이다
살아간다는 것은 외로움을 견디는 일이다
공연히 오지 않는 전화를 기다리지 마라
눈이 오면 눈길을 걸어가고
비가 오면 빗길을 걸어가라
갈대숲에서 가슴 검은 도요새도 너를 보고 있다
가끔은 하느님도 외로워서 눈물을 흘리신다
새들이 나뭇가지에 앉아 있는 것도 외로움 때문이고
네가 물가에 앉아 있는 것도 외로움 때문이다
산 그림자도 외로워서 하루에 한 번씩 마을로 내려온다
종소리도 외로워서 울려퍼진다

04. REBT로 마음 다스리기

엘리스는 자기에게 손해를 가져오는 생각과 감정을 떨치고 일어나, 긍정적이고 건설적인 태도로 삶을 개척할 수 있는 인지적, 정서적, 행동적 방법을 고안하였다. 이 장에서는 그 내용을 소개하려고 한다(홍경자, 2020, 2, 3장). 여기에 소개되는 방법들은 여러 가지 모양으로 속상한 우리의 마음을 풀어주는 것들이다.

1. REBT의 인지적 기법

내담자를 도와주려면 상담자는 먼저 내담자가 가지고 있는 고정관념을 발견하는 작업에 착수해야 한다. 그러고 나서 그가 가지고 있는 관념이 비합리적이고 역기능적이라는 것을 깨닫도록 ABCDE 모형으로써 풀어나가는 작업을 한다.

내담자가 그의 신념이 왜곡되었고 자기에게 해가 된다는 것을 논박을 통하여 알게 되면 자신이 신봉했던 고정관념을 버리고 새롭고 유익한 생각, 즉 합리적인 신념으로 바꾸어질 수 있게 된다. 그래서 고민도 많이 사라질 것이다.

1) 자기조력 양식으로 REBT를 익히기

엘리스의 ABCDE 모형은 다음과 같다.

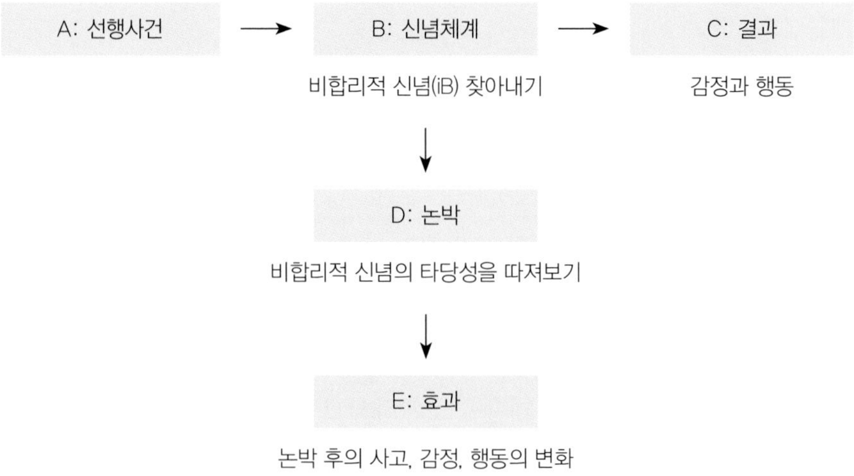

[그림 4-1] ABCDE의 간략한 모형

REBT 시간에는 ABCDE 모형을 가지고 [그림 4-2]와 같은 자기조력 양식으로 자기의 심리적, 적응적 문제를 풀어나가도록 한다.

A(선행사건, 불운한 상황)

마치 카메라에 찍힌 장면처럼 그 상황을 객관적으로 요약하라.
A는 외적 사건 또는 마음상태, 실제 사건 또는 상상되는 사건이나 과거, 현재, 미래의 사건을 말한다.

iC(부적절한 정서):

iC(자기에게 해로운 행동):

부적절한 정서는 지나친 불안, 우울증, 격노, 낮은 인내심(좌절감을 참지 못함), 지나친 수치심, 상처받음, 질투, 죄의식 등이다. 자기에게 해로운 행동은 자포자기, 자학, 은둔 등의 행동이다.

iB(비합리적 신념)

(I should, I must)

비합리적 신념:
① 당위적(강요적) 사고(반드시 ~해야 한다.)
② 재앙적 사고(끔찍하다. 큰일 났다. 망했다.)
③ 인간 비하적 사고(나는 무가치한 사람이다. 그 사람은 몹쓸 인간이다.)
④ 낮은 인내심(도저히 참을 수 없다.)

D(논박)

논박적 질문 세 가지

① 기능적 질문(효과성):
그 생각을 고수하게 되면 어떤 결과(효과)를 가져오는가?
② 경험적 질문(현실성):
실제로 그런 일이 모든 사람 중에 몇 %나 일어날까?
내가 그것을 정말로 참을 수 없는가?
③ 논리적 질문(논리성):
이 생각이 절대적으로 옳다고 지지하는 논리적 증거는 어디에 있는가?

E(효과): ① 합리적 신념(rB)

(I wish, I want)

- 나는 ~를 진실로 원하지만 내 뜻대로 되지 않아 몹시 실망스럽다.
- 내가 그걸 좋아하지 않지만, 그러나 참을 수는 있다.
- 나(또는 상대)는 실수하기 마련인 인간이다. 내가 실수(실패)했다고 해서 내가 무가치한 인간은 아니다. 나는 행복할 권리가 있다.

② 적절한 정서와 건설적인 행동

적절한(건강한) 정서 :

새로운 건설적인 행동 :

- 적절한 정서:

실망, 염려(걱정), 짜증, 슬픔, 후회, 좌절감

- 건설적 행동

① 은둔하지 않고 사람에게 다가간다.
② 포기하지 않고 다시 시도(노력)한다.

[그림 4-2] 자기조력 양식

2) 자기에게 피해를 주는 생각, 곧 비합리적인 핵심신념을 발견하기: 계단 밟기

만약에 당신이 어떤 생활 영역에서 죄책감이나 갈등을 느끼고 있다든지, 그 일을 회피하고 있기 때문에 마음이 불편하다고 하자. 그 밑바닥에는 당위적인 사고가 깔려 있다고 보는 것이 무방하다. 그런데 많은 경우에 그것을 발견하기가 용이하지 않다. 이때 갈등의 저변에 깔려 있는 자기의 기본적인 가치관이나 핵심신념을 찾아내기 위해서 '계단 밟기(laddering)'의 방법을 활용할 수 있다. 계단 밟기는 '만약 내가 ~를 한다면 그것은 무엇을 의미하는가?'를 계속해서 규명해 보는 방법이다.

명우(고1)는 반 친구들이 자기와 함께 놀아주지 않으니까 몹시 창피하고 불안하게 되었다. 이때는 계단 밟기의 방식으로 그 의미를 추적해 나갈 수 있다([그림 4-3]).

명우는 친구들이 자기를 배척하자 창피스럽고, 화도 나고, 겁이 덜컥 나면서 '아이고 큰일 났다. 아무도 나를 좋아하지 않아. 나는 매력이 없나 봐.'라는 생각이 스쳐 지나갔다. 이런 '반사적 생각'을 인지치료(cognitive therapy)의 창시자인 벡(Beck)은 '자동적 사고'라고 하였다. 명우는 계단 밟기의 과정을 거치게 되자 드디어 자신이 수치스러운 존재라고 생각하고 있다는 것을 깨닫게 되었다. 이것을 벡은 '핵심신념'이라고 하였다. 그리고 명우가 일생 동안 자기를 수치스럽고 떳떳하지 못한 존재라고 일관성 있게 보는 관점을 가지고 있는데, 그것을 '심리도식 또는 인지도식(schema)'이라 한다. 적응장애의 인간은 역기능적인 인지도식을 가지고 있다.

이처럼 계단 밟기 식으로 자기의 생각을 추적해 나가다 보면, 명우에게 자동적으로 떠오르는 사고 밑에 핵심적인 비합리적 신념이 있음을 발견할 수 있게 된다.

친구들이 나를 배척했다.

그것은 나에게 무엇을 의미하는가?

↓

그것은 아무도 나를 좋아하지 않는다는 의미다.

그것은 무엇을 의미하는가 ?

↓

그것은 내가 매력이 없고 부족하기 때문이다.

그것은 무엇을 의미하는가?

↓

그것은 몹시 창피하다. 어디로 숨고 싶다.

그것은 무엇을 의미하는가?

↓

그것은 내가 보잘것없고 떳떳하지 못한 사람이라는 의미다.

[그림 4-3] 명우가 계단 밟기를 이용하여 자기의 핵심신념을 발견하기

3) 마음이 괴로울 때 나는 주로 무슨 생각을 많이 하는가를 탐색하기

속이 상할 때는 내가 어떤 생각을 하고 있는지를 찾아내면 마음의 고통을 떨치고 일어설 수 있는 길도 보이기 시작한다.

먼저 엘리스가 제시한 네 가지의 비합리적 신념인 ① 당위적 사고, ② 재앙적 사고, ③ 인간 비하적 사고, ④ 낮은 인내심의 생각이 나에게 있는지를 찾아보도록 한다.

그리고 이상의 네 가지 신념을 찾아내기가 용이하지 않을 경우에는 벡이 말하는 비이성적인 핵심신념, 곧 ① 흑백논리(이분법적 사고), ② 과장적인 사고(지나친 일반화), ③ 나와 관련짓기, ④ 지레 짐작하기(mind-reading), ⑤ 당

위적 사고를 찾아보는 것도 좋다.

예를 들어 보자.

① 흑백논리(이분법적인 사고)

'내가 매력이 없다고 생각한다.' → '그러므로 나는 가치가 없는 인간이다.'

② 과장적인 사고(지나친 일반화)

'아버지가 외도하고 가족을 학대했다.' → '모든 남자들은 도둑놈들이다.'

'흑백논리'와 '과장적 사고'는 두뇌가 세상을 있는 그대로 지각하지 않으며 착시적(錯視的)으로 해석하기 때문에 나타나는 현상이다.

그 이유는 첫째로 시각적인 착시현상 때문이고, 둘째로 인간은 보고 싶은 것만 보는 경향이 있기 때문이다. 셋째로 우리는 자기의 신념, 의견, 생각, 감각에도 착시적인 해석을 하는 경향이 있기 때문이다.

③ 나와 관련짓기

'내가 사무실에 들어가자 서너 명의 동료들이 깔깔 웃었다.' → '틀림없이 그들이 나의 흉을 보고 있었을 것이다.'

④ 지레 짐작하기(섣불리 해석하기)

'내가 선생님에게 인사를 했는데 선생님은 인사를 받는 둥 마는 둥 하셨다.' → '선생님이 나를 싫어하시니까 인사도 잘 받지 않으신 것이다.'

'나와 관련짓기'를 두뇌의 작용과 연관하여 설명해 보자.

내가 사무실에 들어가는 것과 마침 그때 동료들이 깔깔 웃는 것은 상호간에 관련이 없으며 우연히 동시적으로 일어난 일일 뿐이다. 그런데 류×× 씨는 동료들의 행동이 자신과 관계가 있다고 넘겨짚는 것이다. 그는 '동료들이 내 이야기를 하고 있었나?' '아마 그랬을 거야. 그러니까 나를 보고 웃었지.'라고 머릿속으로 의심을 하고 관계적으로 사고를 한다. 이러한 관계적 사고가 극단적으로 발전하여 관계망상(delusion of reference)으로 발전하는 증상은 정신증 환자에게 곧잘 나타난다. 이런 경우에는 대뇌의 복내측 전-전두엽, 편도체, 뇌섬엽, 선조체에 이상이 있는 것으로 관찰된다고 한다(허지원, 2018).

'지레 짐작하기'를 두뇌의 작용에 근거하여 설명해 보자.

가령 회사에서 도○○ 씨, 류×× 씨와 박△△ 씨가 모여 대화를 하는 중인데 도○○ 씨가 갑자기 대화를 중단하고 심각한 표정으로 변했다. 이때 평소에 사람들의 눈치를 살피는 습관이 있는 류×× 씨는 '저 사람 표정이 왜 갑자기 변하지? 저 사람이 나를 싫어하는구나.'라고 결론을 내린다.

도○○ 씨는 대화 도중에 갑자기 자기가 아침에 출근할 때 가스 불을 끄고 나왔는지 궁금해졌거나 미처 처리하지 못한 서류 건이 떠올라서 그것에 대하여 골똘히 생각하고 있었는지도 모른다. 그런데 류×× 씨는 도○○ 씨의 굳어진 표정은 자기 때문에 발생했다고 단정한다. 이러한 오귀인(誤歸因, 잘못된 귀인)은 인간의 뇌가 어떤 사건을 보고 의미를 찾아내려 하며, 논리와 규칙을 찾으려고 하는 특성 때문에 일어난다.

'나와 관련짓기'나 '지레 짐작하기'의 습관 때문에 대인관계에 오해와 갈등이 생길 경우에 REBT를 활용한 상담과 심리치료에서는 다음과 같은 작업을 시도할 수 있다.

첫째, 그 생각이 타당하며 합리적인가를 ABCDE로써 규명해 본다. 다시 말해서 류×× 씨의 생각이 왜곡되지 않고 객관성이 있는 신념인지를 검토해 보는 것이다.

둘째, 도○○ 씨와의 관계적 역동에 대하여 성찰해 보는 것이다. 즉, 과거에 류×× 씨와 도○○ 씨와의 관계는 어떤 사이였는가? 도○○ 씨가 자기를 좋아했었는가, 아니면 도○○ 씨와 한두 번 오해했거나 서먹서먹했던 적이 있었던가? 그런 경험이 지금의 자기 생각에 영향을 주고 있는가를 생각해 보는 것이다.

셋째, 과거에 도○○ 씨와 비슷한 인상의 어떤 사람과의 경험이 도○○ 씨의 표정을 보고 연상된 것은 아닌가를 검토해 보는 것이다. 다시 말해서 류×× 씨는 과거 어떤 사람과의 경험과 감정을 도○○ 씨에게 투사하고 있는지도 모른다.

또 다른 비이성적인 생각의 예를 들어 보자.

① 감정적으로 생각하기(자신의 감정 상태에 따라 자기의 생각이 좌우된다)
 '오늘 학교에서 공연히 내가 기분이 나쁜 걸 보면 급우들이 나를 보고 기분 나쁘게 생각하는 게 틀림없어.'
 '직장에서 하루 종일 스트레스를 받고 귀가한 사람(부모)이 거실에서 놀고 있는 자녀들을 보고 '나쁜 녀석들'이라 간주하고 뜬금없이 크게 화를 낸다.'

성악 콩쿠르나 연주 심사 때 앞순위로 지명된 발표자는 심사위원들로부터 박한 점수를 받기 쉽고, 뒷순위의 발표자는 후한 점수를 받기 쉽다는 것을 우리는 익히 알고 있다. 앞순위의 발표자나 뒷순위의 발표자에 대한 평가 기준은 동일한데, 왜 이런 현상이 일어날까?

그것은 심사위원들이 처음 심사를 시작할 때는 긴장한 상태이기 때문에 엄격한 평가를 하기 쉽고, 심사가 거의 끝나갈 시점에서는 심사위원들의 긴장도가 풀리면서 너그럽고 효율적으로 빨리 심사를 마치자는 마음이 들기 때문에 시작 시기보다 후한 점수를 주는 경향이 있기 때문이다.

이처럼 우리는 감정 상태에 따라 생각이 좌우된다.

서양학자들은 100명의 실험 대상자에게 가상 인터뷰를 실시하였다. A집단 50명과 B집단 50명에게 던진 질문과 예상되는 정답은 동일하였다. 그런데 가상 인터뷰에 임한 A집단의 면접관들에게는 인터뷰 전에 무거운 짐을 들도록 조처하였고, B집단의 면접관들에게는 가벼운 짐을 들도록 조처하였다. 이 실험 결과는 우리가 예측한 대로다. 즉, B집단의 면접관들이 50명에게 더 긍정적인 평가를 하였다(김대식, 2014). 그러니까 자신이 짜증스러운 감정 상태에 있을 때는 상대방에 대하여 너그럽게 평가하지 않는 경향이 있다.

② 여과하기와 단정적으로 명명하기(labeling)

자기의 부정적인 특성에만 관심을 기울이고 긍정적인 특성은 무시한다. 그리고 자신에 대하여 정확하게 기술하기보다는 경멸적인 단어로써 꼬리표를 붙인다.

정아는 오늘 숙제를 해오지 않았다고 선생님께 꾸지람을 들었다. 그러고 나서 정아는 과거에 선생님에게서 몇 번 칭찬 받았던 사실은 깡그리 무시하고 자기를 오로지 부정적으로만 본다. 그리고 이렇게 자책한다.

'아휴, 맹추야, 너는 만날 선생님한테 야단만 맞으니 싹수가 노랗다.'

이와 같은 자기비하적인 꼬리표(label)를 떼어 버리기 위해서는 '내면의 비난자'가 자기를 고발하는 것에 대해서 강력하게 맞서 싸울 필요가 있다.

'단정적으로 명명하기'는 흑백논리(이분법적인 사고)와 유사한 개념이다. '넌 왜 그렇게 경솔하니? 이 모지리야.'라고 내면의 목소리가 당신을 비난할 때는 자기의 부정적인 특성과 반대되는 특성, 즉 장점도 찾아내야 한다. 자기가 과거에 신중하고 준비성 있게 행동했던 사례를 적어보고, 그에 대해 인정해 준 사람들의 확증을 다시 한번 마음에 새기도록 한다.

③ 통제(Control)에 대한 맹신

당신은 마치 이 세상을 전부 떠맡고 있다고 생각하지 않는가? 그래서 시댁과 친정의 문제까지 일일이 당신이 책임을 져야 하고, 자녀의 행동을 일일이 감독한다. 이것은 과잉통제(over-control)의 신념에서 비롯된다.

이와 반대로 모든 것이 당신의 통제 능력 밖에 있다고 간주하는 경우도 있다. 자기는 영원한 희생자일 뿐이고, 어떠한 힘도 없다고 느끼며 무력감과 절망감을 느낀다. 이것은 과소통제(under-control)의 신념에서 비롯된다. 이런 사람들은 자존감이 낮고 자기의 인간적 권리를 주장하지 못하는 소심한 사람들이다.

4) 자기의 핵심신념이 정신건강상 해로운지, 해롭지 않은지를 분별하기

사람들은 자기의 고정관념이나 가치관이 타당하고 유익하다고 굳게 믿는 경향이 있다.

앞의 제2장에서 민수의 어머니는 민수가 '무슨 일이 있어도 반드시 공부에 전념해야만 한다.'고 굳게 믿고 있다. 그런 가치관을 고수하기 때문에 민수에게 공부하기를 강요하고 닦달을 한다. 그것은 결과적으로 민수가 공부하기를 본능적으로 싫어하게 만들고 부모를 몹시 원망하고 미워하게 하는 효과를 가져온다. 민수 어머니의 태도가 변하지 않는다면, 아마도 민수는 어른이 되어서도 지적 탐구를 싫어하고 심리적으로 부모와는 영원히 소원한 관계로 살게 될 가능성이 많다.

A라는 상황에서 당신이 보이는 행동 양식은 당신의 가치관 내지 기본 신념을 나타내는 것이다. 그리고 당신이 A라는 상황에서 나타내는 행동양식은 또 다른 상황에서도 특별한 예외 조건이 없는 한, 거의 동일하게 반복될 가능성이 높다. 그러므로 나의 일반적인 행동양식은 어떤 것인가, 그리고 그것은 나의 정신건강과 발전적인 삶에 바람직한 대응방식인가를 성찰해 볼 필요가 있다.

민수 어머니와 다른 학부모들은 자녀의 공부 문제에 대하여 어떤 생각을 하고 있는가? 그리고 그 생각이 자신과 아이에게 유익한가를 한번 검토해 보자.

〈상황(사건)〉

내 아이(중3)가 친구들과 쏘다니고 학습의욕이 전혀 없다. 내가 야단치면 아이는 반항하고 밖으로 나간다.

당신의 생각과 동일하다고 생각되는 번호에 ㅇ표 하시오. 그리고 네모칸 안에 당신이 느끼는 감정을 어떤 모형이나 색깔로 표시하시오. 각 호의 아래 칸에 합리적 신념(rB)은 ○표, 비합리적 신념(iB)은 ×표, 기타 문제가 되는 반응은 △표 하시오.			
(1) 내 아이가 정신을 못 차리니까 걱정이 된다. 그리고 나에게 반항하니까 한심스럽고 슬프다.		(2) 피는 못 속여. 나를 닮아서 그래. 저 녀석을 운동 방면으로(장사꾼으로) 길러야겠다.	
(3) 나는 신경 안 쓸 거야. 쟤 인생은 쟤가 알아서 사는 거지. 다 자기 복대로 사는 거야.		(4) 하필이면 담임선생마다 우리 아이를 미워했으니까 아이가 공부에 취미를 못 붙인 거야.	
(5) 어려서부터 내가 아이를 너무 자유스럽게 양육했고 책임감을 길러주지 못한 것이 후회된다.		(6) 야, 너 맨날 ○○집에 가서 사는구나. 너 아예 그 집에서 살아라. (쫓아낸다)	
(7) 얌전한 내 아들을 자꾸만 밖으로 불러내는 승현이, 종욱이가 나쁜 애들이다. 걔들 때문에 내 아들이 공부하지 않는 거야.		(8) 내 자식만은 기어코, 반드시 성적이 좋아야 한다. 그리고 하늘이 무너져도 나에게 고분고분 순종해야만 한다.	
(9) 아이고, 내 팔자야. 전생에 내가 무슨 죄를 졌나! 저 녀석은 우리 집안의 수치다. 창피해서 시댁을 가지 못하겠다.		(10) 요즘 세상은 열심히 공부해도 취직이 안 되니, 우리 아들은 어쩌라고…… 참 재수 없는 세상이야! 말세야!	
(11) 야, 네가 공부하지 않으면, 중·고등, 대학교의 학비가 절약되는구나. 참 잘되었다. 공부하지 마라. 너는 빨리 독립해라.		(12) 내 아이가 제발 정신 차려 공부했으면 좋으련만, 대단히 실망스럽게도 놀기만 하는구나. 걱정은 되지만 그럴 수도 있지.	
(13) 내 아이를 우등생으로 길러내지 못했으니 나는 부모로서 낙제생이고 무능한 인간이다.		(14) 저 녀석이 미련한 애비를(시댁 식구를) 닮은 거야. 에이 재수 없어!	
(15) 큰일 났다. 앞으로 아이가 대학교에 낙방하겠지. 그리고 취직도 못하겠지. 망했다.		(16) 내 아이가 공부를 잘하지 못하고 나에게 반항하는 것을 도저히 참을 수가 없다.	

5) 합리적 사고를 강력하게 다지기: 지그재그 대화 형식의 논박 기법

우리에게 익숙한 비합리적인 신념을 바꾸기는 결코 용이하지 않다. 그것들은 선천적으로 그리고 성장과정 중에 장기간에 걸쳐 습득되었기 때문이다. 우리가 많은 시간 동안 무수한 논박을 거쳐 합리적인 관념으로 바꾸는 법을 새로이 익혔다고 하더라도 문득문득 과거를 책망하거나 누군가를 원망하는 생각이 떠올라 다시금 괴로움을 겪게 된다. 지나간 실수에 대해서 반성하고, 보다 책임감 있고 준법정신이 있는 사람이 되기 위하여 노력하는 것은 매우 바람직한 일이다. 세상에는 이기적으로, 또 범법적으로 행동하면서도 전혀 반성하거나 후회하지 않는 사람들도 있다. 그런데 당신은 당신의 양심이 당신을 질책하니까 마음이 찢어진다. 이 얼마나 갸륵한 태도인가? 우리는 회개하고 성찰할 줄 알아야 한다. 그런 다음에는 회한의 감정을 떨치고 일어나 보다 성숙하고 발전적인 삶의 태도로 나아가야 한다. 하지만 어떤 사람들은 조그마한 실수에도 혹독하게 자기를 징벌한다. 또 누군가가 자기를 비난하면, 그 말이 옳다고 믿고 창피스러워 한다. 이런 과도한 초자아(超自我)의 목소리도 따지고 보면 어린 시절에 주입된 부모의 가치관을 내면화한 것이다. 그것이 우리를 질식시킨다. 이것이 문제다. 무엇이든지 지나치면 해악이 된다. 그것을 과유불급(過猶不及)이라 한다.

원래 우리 인간은 마치 어린이처럼 편안하고 담담하고 호기심이 많고 즐거운 감정으로 살아가도록 프로그램 되어 있다. 대개 어린이는 부모에게서 야단을 맞게 되면 그때는 움츠러들고 반성하지만, 금새 야단맞았다는 것을 잊어버리고 다시금 본래의 천진성과 명랑성으로 돌아온다. 그래서 야단친 부모에게 다가가 아양을 떨고 무언가 먹을 것을 달라고 한다. 현재의 순간에 사는 것이다. 이것이 옳은 태도가 아닌가?

그러니까 우리의 생명력(氣) 또는 우리의 영혼은 부모의 사랑을 먹고 부모의 보호를 신뢰하면서 피어난다. 부모가 사랑을 먹여주지 않고 오로지 과다한 처벌로써 아이를 양육하면 아이가 가지고 있는 본래의 행복감과 충만한 에너지는 고갈된다. 그런 아이들은 성장한 다음에도 세상은 무섭다고 인식하며 끊임없이 다른 사람들의 눈치를 살피게 된다. 인간은 실수하기 마련이고, 인생에는 실패와 난관이 있기 마련이다. 그럴 때 우리가 반성하고 성찰하되, 다시금 재기하도록 스스로를 토닥여 주어야 옳지 않을까? 그러므로 실패와 실수를 했을 때 자신에게 가혹한 비난의 말을 독백하고 있다면, 자기 내면에 있는 비난자를 고발하라. 당신이 내면화한 부정적이고 파괴적인 부모의 가치를 가차 없이 팽개치고, 이제부터 당신의 주체성을 되찾아야 한다. 그러니까 당신을 질타하는 '고질적인 비평가'에게 용감하게 맞서는 자세로 임할 필요가 있다(홍경자, 유정수 역, 2003). 당신을 질책하는 초자아의 반대편에는 지혜와 기쁨의 에너지원이 있다. 당신의 생명력은 당신 스스로를 믿고 성장하도록 인도하는 사랑의 기운이다. 당신의 내면에 있는 따뜻한 에너지가 당신 안에 있는 '건강한 코치'나 '지혜로운 교사'라고 생각하면 된다. 그는 수호천사이거나 어떤 도인(道人)이라고 상상해도 된다. 그가 자책하는 당신을 보고 따뜻하고 지혜로운 멘토(mentor)로서 무슨 말을 할까를 상상해 본 뒤, 이성적이고 객관적이며 긍정적으로 논박의 문장을 적어보도록 하라.

그리고 지그재그(Zig-zag) 대화 형식의 논박기법으로 적어보는 것이다([그림 4-4]). 합리적인 신념과 비합리적인 공격과 다시 합리적인 방어의 말을 교대로 적어가면서 철두철미하게 비논리적인 관념을 공략하라.

이것은 마치 당신이 방패를 들고 서 있는데, 악마가 당신을 공격하면 천사가 당신을 방어해 주어 당신은 왕자로서의 자기 자리를 든든하게 지키게 되는 것과 같은 이치다.

이와 같이 자신에 대하여 긍정적인 말과 긍정적인 생각을 여러 번 반복하게 되면, 대뇌에서는 그에 따른 새로운 신경회로가 생기기 시작한다. 그리고 부정적인 신경의 배선이 약화된다.

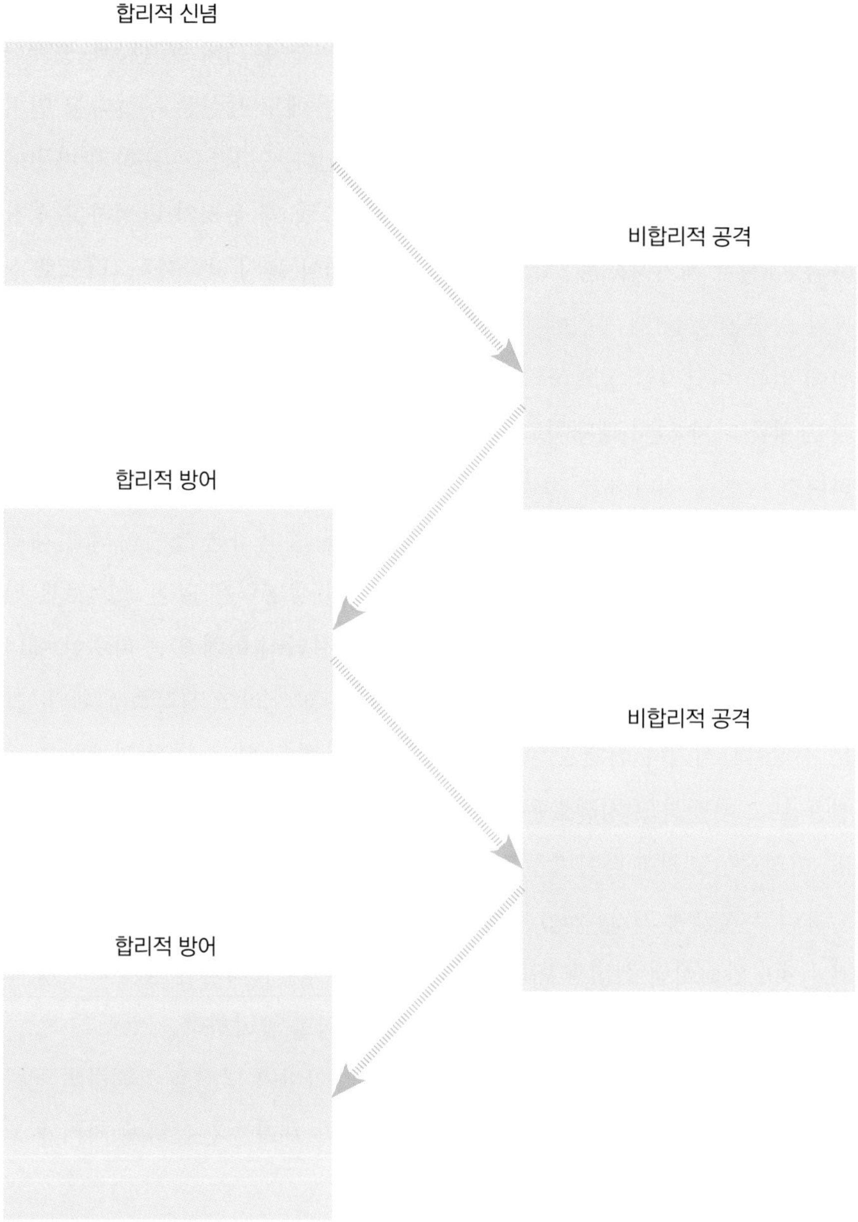

[그림 4-4] 지그재그 대화 형식으로 논박하기

출처: 박경애(1997), p. 428.

[그림 4-5] 악마의 공격을 막아내는 나

6) 사고일지 또는 일일 점검표 기록하기

자기가 가지고 있는 왜곡된 사고방식을 탈피하기 위해서는 집요하게 자기의 사고 내용을 분석해야 한다. 이것은 마치 비만증 환자가 매일 자신이 무엇을 얼마나 먹고 있는가를 일일이 적어보고 검열하는 것과 같다. 그래서 당신이 경험하는 생활상의 사건(A)과 관련된 감정(C)과 생각(B)을 매일매일 적어보는 것이다.

사고(思考)일지를 적는 것이 일단 습관화되면, 차후에는 어떤 감정이 일어나자마자 자신이 무슨 생각을 하고 있는지를 쉽게 분별할 수 있게 된다. 그래서 감정 통제가 용이해진다.

〈표 4-1〉 **사고일지 쓰기**

날짜	상황(A)	감정(C)	사고(iB)	합리적 사고로 바꾸기(rB)	결과 (E: rB와 rC)
	• 실제사건 • 그때의 사고 내용이나 회상	1. 구체적인 감정(iC) 2. 부정적인 감정의 정도(iC의 %)	1. 비합리적인 자동적 사고의 내용(iB) 2. 자동적 사고의 확신 정도(iB의 %)	1. 비합리적인 자동적 사고를 합리적인 사고로 바꾸기 2. 합리적 사고의 확신 정도(rB의 %)	1. 자동적 사고에 대한 확신도를 재평정하기(iB의 % 재평가) 2. 그 이후의 감정 상태를 재평정하기(iC의 % 재평가) • 변화된 생각과 감정을 적어 보기

7) 자기 행동의 이익과 손해를 따져 보기: 유추하기와 재해석하기

'유추하기(referenting)'란 어떤 부적응적인 행동을 고치기 힘들어하는 내담자에게 그 행동을 유지했을 때 얻게 되는 이득과 손해에 대하여 객관적으로 분석하도록 하는 기법이다.

내담자가 비만증, 술, 담배, 약물, 섹스 중독, 미루는 습관 등을 의지적으로 버리려고 하는데, 번번이 실패하는 경우가 허다하다. 그들의 신체와 본능이 그의 의지에 대해 강하게 저항하기 때문이다.

이런 경우에 상담자는 내담자가 오로지 그런 행동을 바꾸려고만 노력하기보다는, 내담자가 그 행동을 지속할 때 어떤 이득과 손해가 있는지를 손익계산표나 대차대조표처럼 면밀하게 적어보도록 안내한다. 이것이 유추하기이다.

다음의 사례를 살펴보자.

> 기현성 씨는 의약품 제조회사에 다니고 있다. 약품의 실험 업무 중에 위험한 약품 재료를 잘못 다루는 실수를 하였다. 그 사건으로 인하여 부장에게 크게 야단을 맞게 되었는데 기 씨는 거짓말로 둘러댔다. 그런데 그 말이 앞뒤가 맞지 않아 거짓말이라는 것이 탄로가 나서 더욱 질책을 받게 되었다. 이번의 거짓말이 두 번째이기 때문에 그에 대한 회사의 불신이 크다. 현성 씨는 크게 반성하고 있지만 거짓말하는 습관이 고쳐질지 자신이 없다. 초중고 시절에 아버지는 엄격했고 현성 씨가 잘못하면 각목으로 피가 나게 때렸다. 그래서 학교 성적이 나쁠 때나 친구들과 놀다가 늦게 귀가할 때는 거짓말을 꾸며 대서 아빠의 처벌을 모면한 적이 있었다. 현성 씨는 거짓말이 나쁘다는 것을 잘 알지만 그 이후로 성인이 되어서도 위험할 때는 곧잘 거짓말을 하게 되었다. 이제는 정신 차리고 그 습관을 완전히 끊어야 하겠다. 그런데 자꾸 걱정만 되고 눈물이 나온다.

상담자와 더불어 현성 씨가 거짓말하는 것의 장점과 단점을 따져본 결과는 다음과 같다.

〈장점〉

① 위기 상황을 모면하여 처벌받지 않게 된다.

② 마치 탐정소설가가 된 것처럼 흥분되고 기분이 좋다.

③ 거짓말에 성공하면 자기 실력을 인정받게 된다.

④ 거짓말하려고 여러 가지로 머리를 써서 두뇌회전이 빠르게 된다.

⑤ 거짓말하고 나서 성공했을 때의 짜릿한 스릴은 두고두고 오래 간다.

〈단점〉

① 거짓말을 하고 나서 탄로가 나지 않을까 하고 안절부절한다.

② 평상시에도 공연히 사람들의 눈치를 살피게 된다.

③ 진실한 자기를 숨기고 산다(위선적이다).

④ 사람들이 나를 불신하고 멸시하므로 좋은 사람들을 사귈 수 없게 된다.

⑤ 직장에서 해고될 가능성이 많다.

⑥ 나중에까지 나에 대한 나쁜 평판이 (꼬리표로) 따라 다닌다.

⑦ 그 습관을 버리기 힘들게 된다. 대도(大盜) 조세형씨처럼. 그래서 끝내는 사기꾼이 될 수 있다.

⑧ 나 역시 다른 사람들을 의심하고 불신하게 된다.

⑨ 표정이 어둡게 된다.

⑩ 양심에 가책이 되고 마음이 무겁다.

⑪ 나의 뇌세포에 거짓말하는 습관이 DNA로 각인되어 알코올중독처럼 자녀, 손자의 DNA로 전수될 수도 있다.

상담자는 기현성 씨가 이상의 글을 적은 다음에는 평상시대로 생활하라고 지시한다. 다만 거짓말하는 것의 장점과 단점을 똑똑하게 음미하면서 거짓말의 의미를 머릿속으로 연상하라고 지시한다. 그렇게 되면 점차로 거짓말하는 버릇을 끊기가 용이해진다.

'재해석하기(reframing)' 또는 '관점의 전환'이란 지금까지 주로 부정적인 관점에서만 바라보았던 자신의 견해를 다른 각도에서 바라보고 다른 방식으로 해석하여 생각의 객관성과 균형을 도모하는 것이다.

예를 들어, 부모는 내향적인 자녀가 마음에 들지 않고 걱정이 된다고 하자. 아이의 성격은 선천적으로 타고난 것이기에 성격을 크게 바꾸기는 어렵다. 그러므로 부모가 아이의 그런 성격을 긍정적인 시각으로 바라보게 되면 마음이 편해질 수 있다. 내향적인 아이는 신중하므로 준비성이 있고 무모한 시행착오를 하지 않으며 학업에 몰두할 수 있다. 또 다른 사람에게 함부로 피해를 주지 않고 착한 심성이 있다고 재해석하는 것이다.

8) 자기의 언어 표현을 검토하기: 어의학적 접근

엘리스는 일반적인 어의학자인 코르치브스키(Korzybski)의 이론을 채택하였다. 코르치브스키에 의하면 인간은 자기가 중얼거리는 말을 듣고 그 말이 맞다고 생각한다. 그러므로 우리는 스스로에게 무슨 말을 독백하고 있는가를 주시해야 하며, 되도록이면 정확한 말을 해야 한다는 것이다. 그러니까 우리는 우리의 말과 생각의 희생자다. 현실을 있는 그대로 바라보지 않고 왜곡된 시각으로 바라보기 때문에 더욱 괴로운 것이다. 다른 말로 표현하자면 비합리적인 사고는 오목렌즈나 볼록렌즈로 세상을 보는 것과 같다.

앞의 사례에서 기현성 씨는 '큰일 났다. 나는 망했다.'라고 말하면서 그런 생각 때문에 겁이 나고 눈물을 주체할 수가 없다.

그것은 '나=망한 사람'이라는 공식으로 받아들이는 오류를 낳는다. 그가 마음의 평안을 얻으려면 '내 마음속에는 여러 가지 생각이 들어 있지만 나는 망했다는 생각이 많이 들어 있구나.'라고 표현해야 한다.

기현성 씨가 괴로운 생각에 골똘하게 빠져 그 생각을 계속해서 반추하니까 괴로울 수밖에 없다. 그런데 걱정 속에 빠져 있는 자아와 그런 걱정을 해결하려는 자아로 분리해서 바라보면 마음이 자유로워진다. 이것을 수용전념치료에서는 '융합'에서 빠져나가는 현상, 즉 '탈융합'이라고 한다.

코르치브스키의 어의학적인 개념은 현대의 대뇌이론 중에서 '거울신경(mirror neurons)'의 기능과 유사하다. 두뇌 속에 들어 있는 거울신경은 우리가 보는 모든 것을 카메라처럼 촬영하고 그것을 이미지로 저장한다. 그런데 또 말(언어)도 동일한 기능을 한다. 당신이 '레몬'이라고 발성하는 순간 당신의 머릿속에 노란 레몬의 모습이 그려지고, '시다'는 생각과 더불어 입에 침이 고이게 된다. 대뇌세포의 98%는 말을 알아듣고 새겨듣는다고 한다. 그래서 말에는 어떤 생각과 행동을 끌어들이는 힘이 있다. 우리는 우리가 들은 말의 이미지를 머릿속에 바라보며 그 모습대로 살아간다.

'말이 씨가 된다.'

정욱호의 경험담을 들어보자.

나의 어머니는 우리 7남매를 바라보시면서 늘 '박사'라고 불렀다. 우리 형제는 5남 2녀인데 나는 그 7남매의 맏이다. 여섯 동생들은 내 아래로 두세 살 터울로 쭉 내려간다.

그때 매일 아침 허둥지둥 책가방 메고 일렬로 집을 나설 때면 엄마의 인사는 언제나 "우리 정 박사들, 잘 다녀와!"였고 학교에서 돌아오면 역시 "우리 정 박사들!"이었다. 나를 포함한 우리 7남매는 그 시절부터 늘 '정 박사'였다. 행여 형제들이 싸우기라도 하면 "박사들이 싸우고 그러면 안 되지."라며 꾸중하셨다. 당시 우리 집에 놀러온 또래 친구들도 어머니가 부르는 호칭 때문에 우리를 모두 '정 박사'라 불렀고, 그래서 학교에서 우리 7남매의 별명은 자연스럽게 '정 박사'가 되었다.

나의 고3 시절, 아버지의 사업 실패로 가세가 급격히 기울었고, 나는 그래도 맏이라 고등학교는 억지로 제때 끝낼 수 있었지만, 둘째 동생은 결국 등록금을 구할 수 없어서 고등학교 1학년을 끝으로 학업을 포기해야 했다. 그래도 엄마는 '박사'라고 부르셨다. "학교도 못 다니는 주제에 무슨 박사냐."며 동생이 발끈해도 "어허! 정 박사야, 걱정하지 마라, 넌 분명히 박사가 될 거다. 반드시 기회가 올 거야."라고 하셨다. 어머니는 환한 표정과 밝은 목소리로 늘 이런 식으로 말씀하셨다.

훗날 둘째 동생은 검정고시로 고교를 졸업했고, 끝내 미국으로 유학까지 떠났다. 오랜 기간이 걸리긴 하였지만 결국 박사가 되어 돌아왔다. 지금은 어느 신학대학교의 교수이자 목사로 부임해 있다. 어머니의 그 호칭, 그 말씀이 현실이 된 것이다. 지금 우리 부모가 낳은 다섯 명 아들 중에 네 명이 박사가 되었고 각각 대학교수, 의사, 목사이고, 나머지 한 명은 석사 출신으로 모 대학교의 사무국장으로 활동했다. 두 딸도 모두 어엿한 사회지도자로 활동하고 있다(홍경자, 정욱호, 최태산, 권선이, 2017, pp. 200-201).

부정적인 말은 우리의 심령을 서서히 좀먹게 한다. 그러므로 희망적이고 긍정적인 말을 우리 자신이나 가족, 학생들에게 반복해서 들려 줄 필요가 있다. 물론 지적 발달지체 아동에게 '박사'라고 불러주는 것은 효과가 없다. 그 아이가 생각하는 자기의 이미지와 일치하지 않기 때문이다. 그러나 머리가 명석하고 열심히 노력하며 학업에 뜻이 있는 아이에게는 지금의 경제적 현실이 제 아무리 힘들더라도 충분히 '박사'라고 불러줄 만하다. 자기 자신에게도 '너는 기어코 우뚝 일어설 거야.'라고 말하라. 그렇게 되면 대뇌의 신경세포(synapse)에 그 말이 각인된다. 그리고 그 말대로 이루어진다. 이것을 다른 말로 표현하면 '자기성취적 예언(self-fulfilling prophecy)'이라고 한다.

성경에서도 그와 동일한 사상이 발견된다.

믿음은 바라는 것들의 실상이요, 보지 못하는 것들의 증거이니…… (히브

리서 11:1)

참고로 이 구절을 영어로 읽게 되면 그 의미가 더 확실하게 다가온다.

Faith is being sure of what we hope for and certain of what we do not see.

정신과 의사인 드라이커스(Dreikurs)는 적극적인 부모역할(AP)의 부모코칭에서 다음과 같이 말하였다.

식물이 물을 필요로 하듯이, 어린이는 격려를 필요로 한다.

이것은 어린이들이 "너, 참 잘하고 있구나."라는 말을 평소에 항상 듣고 싶어 한다는 뜻이다. 평소에 아이의 특성과 장점을 어린이에게 무수히 말해 주도록 하라. 그렇게 하면 아이는 긍정적인 자아개념을 가질 수 있다.

그래, 넌 항상 예의가 바르고 부지런해. 너는 끈기가 있어서 반드시 잘될 거야.

9) 독서요법과 상담 녹음테이프 다시 듣기

개인의 사고 습관은 얼마 동안의 상담과 심리치료를 받았다고 해서 쉽사리 바뀌지는 않는다. 그러므로 세상에 대한 포괄적인 관점을 가지도록 쉬지 않고 성찰하고 독서해야 한다. 특히 정독(精讀)을 통하여 어떤 문제에 대한 다양한 견해와 올바른 대답을 터득할 수 있어야 한다. 그래서 엘리스는 독서요법을 강조하였다.

또 자기가 상담 받을 때 녹취한 테이프를 집에서 다시 들어봄으로써 복습

내지 재학습으로 REBT의 사상을 확고히 하라고 엘리스는 강조하였다.

인생의 풍랑 속에서도 독서는 마음의 안식처를 제공하고 누구도 빼앗아 갈 수 없는 평안과 기쁨을 준다. 예를 들면, 끔찍한 나치 수용소에 수감되고 끝내는 처형된 본 회퍼(Bon Hoeffer)는 하루에 10시간 이상을 독서하고, 성찰하고 기도하며 죽음의 마지막 순간까지 담담한 기쁨을 놓치지 않고 살았다.

엘리스의 이야기를 들어보자. 그가 어린 나이(5세) 때 편도선염이 악화되어 심각한 상태가 되었다. 응급수술을 받은 후에 또 급성신장염이 발병하였다. 그래서 그는 5~7세 사이에 여덟 번이나 병원에 입원해야 했으며 어떤 때는 10개월 동안이나 입원해 있던 적도 있었다. 이 기간 동안에 엘리스의 부모는 불화하고 외도하여 어머니의 따뜻한 돌봄이나 아버지의 병문안은 거의 없었다. 어느 누구의 방문도 받지 못하고 몇 주를 홀로 외로이 보낸 적도 많았다. 병이 회복되어 집으로 돌아와서 지낼 때도 건강상의 이유로 일체의 스포츠나 오락이 금지되었기 때문에 그는 자연스럽게 지적인 활동으로 많은 시간을 보냈다. 그가 12세 때 부모가 이혼했으며, 그 이후 아버지는 재정적 지원도 하지 않았고 엘리스를 찾아오지도 않았다. 어머니 역시 자녀를 방치하였다. 어린 엘리스는 아침에 자명종 시계가 울리면 스스로 일어나서 아침식사를 하고 학교를 갔으며 어린 두 동생까지 돌보았다. 수줍음이 많고 허약한 그가 이러한 난관을 이겨내고 성숙한 사색가가 되기까지는 지적 탐구와 독서 습관의 공이 컸다.

저자의 어린 시절을 소개해 보기로 한다. 6·25사변 때 나는 초등학교 4학년이었다. 배고픈 보릿고개 시절에 아버지는 어디론가 떠나갔고 5남매와 어머니가 어렵사리 살았다. 나는 도저히 중학교를 진학할 수 없는 형편이었다. 친척집 차디찬 판자 마루에서 기거하다가 가정교사도 하고 신문배달도 하면서 중학교를 마쳤다. 고등학교 시절에는 3년 내내 근로 장학생으로서 학교의 가사실습실에서 냄비우동과 단팥죽을 만들어 학생들에게 팔았다. 나를 이끌어 주신 은사님들의 은혜를 잊을 수 없다. 그 당시 예쁜 교복을 입고 군것질

하며 깔깔거리는 친구들과 비교하여 나는 전혀 다른 세상을 살았다. 핏기 없이 노란 얼굴에 초라한 행색의 나는 또래들과 어울려 놀아볼 시간이란 게 전혀 없었다.

그때 내가 번 돈은 얼마 되지 않았다. 나는 그 돈을 나누어 얼마는 어머니께 드리고 나머지로는 반드시 책을 사서 읽었다. 문학서적과 위인들 전기는 나에게 행복한 꿈을 길러주었다. 그중에서 내가 수없이 읽고 또 읽은 책은 카네기의 책들과 노만 피일의 『적극적인 사고』다. 아마 이 책을 나는 열 번도 더 읽었을 것이다. 나는 그 책의 핵심 사상을 또 공책에 베껴 썼다. 그들의 사상이 내 머리에 강하게 각인된 탓인지, 나는 어떠한 시련이 닥치더라도 두려워하거나 절망한 적이 없었다. 오히려 역경을 어떻게 다른 각도로 조감할 것인가를 연구하고 나의 다짐을 새로이 하곤 하였다.

좋은 사상의 책을 읽거나 긍정적인 자기독백과 글쓰기도 우리에게 꿈과 희망을 심어준다.

2. REBT의 정서적 기법

내담자의 사고를 검토한 이후에 내담자의 감정에 초점을 맞추어 다루어 나가는 정서적 기법은 다음과 같다.

1) 합리적-정서적 심상법(REI)

내담자에게 인지적인 논박을 실시한 다음에 심상적 기능에 초점을 두고 내담자의 정서적 변화를 시도하는 것으로는 '합리적-정서적 심상법(Rational Emotive Imagery: REI)'이 있다.

먼저, 내담자로 하여금 눈을 감고 호흡명상을 하게 한다. 그래서 머릿속의 소란스러운 생각을 잠재우게 한다. 그러고 나서 내담자가 당면하고 있는 어떤 문제 상황(A)과 그때의 심정(C)을 상상해 보라고 지시한다. 주로 부정적인 감정을 경험할 때 스스로에게 무슨 말을 독백하는지, 즉 자기의 언어 내용에 정신을 집중한 다음에 그가 느끼는 부적절한 정서(과도한 불안, 격노, 수치심 등) 상태에 잠시 동안 머물러 보라고 지시한다. 이어서 그런 부정적인 부적절한 정서를 적절한 정서(걱정, 실망감 등)로 바꾸어 보라고 지시한다. 이것이 부정적인 합리적-정서적 심상법(Negative Rational Emotive Imagery: NREI)이다.

내담자가 이 과정을 제대로 수행했는지 확인한 다음에 눈을 뜨게 한다.

또 상담자는 내담자에게 문제 상황에 처한 자신의 모습을 상상해 보도록 지시한다. 그러고 나서 자신의 행동과 감정을 이제는 긍정적으로 경험하는 모습을 그려보라고 말한다. 이것이 긍정적인 합리적-정서적 심상법(Positive Rational Emotive Imagery: PREI)이다.

내담자가 그렇게 상상했다고 대답하면 "그렇게 하기 위해 당신은 스스로에게 어떤 이야기를 독백했습니까?"라고 질문한다.

상상의 힘은 우리를 실제로 그 방향으로 몰고 간다.

2) 유머의 사용

엘리스는 신경증 환자는 인생살이에 대하여 너무 심각하게 생각하고 과민반응을 하기 때문에 실제보다 더 큰 고통을 겪는 사람들이라고 하였다. 그러한 내담자의 경직된 사고를 유연하고 폭넓은 관점으로 바꾸어 주기 위한 목적으로 상담자가 유머와 은유를 사용하라고 그는 권유하였다.

즉, 엘리스는 내담자와 면담할 때 유머를 양념처럼 사용하였고, 여러 가지의 노래를 우스꽝스럽게 개사하여 불렀다. 그리고 그런 노래들을 녹음 테이프로 제작하였다.

우리 민족이 힘겨운 고기잡이나 농사일을 할 때 '어부가'나 '농부가'를 불렀고 한(恨)을 판소리로 풀어낸 것은 유머와 은유로써 위로를 얻은 방법이라고 본다.

(1) 개사곡 짓기

저자는 'REBT · 인지집단상담' 시간에 〈진도아리랑〉을 다음과 같이 개사하여 함께 부르기도 한다.

〈진도아리랑〉
후렴: 아리 아리랑 스리 스리랑 아라리가 났네
　　　아리랑 응 응 응 아리리가 났네
1. 문경새재는 왠 고갠가, 구부야 구부가 눈물이 난다. (후렴)
2. 청천 하늘엔 별들도 많고, 이내 가슴엔 꿈~도 많다. (후렴)
3. 놀다 가세 놀다나 가세 저 달이 떴다 지도록 놀다나 가세. (후렴)
4. 날 다려 갈 때는 사정도 많더니, 날 다려다 놓고는 잔말도 많다. (후렴)
5. 춥냐 덥냐 내 품안에 들어라 베개가 높고 낮거든 내 팔을 비거라. (후렴)

〈상담아리랑의 예〉(자기의 상황과 심정을 진도아리랑으로 개사해 보기)
낙제 점수가 웬말인가. 애미 맘 걱정되어 눈물이 난다. (후렴)
살려 보세, 살려나 보세, 내 아들 적성 찾아 살려나 보세. (후렴)
내 속을 썩이니 미칠 것 같아, 그래도 내 새끼야, 이쁘게 보자. (후렴)
당신이 미워요, 참을 수 없네. 이렇게 말하니까 속이 다 풀리네. (후렴)

내담자가 자신의 화나고 슬픈 상황을 비교적 명랑한 노래에 대입하여 개사하게 하고 그 노래를 불러보게 하면 대부분의 내담자들은 폭소를 터뜨린다.

〈예〉

원곡 가사: 기쁘다 구주 오셨네. 만백성 맞으라. 온 교회여 다 일어나
주 찬양하여라, 주 찬양하여라, 찬양, 찬양하여라.

개사: 지겨운 엄마 잔소리 내 귀가 멍멍해. 출세고 뭐고 다 싫어.
어서 어른 되자, 어서 어른 되자, 멀리 멀리 도망갈 거야.

지옥 같은 학교 공부야. 책가방 나 몰라. 숙제고 뭐고 짜증나.
게임이 날 살려, 게임이 날 살려, 될 대로 되라, 될 대로 되라.

(2) 일상생활 중에 유머를 개발하기

평소에 스트레스 상황을 유머 있고 긍정적인 관점으로 바라보고 그렇게 말하는 연습을 하면 유연하고 긍정적인 삶의 태도를 길러 준다.

〈예〉

–'어우, 짜증나.'를 '어유, 짜장면이야.'로,
'내, 힘들다.'를 '다들 힘내.'로 바꾸어 말하기

–'자살'을 '살자'로 바꾸어 생각해 보기

–사람들이 공항에서 비행기 탑승을 기다리고 있다. 그런데 안내방송에서 탑승이 4시간 지연되었다는 방송이 나왔다. 4시간이 지난 후에 다시 2시간이 또 지연된다는 방송이 나왔다. 이때 어떤 분은 "아유 멋져(Fantastic)!"라는 반응을 했다. "어유, 재수 없어."라는 말 대신에 "아유 멋져."라는 말 한마디가 그의 에너지 장(場)을 바꾸는 것이다.

–하마터면 열심히 살 뻔 했지.
거창한 꿈이 없어도 괜찮아!
힘 빼니 행복하더라.

(3) 엘리스의 신조어: 개똥철학, 개엿철학, 안절부절 콩닥도사

어떤 사람이 자기는 '기어코 ~해야 한다.'라고 하면서 사기와 세상에 내하여 강요하는 생각, 즉 당위적인 생각 때문에 역경이나 실패를 끔찍스러운 사건으로 간주하며, 자신은 실패자나 무가치한 존재로 보고 있다고 하자. 그럴 경우에 엘리스는 그런 당위적인 생각을 '똥 같은 또는 개똥 같은' 생각(shithood) 내지 '개똥 철학'이라고 하였다.

또 푸념하는 내담자에게는, 가령 '남들은 다 승진하는데 나만 꼴지로 살고 있네. 제기랄, 내 인생은 너무 힘들고(tough) 막막하군, 개엿 같아! 그렇게 되라면 되라지, 뭐!'라고 말하라고 엘리스는 조언하였다. 그는 생각을 이렇게 돌려보라고 내담자에게 권유하면서 그것을 '개엿철학(toughshit)'이라고 말하였다.

엘리스는 내담자의 그릇된 관념을 교정하기 위한 목적으로 내담자에게 강렬한 인상을 심어주기 위해서 가끔씩 그와 같이 신랄한 유머를 사용하였다.

(4) 은유, 역설과 변증법적인 전략

내담자의 편향된 사고와 비합리적인 고정관념을 보다 더 폭넓고 유연한 신념으로 바꾸어 주려면 나-너, 부모-자녀, 아내-남편, 유전-환경, 선-악, 강점-약점 등의 양극성에 대하여 포괄적인 안목을 길러줄 필요가 있다. 그리하여 내담자가 세상의 모순점과 양극성을 정-반-합(正-反-合)으로 통합하게 도와주는 것이다. 이러한 변증법적인 접근은 ABCDE 모형의 자기조력 양식을 활용하여 내담자의 생각이 과연 합리적인지를 논박(D)해 보는 과정에서 잘 나타나 있다. 따라서 변증법적 행동치료(Dialectic Behavior Therapy: DBT)의 사상이 REBT의 이론 속에 이미 녹아들어 있다.

그러나 DBT에서는 상담자나 치료자가 내담자의 비합리적인 신념에 대하여 집요하게 논박하는 대신에, 우선은 내담자의 생각이 매우 타당한 것으로 수용하는 태도로 임한다. 그런 다음에 내담자 생각의 타당성을 확실하게 증명해 보라고 설득한다. 이때 상담자는 내담자의 마음에 공명하면서 은유, 역설, 비유, 신화, 이야기치료(storytelling)를 적용한다(Miller, Rathus & Lenehan, 2007).

몇 가지 예를 들면 다음과 같다.

첫째, 역설(paradox)에 대한 논리적인 설명을 내담자에게 해주지 않은 채 상담자는 다만 역설의 방법을 제시한다. 예를 들어, 자기는 이 세상에서 살아가야 할 가치를 도무지 발견할 수 없기 때문에 '자살'만이 최선의 길이라고 주장하는 내담자가 있다고 하자. 이때 상담자는 '자살'만이 행복을 위한 최선의 길이라는 내담자의 신념은 타당한 것으로 본다. 그러니까 내담자는 자살을 선택할 수 있는 권리가 있다. 다만 '자살이 현재의 삶보다 확실하게 더 행복하다는 점을 여러 각도에서 증명해 보라. 그런 다음에 그 길을 선택하라.'라고 촉구한다.

둘째, 상담자는 내담자가 굳게 믿고 있는 (비합리적인) 신념이 정말 타당하게 보인다고 맞장구를 쳐주면서 그와 공감대를 형성한다. 그러고 나서 상담자는 그의 사상을 신봉하는 추종자의 역으로 역할놀이를 할 수 있다.

예를 들면, 키가 169cm인 젊은 여성 내담자는 무슨 일이 있어도 기어코 자기 체중을 40kg로 유지하는 것이 정상이라고 굳게 믿고 있다. 그녀는 어쩌다가 조금만 과식을 하게 되면 반드시 토하는(거식증) 습관이 있다. 이때 상담자 역시 날씬한 몸매와 건강을 위해서 일정한 체중을 꾸준히 유지해야 한다는 생각은 옳으며 그 생각은 모두에게 옳은 것이라고 맞장구를 친다. 그런데 지금 상담자의 체중은 50(60)kg을 훨씬 더 초과하므로 지금부터 내담자처럼 음식을 먹고는 반드시 토해야 할 것 같다고 진지하게 엄살을 부리는 것이다. 그리고 토하는 것이 유익한 점을 객관적으로 자세히 설명해 달라고 부탁한다.

셋째, 내담자를 적극적으로 거들어 줄 수 있다. 가령 내일 당장 자기를 상담해 주기로 특별 일정을 잡아주지 않으면 자살하겠다고 협박하는 십대의 내담자가 있다고 하자. 이때 상담자는 진지하게 그를 보살펴 주는 역할을 연출할 수 있다.

'그렇게 심각한 상황이니? 어떤 자살 계획을 가지고 있니? 정말 걱정된다. 그렇게 심각한 상황인데 내일 약속이 무슨 필요가 있을까? 지금 당장 부모에게 알릴까? 앰뷸런스를 불러줄까?'라고 상담자는 말한다. 그래서 내담자를 거들어 주는 역할을 연기하면서, 내담자에게 휘둘리지 않고 그를 도와줄 수 있다.

속담이나 격언 또는 저명인사의 시나 문장 속에는 인생을 폭넓게 조망할 수 있는 지혜가 들어 있다. 그래서 상담자는 내담자가 처한 상황에 어울리는 속담, 격언 또는 명언을 함께 찾아보고 그것을 적용할 방법을 연구해 보라고 지시하는 것도 유익하다.

〈예〉

–하늘이 무너져도 솟아날 구멍이 있다.

–개천에서 용난다. 위인은 대개 천민(賤民) 출신이다. 예수도, 마호메트도 일본을 통일한 도요토미 히데요시도, 징기스칸도, 공자도 그렇다(공자는 무당의 딸인 십대 소녀와 70대의 남자에게서 태어났다).

–사람은 누구나 약점이 있다. 어느 길이나 시궁창은 있기 마련이다. (영국 속담)

–범사에 기한이 있고 천하 만사가 다 때가 있나니. (성경, 전도서 3:1)

–위기는 기회다. 6 · 25 동란은 한국을 민주국가, 경제대국으로 만들었다.

–내가 잘못했을 때는 화를 낼 자격이 없고, 상대가 잘못했을 때는 화를 낼 필요가 없다. (에이브러햄 링컨)

–"내 아들이다. 내 재산이다." 하며 괴로워하는 어리석은 사람이 있다. 사실 나 스스로도 나의 것이 아닌데, 어찌 아들이나 재산이 나의 것일 수 있는가? (법구경 62)

(5) 기분전환법 실천하기

스트레스가 심하고 울적할 때 기분전환을 가져오는 행동이나 신체 활동을 하게 되면 긴장과 우울감에서 상당히 벗어날 수 있다. 심한 스트레스 상황에서 힘들게 지낼 때일수록 매일 정규적으로 명상하고, 노래를 부르고, 코미디 영화를 시청하거나 춤을 배우고, 새로운 운동을 시작하고, 등산 또는 걷기나 달리기 등을 하는 것이 좋다.

3. REBT의 행동적 접근

행동적 접근은 여러 가지 행동주의적인 방법을 사용하여 내담자의 생각이 실제 행동을 통하여 변화되는 것을 경험하게 하는 것이다. 대표적인 예를 들면 다음과 같다.

(1) 역할 연기하기

상담 시간에 치료자는 내담자가 합리적인 신념에 근거하여 새로운 행동을 역할 연기해 보라고 코치한다. 예를 들어서, 자기의 생각과 감정을 소신껏 표현하기(주장적인 자기표현)를 역할놀이해 보라고 지시할 수 있다.

(2) 여론 조사의 기법

내담자가 가지고 있는 특정한 비합리적인 관념에 대해서 다른 사람들은 어떤 의견을 표명하는지 인터뷰 형식으로 여론을 조사해 오게 한다.

(3) 수치심 공격하기 활동

엘리스는 내담자들에게 평소에는 한 번도 시도해 보지 못했던 어처구니없이 우스꽝스러운 행동을 공공장소에서 행하여 보기를 권유하였다. 그런 경

1990년 여름, 국제 REBT학회에 초대받고(좌: 저자, 중: 엘리스)

험을 하고 나면 인습에서 벗어나 자유로운 영혼으로 살기가 용이해진다.

저자가 1990년 여름에 엘리스로부터 국제 REBT학회에 초대받았을 때의 일이다. 엘리스는 참가자들에게 수치심 공격하기의 활동을 과제로 부과하였다. 가령 지하철 안에서 노래를 부른다든지, 지하철 정거장(역)의 이름을 큰 소리로 외친다든지, 길거리에서 춤을 춘다든지를 시도해 보라는 것이다. 다만 그런 행동이 자신과 타인에게 피해를 주어서는 안 된다.

REBT 국제학회 때 수치심 공격하기의 행동적 과제를 실제로 수행한 모든 이들은 가슴이 확 뚫리는 듯 통쾌하고 신선한 재미와 자유함을 경험하였다.

(4) 위험 무릅쓰기 활동과 행동 실천의 촉구

'위험 무릅쓰기'란 내담자가 간절하게 해 보고 싶었지만 지금까지 시도해 보지 못한 어떤 행동을 용기를 가지고 도전적으로 시도해 보는 것이다. 이 활동의 목적은 위험을 무릅쓰고 어떤 일을 과감하게 밀고 나가면, 머릿속에서 끔찍스럽게 여겨졌던 것들이 별것 아님을 실제로 체험하게 하는 것이다.

엘리스는 지나치게 내성적이고 수줍음을 많이 타서 여학생들과 데이트를 해 본 적이 없었다. 그래서 데이트 공포를 극복하기 위해 대학교 시절에 브롱스식물원 앞에서 한 달간 무려 100명의 여성에게 데이트를 신청하였다. 그 결과 99명에게 거절당하고 데이트를 승낙한 1명마저도 약속 날짜에 나타나지 않았다. 그러나 그 이후로 신기하게도 이성에 대한 두려움이 사라졌다고 했다.

엘리스는 내담자에게 중요한 행동을 곧바로 실행하라고 한다. 위험 무릅쓰기 활동과 유사하게, 가령 걱정만 하고 앉아 있는 내담자에게는 당장 해야 할 일에 곧바로 착수하라고 권고하였다. 그리고 사랑받고 싶은 과도한 욕구로 인하여 불평이 많은 내담자에게는 자기쪽에서 오히려 사랑해 주는 행동을 곧바로 실천해 보라고 권유하였다.

(5) 속 시원한 대화(주장훈련), 스피치 기법, 대인관계 기술훈련 등을 코칭하기

과도하게 남의 눈치를 보며 자신의 의사를 표현하지 못하는 내담자에게는 속 시원한 자기 주장의 기술을 가르쳐 준다. 그리고 발표 불안 내지 사회공포증 환자에게는 스피치(speech) 기술을 코칭해 준다. 또 직장이나 가정에서 사람들과의 관계를 회피하거나 갈등을 야기하는 사람에게는 친밀감 형성의 기술을 코칭해 준다.

이처럼 상담자는 내담자에게 적응적인 행동의 요령을 가르쳐 줄 수 있다.

(6) 실행적 탈감법과 강화 및 벌의 기법 제의하기

발표 불안(사회공포증)이나 고소공포증 등으로 괴로워하는 내담자에게는 실행적 탈감법(in-vivo desensitization)을 과제로 내준다. 엘리베이터 공포증의 내담자를 치료할 때 한 달에 8~10회 엘리베이터를 타게 하고 점차로 횟수를 늘려가서 4개월간 도합 100번을 타도록 하는 것은 단계적 둔화 또는 점진적인 탈감법(desensitization)이다. 그런데 그 내담자에게 엘리베이터를 일주일에 100번 타라고 지시하는 것은 홍수(flooding)기법이다. 엘리스는 홍수기법을 권장하였다.

엘리스는 내담자들이 과제를 실행하도록 도와주기 위해서 '강화'와 '벌'의 사용을 권고하였다. 그리고 내담자들이 숙제를 다 마친 후에는 그들이 좋아하는 활동을 스스로에게 허락하고, 숙제를 다 마치지 못한 경우에는 자신에게 싫어하는 일을 부과하라고 하였다.

이상에서 살펴본 REBT의 인지적, 정서적, 행동적 접근은 내담자의 두뇌에 각인된 왜곡된 신경회로를 약화시키고, 새로운 신경회로를 배선하고 강화시키는 것에 해당된다. 그리하여 내담자가 객관적이고 긍정적이며 맥락적인 사고로써 유연하게 살아갈 수 있도록 도와주는 것이다.

충고

– 괴테 –

어디까지 방황하며 멀리 가려는가?

보라, 좋은 것은 참으로 가까이에 있다.

행복을 붙잡는 법을 배워 두어라.

행복은 언제나 가까이에 있나니.

〈 짚신장수와 우산장수의 아들을 둔 어머니 〉

비오는 날은 짚신장수 아들을 생각하며 울었습니다.

맑은 날은 우산장수 아들을 생각하며 울었습니다. ⇨ 비관적

비오는 날은 우산장수 아들을 생각하며 웃었습니다.

맑은 날은 짚신장수 아들을 생각하며 웃었습니다. ⇨ 낙천적

"비가 온다. 돌쇠야 너는 우산을 많이 팔아라. 그리고 똘똘아, 너는 쉬어라."

"햇살이 쨍쨍 난다. 똘똘아, 너는 짚신을 많이 팔아라. 그리고 돌쇠야, 너는 쉬어라.
⇨ 객관적, 합리적, 긍정적

☆ 이 만화의 첫 장면은 박경애(2019, p. 30)의 그림을 인용하였다.

05 기타 인지행동치료이론으로 마음 다스리기

이 장에서는 개인의 심리적인 고민을 풀어가는 데에 벡(Beck)의 인지치료(CP), 수용전념치료(ACT), 마음챙김(MBSR), 심리도식치료 이론을 어떻게 활용할 수 있는지를 살펴보기로 한다.

1. 벡(Beck)의 인지치료(CT)

벡(Aaron Beck)은 엘리스와 거의 동시대에 정신과 환자들을 대상으로 하여 인지치료(Cognitive Therapy: CT) 접근을 실시하였고, 특히 우울증 환자들에게 적용한 임상적 실험 결과를 근거로 해서 우울증 치료에 관한 독보적인 공헌을 하였다(원호택 외 역, 1996).

1) 인지 삼제(認知三題, Cognitive Triad)

벡에 의하면 우울증 환자는 첫째, 자신은 결점이 많고 보잘것없는 존재라고 생각한다.

둘째, 세상은 자기의 삶의 목표를 달성하는 데에 너무 많은 장애물로 가득 차 있고 자기에게 과도한 요구를 하기 때문에 이겨낼 수가 없다고 생각한다.

셋째, 미래에도 현재의 어려움이 계속될 것이므로 자기는 불행할 수밖에 없다고 생각한다.

그들은 이와 같은 믿음(신념)이 틀림없이 옳다고 생각하고 있기 때문에 그 신념이 지속된다. 이처럼 편향된 해석과 부정적인 예측을 하는 환자의 인지적 오류를 벡은 인지 삼제(認知 三題)라고 하였다.

엘리스도 부적응적인 사람은 첫째, 자신은 무가치한 인간이며, 둘째, 사람들은 형편없이 나쁘며, 셋째, 세상은 불공평하다는 신념을 가지고 있다고 하였는데, 이는 벡의 인지 삼제와 거의 비슷한 개념이다.

2) 인지적 재구성의 절차

인지치료에서는 내담자들을 치료하기 위해서 다음과 같은 인지적 재구성의 절차를 따른다.

(1) 1단계: 자동적 사고를 찾아내기

벡은 내담자가 정서적으로 혼란되어 있을 때 내담자의 의식의 표층에 있는 '자동적 사고'를 먼저 찾아낸다. 내담자의 자동적 사고의 내용을 추적하다 보면 끝내는 그의 핵심신념이 발견된다. 내담자의 핵심신념은 어린 시절부터 부모와 환경을 통해 일관성 있게 주입된 가치관으로서 '나는 쓸모없는 사람이고, 무능한 존재다.'라는 인식이다. 이것을 '인지도식(schema)'이라고 한다.

(2) 2단계: 인지적 오류를 확인하기

벡은 내담자의 신념 중에서 ① 재앙적 사고(확대 해석), ② 자기와 관련 짓기, ③ 지레 짐작하기, ④ 흑백논리(이분법적 사고), ⑤ 당위적 사고(강박적 의무감)의 왜곡된 신념을 찾아내도록 촉구한다.

(3) 3단계: 부정적인 자동적 사고를 타당하고 유연한 사고로 대체하기

벡은 내담자의 생각을 바로잡기 위해서 앞의 ①, ②, ③, ④, ⑤의 신념에 대하여 치료자가 질문을 하고 내담자가 그에 대하여 올바른 답을 적어보도록 안내한다. 그래서 그의 신념을 변화시키도록 한다.

〈표 5-1〉 **인지적 재구성을 위한 일지 쓰기**

상황/촉발요인	자동적 사고	감정(정서)	인지적 오류 찾아내기	대안적 해석을 만들어 보기
예: 처음 데이트 신청한 여성 앞에서 나는 얼굴이 붉어질 것 같다.	그 여성이 나를 '쑥맥'이라고 생각할 것이다. 그건 끔찍하다.	불안, 공포 (주관적 불안지수 80%)	재앙적 사고 (확대 해석)	처음 데이트 신청한 여성 앞에서 내 얼굴이 빨개지는 것은 내가 쑥맥이기 때문이 아니다. 그건 내가 공부에 전념해서 여성과 사귈 기회가 적었다는 뜻이다. 다음부터 나는 잠시 심호흡을 하고 나서 차분하게 대화를 이끌어 갈 수 있다고 생각한다. (주관적 불안지수 30%)

REBT와 CT는 역기능적인 사고의 과정에 대한 설명과 그런 사고의 해체 방법 및 치료과정에 대하여 많은 부분에서 유사하다.

2. 수용전념치료(ACT)

수용전념치료(Acceptance Commitment Therapy: ACT)는 인지행동치료

(CBT)의 제3의 동향으로서 헤이스(Steven Hayes)에 의해 창안되었다.

ACT에서는 모든 인간에게 있어 심리적인 고통은 보편적인 현상으로 보고 있다. 그러므로 무조건적으로 자기와 타인과 세상의 현상을 수용하고 용서하라고 한다. 그리고 인간의 실존적 불안을 외면하지 말고 '존재할 용기'를 가지라고 한다(문현미, 민병배 역 2010; 인경스님, 김수인 역 2011).

ACT의 기본개념은 다음과 같다.

(1) 인간의 마음은 '관계구성의 틀'로써 자기와 세상을 개념화한다

인간은 언어(상징)를 사용하여 어떤 사건에 대하여 연상하고, 추론하며, 비교하고 평가(판단)한다. 인간이 이처럼 사물 간의 연관성을 찾아 개념화하고, 언어적인 방법으로 문제를 해결하려 하는 것을 관계구성의 틀(relational frame)을 가지고 있다고 말한다. 그래서 ACT는 관계구성틀의 이론(Relational Frame Theory: RFT)이라고 한다.

가령 정 선생은 '코스모스'라는 말을 듣고 슬퍼진다. 지금은 고인이 된 친구 민○○와 함께 코스모스가 핀 들판을 거닐었던 장면이 떠오르기 때문이다. 이처럼 언어는 A와 B 사이에 상호 관련성을 찾아 연결시키고 유목화(類目化)한다.

관계구성틀의 이론은 REBT에서의 ABC 모형과 유사하다.

(2) '사고의 억제'와 '경험의 회피' 책략은 심리적 문제에 오히려 역효과를 낳는다

4장에서 언급한 기현성 씨가 앞으로는 '거짓말을 하지 말자.'라고 수십 번 다짐을 하는데 이상하게도 '거짓말을 하지 말자.'라는 생각, 즉 '사고의 억제'와 거짓말을 하지 않으려고 하는 것, 즉 '경험의 회피' 전략이 오히려 역효과를 가져온다. 이것은 '○○하지 말자.'는 말 속에 이미 ○○가 포함되어 있으므로 ○○(거짓말)에 대한 강박적인 사고를 유발시키기 때문이다. 이것은 대뇌의 거울신경의 각인 효과로서 풀이될 수 있다.

(3) '평가(판단) 기능'과 '자기개념화'로 인하여 심리적인 괴로움이 증폭된다

사업가인 남편과 의사인 아내는 두 자녀와 함께 살고 있다. 딸(고2)은 부부를 닮아서 열심히 공부한다. 온 가족이 아침부터 저녁까지 꽉 짜여진 일정을 정신없이 채워나가면서 알차게 살고 있는데, 유독 아들(중2)은 공부에 대한 욕심도 없고 느긋하며 빈둥거리고 놀기를 좋아한다. 이들 부부는 아들이 자기 가정의 명예에 먹칠을 하는 불효자라고 생각하고 구박이 심하다. 그들은 느리고 욕심이 없는 것은 사회의 낙오자가 되기 십상인 나쁜 성격이라고 보고 있다. 또 아들이 학교성적이 별로인 것은 불효하는 것이라고 생각한다.

그러한 판단이 이들 가정의 행복과 원만한 부자관계에 도움이 될까? 양순하고 낙천적인 아들은 똑똑한 어머니, 아버지가 밤낮으로 닦달하여 주눅이 들어 있다. 아들은 중상위권의 성적임에도 불구하고, 학습의욕을 잃고 자기는 틀려먹은 존재라는 의식이 강하다. 무기력한 아들을 보고 부부는 더욱 화를 내고 속이 상한다.

그러나 엄밀하게 따져보자. 천성이 느리고 욕심이 없는 것은 아들의 죄인가? 그것은 나쁜 것인가? 그런 자녀를 미워하고 다그치는 것이 그들의 마음을 편안하게 해주며 아들에게 자존감과 삶의 의욕을 심어주는 것인가? ACT에서는 그러한 평가가 심리적인 고통을 증폭시킨다고 보고 있다.

또 그들의 견해가 절대자(신)의 생각과 합치되는, 올바른 생각이라고 볼 수 있을까? 성경에서는 우리의 인간적인 판단에는 오류가 있다고 말하고 있다.

> 내(신의) 생각은 네 생각과 다르고…… (이사야 55:8)
>
> 스스로 지혜롭게 여기지 말지어다. (잠언 3:7)

이러한 견해는 다음과 같이 노자(老子)의 『도덕경(道德經)』에도 잘 나타나 있다(이민수 역해, 1998).

> 천하의 사람들이 모두 아름다운 것을 아름답다고 알지만, 이는 추악한 것이 있기 때문이다. 모두 착한 것을 착하다고 알지만 이는 착하지 않은 것이 있기 때문이다. (제2장)

> 화(禍)에는 복이 기대어 있고, 복 속에는 화가 숨어 있다.
> 누가 그 극치를 알겠는가? (제58장)

그러므로 무사태평인 성격의 아들을 보고 부모의 기준으로 그것이 나쁘다고 판단하고 아들을 야단치고 화를 내는 것은 그릇된 것이다. 절대자(하나님)의 뜻이 무엇인지를 헤아릴 필요가 있다. 절대자는 이 세상이 각양각색의 사람과 동식물이 조화롭게 어울려 살도록 창조하였다. 각자는 자기 나름대로의 타고난 특성이 있고, 그것을 꽃피우며 행복하게 살 권리가 있다. 그러니까 엄밀하게 따져보자면 아들이 오히려 이들 부부의 그릇된 관념으로 인한 정서적 피해자요, 희생양이라고 볼 수 있다.

또 다른 예를 들어보자.

오래전에 실직하여 주로 집안에서만 시간을 보내는 문 씨에게 밤낮으로 잔소리하는 아내(선행사건)와 그에 따른 불쾌감(결과)에 대해서 문 씨는 '도저히 견딜 수 없다.'고 생각하며 자신은 '인생의 실패자로서 불쌍한 인간'이라고 믿는다. 그래서 날마다 괴로움 속에 산다. 그러나 엄밀하게 따져 보자면 '나 = 실패자'라는 말은 옳지 않다. 자기를 오로지 '실패한 사람'이라는 생각의 렌즈로 바라보기 때문에 그것이 사실처럼 보이는 것이다.

ACT에서 평가 기능과 자기개념화의 오류 때문에 심리적인 고통이 유발된다는 사상은 REBT와도 일치한다.

(4) 심리적인 고통에서 벗어나려면 인지적 융합에서 탈피하는 것, 즉 '탈융합'을 해야 한다

인간은 생각과 감정 속에 빠져 반추(反芻, rumination)하는 경향이 있고, 그 생각과 감정이 곧 자기라고 생각한다. 이것을 인지적 융합(cognitive fusion)이라고 한다.

인지적인 융합에서 벗어나려면 자기가 느끼는 어떤 감정이나 생각이 곧 자신과 동일한 것이 아니라는 사실을 깨달아야 한다. 이것이 탈융합이다. 탈융합(defusion)은 자기 생각의 안경(렌즈)을 통해서 사물을 보는 것(observe through the thought)을 지양하고, 다만 자기의 생각 자체만을 있는 그대로 보는 것이다(observe the thought). 그래서 앞의 사례에서 문 씨는 '나에게는 내가 인생의 실패자라는 생각이 있다.'라고 말하는 것이 필요하다. 그리고 그 생각을 단순히 하나의 지나가는 소리처럼 인식하는 것이다.

저자의 책 『REBT와 인지이론의 실제: 생각 바꾸기 훈련 사례』(홍경자, 2020)의 10장에 나오는 Tom의 예를 들어 보자.

그는 한국 여성과 결혼하여 살고 있고, 영어 학원을 운영하고 있다. 한국 사람들은 도무지 예의가 없고 자기에게 무례한 행동을 하기 때문에 그는 몹시 불쾌하게 여기며 화가 난다. 처갓집에서 식사시간이면 그의 장모는 Tom의 의사를 물어보는 법이 없다. 장모는 무조건 "이걸 먹어요(Eat it)."라고 계속해서 명령한다. 비린내 나는 생선이 싫거나 배가 고프지 않기 때문에 음식을 사양하는 Tom의 마음을 알아주지 않고 음식을 강요하는 장모는 그의 인격을 무시하는 것으로 보이는 것이다.

또 약속시간을 번번이 지키지 않아서 그에게 시간적으로 많은 손해를 안겨주는 학생들에게 Tom이 그 점을 지적하면 한국인들은 "죄송합니다(I am sorry)."라는 말도 하지 않고 오히려 피식 웃고 있다. 그렇다면 불쾌하다고 화를 내는 자기가 인격적으로 부족한 사람으로 비춰진다는 의미일까? 그래서 Tom은 더욱 화가 난다.

서양에서는 자기가 상대방에게 피해를 주었을 때는 "죄송합니다(I am sorry)."라고 진지한 표정으로 (웃지 않고) 말하는 것이 예의다. 이런 오해는 문화의 차이에서 비롯된 것이다. 다시 말해서 Tom은 서양의 관습이라는 렌즈를 통해서 한국인들의 행동을 바라보기 때문에 한국인들을 매우 무례하다고 평가하고 불쾌하게 느끼는 것이다. '장모는 나더러 자꾸만 먹으라고 말씀하시는구나.' '아, 한국 학생들은 진지하게 "죄송합니다."라고 말을 할 줄 모르는구나. 왜 그런지 이해가 되지 않는데 그에 대해서 좀 더 알아봐야겠다.' Tom이 이렇게 사실대로만 지각하면 자신이 느끼는 불쾌한 감정과 분노와 부정적인 자아개념은 사라지게 될 것이다.

Tom은 비좁은 인도에서 행인과 마주칠 때도 분노 감정이 일어난다. 서양에서는 개인의 사적인 공간을 침범하는 것을 커다란 위협으로 지각한다. 길거리에서 낯선 자가 자기의 코 앞까지 다가오고 또 자기의 어깨를 툭 치고 간다면, 그는 틀림없이 자신에게 위해를 가하는 불한당(깡패)이라고 보아 마땅하다. 그래서 Tom은 길거리에서 한국 남성이 그런 행동을 했을 때 바짝 긴장하고 화가 나는 것이다. Tom 역시 정당방위로 그에게 한 방 날리려고 하는 시점에 한국 남성은 무표정하게 다만 그의 어깨를 툭 치고 지나갈 뿐이다. 어처구니없는 행동이지만, 아무튼 무뢰한은 아니다. 그렇다면 당연히 "죄송합니다."라고 사과해야 한다. 이것이 그의 고정관념이다. Tom은 다행히 지금은 서양식의 관습으로 한국인의 행동을 평가하지 않게 되었다. 그래서 장모의 음식 강요는 그를 무시하는 행위가 아니라, 한국식 사랑의 표현이라는 것을 이해하였고 장모의 언행에 대하여 불쾌감을 느끼지 않게 되었다.

〈 우리는 왜 안 통할까? 〉

내가 맛있게 요리해 줘야지!
가을에 전어구이, 갈치찌개 참 맛있을 거야.

Tom! 어서 먹어요.
어서 먹으라니까 어서요!
고맙습니다만 사양할게요!

왜, 내 말을 안 듣지? 내 마음을 몰라주는 거야? 날 무시하는 거야!
왜, 나한테 명령하지? 내 의견을 묵살하네! 날 무시하는 거야!

창수 씨!
약속시간을 번번이
어기네요.

창수 씨!
그래서 내가
할 일을 못하고
시간상 손해가 커요!
창수 씨는 내게 사과를 하지 않네.
그리고 내가 화가 난 것을 창수 씨가 보고 웃고 있어?
날 놀리는 거야. 내가 화를 내는 게 뭐가
잘못되었다는 거지? 그러니까 정말 화가 더 나네.

왜?
Tom은 왜 더 크게 화를 낼까?
난 미안하니까 Tom의 기분을 맞추려고
웃고 있었는데…… 이상해……

(5) 모든 생각을 중단하고, 심리적인 고통과의 싸움 자체를 내려놓을 때 심리적으로 자유로울 수 있다

ACT에서는 불교에서 말하는 '무념무상(無念無想)'을 실천하라고 강조한다. 고통을 내려놓는다는 것은 무리하게 애쓰는 행위, 즉 인위적인 노력을 그만둔다는 말인데, 동양의 '무위(無爲)'와 같은 의미다. 그러니까 우리는 고통을 수용하고, 기꺼이 고통 속으로 뛰어드는 도전을 하는 것이다. 이것은 고통에 대한 새로운 반응 양식으로서 이것을 '창조적 절망'이라고 한다. 예컨대, 위험한 난간을 걸어갈 때 난간을 피하려고 할수록 더 많은 두려움을 경험하는 것으로 나타났다. 그러니까 난간이 위험하다는 것을 수용하라는 것이다.

김용태(2014)는 ACT의 이론을 기독교적인 관점에서 논의하였다. 인간은 평가를 받게 되면 자신의 부끄러움(수치심)이 드러나서 고통을 당하게 되는데, 부끄러움을 회피하지 않고 있는 그대로 수용할 때 마음에 평안이 온다고 하였다. 그리고 이것이 영적인 자존감의 회복이라고 하였다.

왜 ACT에서는 고통을 탈피하기 위한 노력을 내려놓고, 오히려 그것을 수용하라고 강조하는가? 그의 대한 원리를 저자 나름대로 설명하자면 다음과 같다. 생각과 감정은 우리의 눈에 보이지는 않지만, 여느 '물건'과 똑같은 에너지 덩어리다. 그래서 양자물리학자들은 "생각은 물건이다(Thoughts are things)."라고 말한다. 아이슈타인은 만물은 에너지이며, 분노 역시 어린 아이처럼 달래주어야 하는 에너지 덩어리라고 말하였다. 다음 문장이 이 이론을 잘 대변해 준다.

> "이 생각, 저 생각으로 머리가 무겁다."

인간의 생각은 에너지이므로 [그림 5-1]과 같은 파장의 특성이 있다.

① 생각은 피어오르고 시리지며 파도처럼 흘러간다.
생각과 감정은 그냥 내버려 두면 마음 밖으로 퍼져 나간다.

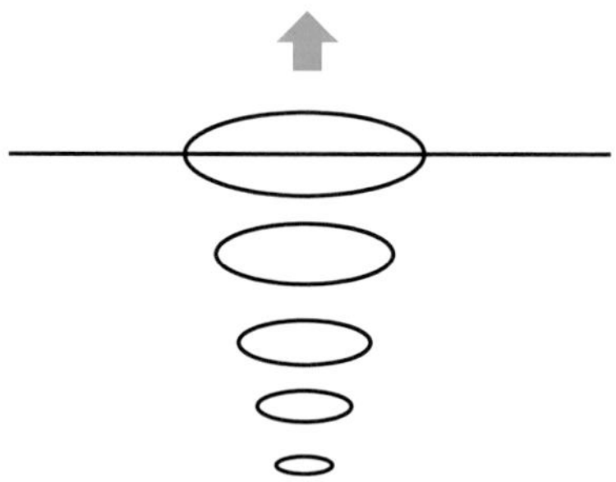

② 생각은 짓누르면 마음속에 갇혀 부글부글 끓는다.

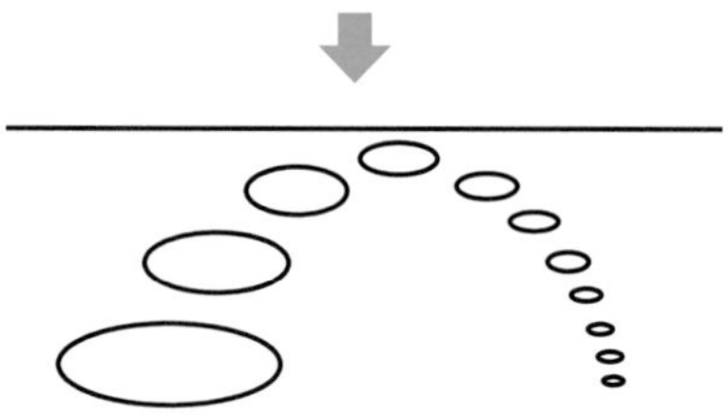

③ 생각의 파도에 보조를 맞추어 주면 생각은 저절로 사라진다.

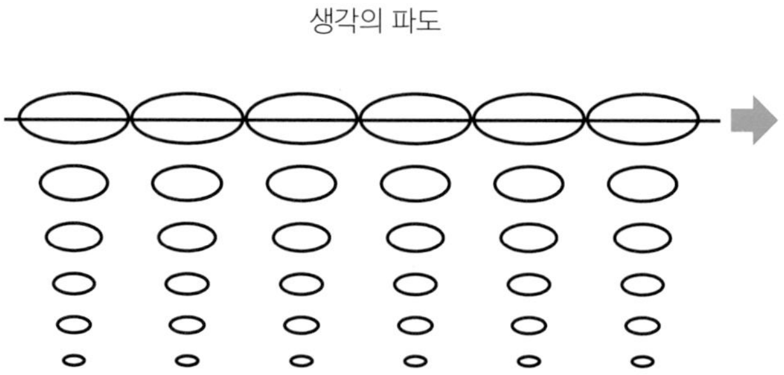

[그림 5-1] 생각에너지 파장의 특성

출처: 홍경자(2016), pp. 233-234.

어떤 생각(에너지)을 짓누르면 그 생각이 마음속에 갇혀 부글부글 끓으면서 사라지지 않고 우리를 괴롭힌다. 그러므로 그 생각을 억누르려 하거나 억지로 이 방향 저 방향으로 돌리려고 노력하는 것, 즉 인위적인 노력을 하는 것은 오히려 역효과를 낳는다. 차라리 그 생각이 자체의 리듬대로 흘러가 사라지도록 허용하고 기다려 주는 것이 더 효율적이다. 그래서 생각이 일어나고 사라지는 현상을 거리를 두고 바라보라고 하는 것이다.

헤이스는 자기의 고정관념과 언어의 해로운 힘을 약화시키기 위해서 여러 가지의 탈융합 기법을 소개하고 있는데, 이는 다음과 같다.

① 자신의 생각과 감정을 (에너지 덩어리이므로) 대상화하여 물체로 표현해 보라.
 –자기의 생각을 찰흙으로 또는 그림으로 표현해 보고, 또 감정에 이름표를 붙여본다.

② 어떤 사물(예: 낙엽)에 대한 묘사를 할 때 평가적인 용어를 자제하고, 다만 객관적으로 기술하라.
 –날 행복하게 했던 낙엽은 곧 쓸쓸하게 떠나가겠지. 낙엽은 화려하고 아름답다. 그것이 내 마음을 슬프게 한다. (평가)
 –낙엽은 빨갛고 노랗고 메말랐다. 바람에 날려 곧 떠나가겠지. (기술)

③ 자기의 생각과 감정을 초연하게 거리를 두고 떠내려 보내라.
 –자신이 되씹고 있는 생각이나 감정을 단풍잎에 적어서 흘러가는 강물에 띄운다고 상상한다. 그리고 그것이 떠내려가서 사라지는 모습을 계속 상상한다.
 –내 마음은 창공이고 내 생각과 감정은 구름이라고 간주하고, 내 생각과 감정이 구름처럼 떠올랐다가 사라진다고 상상한다.

④ 당신이 기차 여행을 한다고 상상하라. 당신은 무거운 여행 가방을 짐칸에 놓아두었다. 그 여행 가방 안에는 당신을 괴롭히는 생각, 감정, 신체

감각 등이 들어 있다. 종착역에 도착해서 당신은 짐스러운 여행 가방을 다시 찾아 들고 나갈 것인가? 아니면 그대로 놓아두고 홀가분하게 내릴 것인가?

⑤ 당신이 버스 기사라고 상상해 보자. 버스 안에 괴한이 올라타더니 그는 자기가 원하는 방향으로 버스를 몰고 가라고 당신을 협박한다. 당신은 괴한의 말에 복종하여 자기의 길을 이탈할 것인가? 아니면 당신이 버스의 주체자이니까 당신의 노선을 계속 달리거나 괴한을 강제 하차시킬 것인가? 여기서 괴한은 당신을 괴롭히는 어떤 생각과 감정이다.

⑥ 가령 '나는 인기가 없어.'라는 생각이 많다면 그 말을 아무런 생각 없이 빠르게 소리 내어 보거나 천천히 소리 내어 반복한다.

⑦ '나는 인기가 없어.'와 같이 자신을 괴롭히는 어떤 말을 카드에 적어 주머니 속에 넣고 다니거나 고통 일지를 적는다. 이것은 REBT의 기법과 유사하다.

⑧ 노래를 유머러스하게 개사하여 부른다.

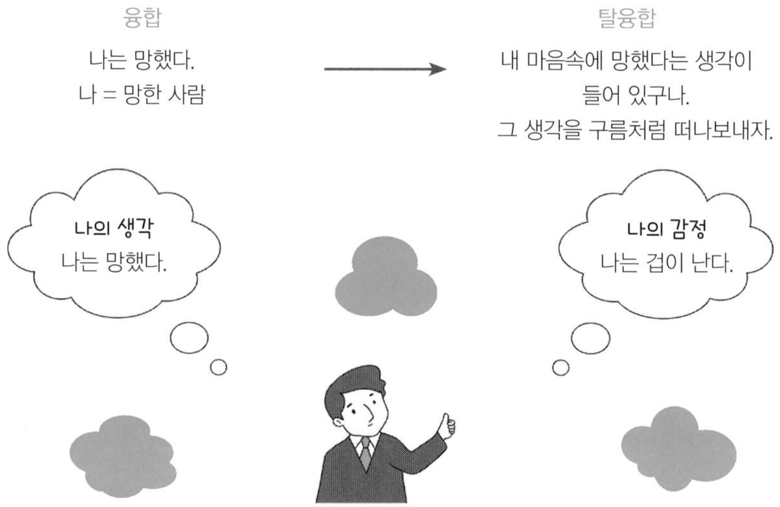

[그림 5-2] 초연하게 거리 두고 바라보기(탈융합)

(6) 관찰하는 자기가 되라

'관찰하는 자기'란 고통 속에 빠져 있는 (고통과 하나 되어 있는) 자기를 마치 제3자의 위치에서 바라보듯이 객관적인 관찰자가 되어 바라보는 것이다.

어떤 사건이 전개될 때 그 사건을 바라본 사람은 누구인가? 가령 당신이 지금 전화를 하고 있다고 하자. 그런데 당신 뒤에서 그 장면을 바라보고 있는 또 하나의 당신이 존재한다. 이것이 관찰자로서의 자기(self)다. 관찰하는 자기는 언어적인 지식을 구사하는 그 경험의 한복판에 존재하면서도 언어를 떠난 조용한 영혼으로서, 물질(사물)이 아닌 존재, 곧 무아(無我)로서 존재한다. 그리고 그것은 당신이 가는 곳이면 어디든지 따라다니기에 경험적으로 시간과 공간을 뛰어넘는 감각이다. 이런 현존(現存)을 초월적인 자기(transcendental self), 영적 자기(spiritul self), 무아로서의 자기(nonbeing self) 또는 맥락으로서의 자기(contextual self)라고 한다.

가령 당신은 지금 가정이 파탄된 지경에 이르렀다고 하자. 당신 성격과 아내의 성격, 환경적인 여러 조건이 복합적으로 작용해서 이런 상황에 이르렀을 것이다. 그러나 고통 중에 있는 당신의 입장부터 성찰해 보자. 당신의 조급하고 욱한 기질, 불만과 좌절감, 이루지 못한 꿈과 이상 등은 어쩌면 당신의 조부모와 부모가 겪어 온 것들이었고, 그것이 당신의 DNA에 각인되어 당신의 성격으로 나타났을지도 모른다. 그리고 지금의 처지는 어쩌면 신(우주)이 당신에게 보내는 메시지일 수도 있다. 부부 갈등의 고통을 통하여 참된 행복이란 어떤 것이며 참된 자기는 누구인가를 발견하라는 의미일 것이다. 그러니까 이런 갈등과 괴로움은 지구가 진화하듯이 당신의 지성도 진화하는 과정 중에 필연적으로 거쳐야 하는 통과의례라고 볼 수 있다.

과거와 현재와 미래의 연속선상에 위치한 이 자리에 '나'라는 영혼이 한 점 찍고 서 있다는 것을 통시적(通時的)으로 이해하며, 또 나는 우주공간에 떠서 지구 위에 서 있는 나를 바라보는 것이 '초월적인 자기, 무아로서의 자기'라고 볼 수 있다.

이것을 바둑에 비유해 보자. 당신은 바둑판이다. 당신 생각과 감정은 바둑알이다. 검은 바둑알과 흰색 바둑알이 바둑판 위에서 서로 싸우고 있는 것을 바둑판인 당신은 어느 편도 들지 않고 담담하게 바라보고 있다. 당신은 자기에게 일어나고 있는 현상을 어느 한 가지 생각에 치우치지 않고 모든 상황을 총체적으로 바라보며 관찰하는 장소에 존재한다. 이것이 맥락으로서의 자기, 관찰하는 자기다.

그리고 관찰하는 자기가 될 때 마음챙김이 일어난다. 마음챙김(mindfulness)이란 어떤 사건을 경험할 때 융합되지 않고, 집착하지 않고, 판단하지 않고, 있는 그대로의 경험을 알아차리는 것이다. 그러니까 ACT에서는 '바라봄'이라고 하는 비언어적인 방법으로 자기 발견과 문제해결의 지향점을 찾는 것이다.

ACT에서 강조하는 총체적 관점은 우리의 마음이 우주가 되라고 하는 것과 같다. 그리고 그것은 게슈탈트 치료이론과 일맥상통한다. 자기(自己)는 주어진 환경의 장(場)이라는 맥락 속에서 어떤 대상이나 경험과 자연스럽게 접촉하고 철수하는 과정을 거친다. 그래서 어떤 욕구가 일어나면 그것이 전경(前景)이 되고, 그 욕구가 충족되면 배경(背景)으로 사라진다. 따라서 게슈탈트 치료에서는 지금-여기에서 자기에게 일어나고 있는 현상에 주의를 집중(알

(가)

(나)

[그림 5-3] 게슈탈트로 보기

아치림)하고 자기(유기체)가 절실히 필요로 하는 게슈탈트(욕구충족)를 완성하라고 한다(김정규, 김영주, 심정아 역, 2008; 노안영, 2013).

[그림 5-3]의 (가)를 보고 어떤 이는 토끼를, 어떤 이는 오리를 연상한다. (나)에서 어떤 이는 Love를, 어떤 이는 Hate를 본다. 이처럼 사람들은 자신이 형성한 세계관에 따라 동일한 물체를 보면서 달리 해석한다. 그러나 (가)는 사각형 테두리의 회색 공간에 토끼로 보이기도 하고 오리로 보이기도 하는 도형이 있다고 볼 때, 맥락적인 이해로써 게슈탈트를 제대로 보는 것이다.

(7) 가장 중요하게 여기는 삶의 가치를 선택하고 거기에 전념한다

사람들은 생각의 늪에 빠져 있다. 그래서 정작 자기가 소중하게 여기는 삶의 좌표나 가치를 향하여 전심(全心)으로 살지 못하는 경우가 허다하다. 이제부터 당신은 온갖 사념(思念)에서 빠져나와 당신의 최우선적인 삶의 방향으로 전념할 필요가 있다.

당신이 이혼을 당하여 몹시 상심해 있다고 하자. 그렇더라도 그런 상태에서 당신은 이 순간 가장 중요한 일에 전념함으로써 이 시간만은 생생하고 활력이 넘치는 삶을 살 수 있다.

미국의 링컨 대통령 이야기는 유명하다. 인물이 초라한 그는 초등학교 졸업의 학벌뿐이다. 그가 변호사였던 시절에, 다른 똑똑한 변호사였던 스탠튼(Stanton)은 링컨과 함께 일하기를 거부하며 링컨을 보고 "바보, 천치"라고 손가락질 하였다. 그러나 링컨은 대통령이 되었을 때 스탠튼을 국방장관에 임명하였다. 측근들이 "당신을 멸시한 그를 왜 장관에 임명합니까?"라고 질문하자 링컨 대통령은 미소 띤 얼굴로 "스탠튼이 나를 바보, 천치라고 말했다면 아마 나는 바보, 천치일 겁니다. 그 사람의 말은 대개 맞거든요."라고 대꾸했다. 그리고 이렇게 덧붙였다. "내가 그에게 무시당해도 좋습니다. 우리나라의 국방 업무는 아주 중요하니까 국방 업무는 제일 실력 있는 그에게 맡겨야 합니다. 게다가 정치가는 모든 사람을 내 편으로 만들어야 합니다."

이제 우리나라 국민이 가장 존경하는 이순신 장군에 대해서 살펴보자. 그는 32세(당시 그 나이는 할아버지의 나이임)에 무과에 급제하여 권관(군사 지휘자)이 되었다. 1583년 여진족이 함경도를 침범하자 그는 권관으로 전투에 임했으나 경쟁자의 모함으로 지위를 박탈당하였다. 그러나 그는 그런 것에 개의치 않고 평민의 몸으로 전쟁터에 나갔다. 이것을 백의종군(白衣從軍)이라 한다. 그는 1592년에 거북선을 완성하고 그 이듬해에 삼도(三道: 충청도, 전라도, 경상도)의 통제사가 되었다. 그런데 1597년 원군이 그를 모함하여 관직을 박탈당하였다. 이순신 장군은 그럼에도 불구하고 또다시 백의종군하여 나라를 지켰다. 그는 유명한 명량대첩에서 13척의 배로 300척의 일본 병선(兵船)을 무찔렀다. 23전 23승이라는 세계 해전(海戰) 역사상 유례가 없는 승리로 우리나라를 지키고 그 이듬해(1598년, 54세)에 전사하였다.

이순신 장군이나 링컨 대통령은 억울함과 푸대접에 아랑곳하지 않았고 현재의 순간에 가장 중요시하는 자기 삶의 가치를 선택하여 그 일에 전념하였다. 그것이 사명감이다. ACT에서 지금 당장 자기가 중요시하는 일에 전념하라는 사상은 REBT에서 불안한 내담자에게 불안해하는 대신에 현재의 삶에 몰두하라고 하며, 실행적 탈감법의 과제를 부과하는 것과 유사한 개념이다.

3. 마음챙김에 근거한 스트레스감소훈련(MBSR)

마음챙김 명상은 카밧-진(Jon kabat-zinn)이 불교의 지관(止觀) 명상 기법을 스트레스 대처법으로 적용함으로써 알려졌다. 마음챙김에 근거한 스트레스 감소훈련(Mindfulness Based Stress Reduction: MBSR)은 ACT의 중추적인 치료기법으로 되어 있다.

카밧-진에 의하면 우울증이나 불안장애 환자는 강한 비합리적 신념을 가지고 있다. 그들은 불안 유발 상황에 접하면 자동적으로 부정적인 사고와 슬픈 감정 속으로 빠져든다. 이것을 '자동적 조종(automatic pilot)' 상태라 한다. 그러나 마음챙김의 방법을 터득하여 이제부터는 자기 안에서 일어나는 일체의 상념을 내려놓고 오직 현재에 머무는 연습을 하게 되면, 어떤 생각과 감정에 휩쓸리지 않고 다만 담담하고 평안한 마음 상태에 놓이게 된다(이우경, 이미옥 역, 2018; 이우경, 조선미, 황태연 역, 2006; 인경스님, 김수인 역, 2011; 장현갑 외, 2005; 한소영 역, 2014).

마음챙김은 산스크리트어로 사티(sati), 삭쉬(sokski) 등이라 하며, '알아차림, 마음 지킴, 매순간 판단하지 않은 채 깨어 있는 마음의 유지'라고 풀이된다. 그것은 불교의 전통수련법인 참선(參禪 또는 禪) 내지 위빠시나(vipassama), 곧 통찰명상의 대표적인 수행 방법이다.

마음챙김은 "나는 지금 이것을 느끼고(생각하고, 기억하고) 있다."라고, 있는 그대로 진술하는 것이다. 자기가 가지고 있는 생각을 굳이 변화시키려 하지 않은 채 오직 그 생각을 알아차리면, 지금 현재의 경험에 접촉하게 된다. 그리하여 명상하고 있는 인간으로서의 자기와 명상의 대상과 명상의 과정 자체인 앎 또는 존재(being)와 하나가 되는 것을 체험하는 것이다. 다시 말해서 언어 이전의 의식인 '참나(無我)'를 깨닫게 하는 수행이다.

카밧-진은 매사추세츠 대학병원에서 불안증, 강박증, 우울증 등을 앓고 있는 환자들을 대상으로 8주간에 걸쳐(주 1회 약 3시간씩) 마음챙김에 근거한 스트레스 감소훈련(MBSR)을 실시하여 매우 긍정적인 효과를 거두었다. 훈련 후에 환자들의 스트레스가 감소하였을 뿐만 아니라 두뇌의 해마 밀도가 증가하고 편도체의 밀도가 감소된 것으로 나타났다. 이것은 기억력이 향상되고 부정적 감정이 줄어든 것으로 풀이될 수 있다. 매 회기는 스트레스와 마음챙김 등에 대한 강의와 명상훈련 및 숙제 부과와 숙제 보고하기의 내용으로 진행되었다. 그 내용은 대략 다음과 같다.

① 먹기(건포도) 명상, 호흡 명상, 걷기 명상, 차 명상, 침묵 명상

② 신체감각 알아차리기(body scan), 소리 알아차리기, 몸(호흡)-생각-감정 알아차리기, 몸에서 감정 찾기
③ 스트레스의 요인과 교감신경 및 부교감신경과의 관계, 자동적(반사적) 사고와 마음챙김의 차이
④ 마음챙김(알아차림), 감정 수용하기
⑤ 의사소통과 마음챙김
⑥ 자기 돌보기, 시와 노래, 자기에게 편지 쓰기

최근에는 마음챙김과 자기연민을 결합한 프로그램(Mindful Self-Compassion Workbook) 등이 소개되고 있다(Neff & Germer, 2018).

상담과 심리치료에 마음챙김의 명상을 활용하게 되면 내담자가 내적인 경험을 관찰하고 확인할 수 있게 된다. 그래서 자기 감정과 자신을 동일시(융합)하는 현상이 깨트려지게 되어 심리적으로 자유로워질 수 있다.

그러나 명상은 자아강도가 약한(취약한) 내담자에게는 오히려 심리적인 성숙을 저해할 수 있고, 삶의 고통을 회피하는 수단으로 사용될 소지가 있다. 그리고 비현실적인 환상이나 감각 체험을 마치 의식의 확장인 것처럼 오해할 소지가 있다.

상담자 역시 깨어있는(알아차림의) 상태로 상담에 임하게 되면, 상담의 과정 중에 경험하는 자신의 생각과 감정을 확실하게 인식할 수 있어서 역전이의 부작용을 떨칠 수 있다고 하겠다(박태수, 2010).

명상 수련은 규칙적으로 ① 호흡 명상, ② 정좌 명상, ③ 신체 감각 알아차림(body scan)을 하는 것이다. 그리고 일상생활 중에 자비/용서 명상, 걷기 명상, 먹기(건포도 등) 명상, 차(茶) 명상, 설거지 명상, 만트라(mantra) 명상 등의 수행을 수시로 할 수 있다. 이러한 명상수행으로써 '느리게 살기'의 습관이 체득되면 평온한 마음 상태를 유지하기가 용이해진다. 그리고 나뭇잎 하나에 대해서도 명상을 하게 되면 평소에 아무런 감동도 느껴보지 못했던 사소

한 것들 하나하나가 모두 우리 인간을 위해서 기쁨을 선사하고 있는 경이로운 것들임을 새삼스럽게 발견하게 된다. 그것은 감사하는 마음을 불러일으켜 미미한 것들을 보고 행복감을 향유하게 해준다. 따라서 마음챙김은 감사하는 태도를 길러준다.

기독교 신자라면 다음과 같은 성경 구절이 연상될 것이다.

> 항상 기뻐하라, 쉬지 말고 기도하라, 범사에 감사하라, 이는 그리스도 예수 안에서 너희를 향하신 하나님의 뜻이니라. (데살로니가 전서 5:16-18)

> 주 안에서 기뻐하라. 내가 다시 말하노니 기뻐하라. 너희 관용은 모든 사람이 알게 하라. 주께서 가까우시니라. 아무것도 염려하지 말고, 오직 모든 일에 기도와 간구로 너희 구할 것을 감사함으로 하나님께 아뢰라, 그리하면 모든 지각에 뛰어난 하나님의 평강이 그리스도 예수 안에서 너희 마음과 생각을 지키시리라. (빌립보서 4:4-6)

여기에 박노동(2007, p. 149)의 수필을 잠깐 소개한다.

〈역설〉

나는 기분 좋다. 이 세상이 모두 나를 위해 존재한다는 것을 확인할 수 있기 때문이다. 모두들 나를 위해 사는 것이다. 아침 세수를 하고자 수도꼭지를 틀면 물이 콸콸 흘러나온다. 부엌에는 음식을 벌써 준비해 놓고 나를 기다린다. 길거리에는 택시와 버스가 서로 타라며 나를 모신다. 학교에서는 나를 가르치기 위하여 여러 선생님들이 아침부터 열심히 출근하여 기다리고 있다. 그 많은 가지가지 교과서들은 고명한 학자들께서 지었다. 바로 나를 위하여 지은 것들이다. 나는 그들의 지존한 숭배 대상이다.

나는 행복하다. 이 세상이 모두 나를 위해 존재한다는 것이 확실하다. 모두

들 나를 위해 사는 것이다. 그 멋지고 위대한 비행기를 보자. 날 일등석에 모시고 싶어 한다. 맛있는 요리로 하늘의 식욕을 불러 모신다. 내가 사는 아파트는 어떠한가? 수많은 설계사들과 건축 기술자들이 몇 년에 걸쳐 고생하여 지은 것이다. 바로 거기에 내가 산다.

점심 때, 식당가엘 가면 서로 모시겠다고 각축전이 벌어진다. 오히려 미안할 지경이다. 난 비싼 고급 음식은 자주 먹지 않지만, 고급 음식점일수록 더욱 모시고 싶어 한다. 내가 들어서면, 사람들이 부산하게 요리를 시작한다. 내가 들어서기 전에는 꼼짝 않던 사람들이 말이다. 생각해 보자. 그 요리의 재료들은 저 시골에서 농부들이 나를 위하여 수고한 농산물들이 아닌가! 그것들을 또 누군가 여기까지 실어 배달하여 왔다. 다 나를 위해 다들 수고한 것이다! 나는 기분 좋다.

도대체 왜?

매월 17일이면 봉급을 통장에 꼬박꼬박 넣어주는 것도 기분 좋다. 왜 다들 그렇게 하는가? 그들은 내가 필요한 것이다. 내게 헌신하고 숭배하고 싶은 것이다.

그런데 나는 나를 위해 하는 것이 아니고, 다른 누구를 위해 살고 마는 것이다.

4. 심리도식치료이론

심리도식치료(Schema Therapy)는 인지행동치료(CBT), 애착이론, 게슈탈트 이론, 대상관계이론, 구성주의 및 정신분석치료의 요소를 조합한 치료 방법을 사용한 통합적 이론으로서 1990년대에 영(Young) 등에 의하여 소개되었다(권석만, 김진숙, 서수균, 주리애, 유성진, 이지영 역, 2005).

심리도식이란 자신과 세상을 바라보는 안정된 시각 내지 틀을 말한다.

비록 그 틀이 부정확하고 왜곡된 것이라 하더라도 인간은 그것을 지속적으로 유지하려는 경향이 있다. 심리도식은 긍정적 또는 부정적, 적응적 또는 부적응적일 수 있다.

초기 부적응도식은 유기, 학대, 무시, 거절 등과 관련된 아동기의 정서, 신체 감각 및 인지의 집합으로 되어 있다. 다시 말해서 그것은 자기패배적인 감정과 사고의 패턴인데, 생애 초기에 시작되어 일생 동안 반복된다.

아이가 언어를 익히기 이전의 단계에서 심리적 외상(psychological trauma)을 경험할 때 외상과 관련된 정서와 신체감각은 대뇌의 편도체에 무의식적 기억으로 저장된다. 그것은 다분히 공포의 조건형성에 해당된다. 그러므로 개인의 정서 반응은 두뇌의 정보처리(인지)과정을 거치지 않고도 일어날 수 있다. 유아가 언어로 말하고 생각하기 시작한 이후에 획득된 인지적 기억은 대뇌의 해마와 신피질 영역에 저장된다. 따라서 심리도식의 구성요소는 차후에 발달한다.

인간은 성장하면서 일상생활 중에 아주 어려서 경험했던 트라우마(심리적 외상)와 비슷한 자극을 받게 되면 자기의 심리도식과 연관된 부정적인 사고와 감정에 사로잡히게 된다. 즉, 뚜렷한 이유도 알지 못한 채 신체 감각과 감정과 생각이 외부에서 주어진 자극에 의하여 자동적으로 조종당하여(automatic pilot) 꼼짝없이 그 분위기에 휩쓸리게 된다. 그리하여 성인이 되어도 여전히 아동기의 두렵고 불안했던 느낌의 경험 속에서 생활하게 된다. 그러므로 내담자의 심리도식을 다룰 때는 의식적인 사고 기능 이전에 형성된(정서, 신체감각 및 인지의) 기억을 잘 살펴보아야 하며, 인지보다 정서에 우선순위를 두도록 한다.

아동기에는 ① 안정애착, ② 자율성-정체감, ③ 욕구와 감정 표현의 자유, ④ 자발성과 유희, ⑤ 현실적 한계 및 자기통제에 대한 기본적인 정서적 욕구가 있다. 이런 욕구가 충족되지 못할 때 부적응적인 심리도식이 형성된다. 부적응적인 심리도식은 ① 단절/거절, ② 자율성의 손상, ③ 한계점의 문제,

④ 타인 중심성, ⑤ 과잉 억제와 경계심으로 나타난다.

(1) 부적응적인 대처방식

어떤 심리도식에 대응하기 위해서, 내담자가 사용하는 부적응적 대처방식(건강하지 못한 생존방식)에는 다음의 세 가지가 있다.

① 싸우기(공격): 과잉보상(지나친 요구, 특권의식, 타인 학대, 과대한 성취)
② 도망가기(회피): 알코올, 약물, 성(sex), 비행, 불쾌한 장소와 대상의 회피
③ 얼어붙기(굴복): 학대적 대상과 사귀고 결혼, 타인에게 결정권 양도

예를 들어 보자. 단절/거절의 심리도식을 체득한 내담자가 자기는 결점이 많고 수치스러운 존재라는 핵심신념을 가지고 있다고 하자. 그는 다음과 같은 생존 방식으로 대처할 가능성이 많다.

① 공격(과잉보상): 자신을 완벽하게 보이려고 하면서, 타인을 비난하고 거절한다.
② 회피: 자기 감정과 생각을 표현하지 않고, 사람과 가까워지는 것을 회피한다.
③ 굴복: 자신을 비하하며 따뜻하고 무던한 성격의 친구보다는 냉정하고 비판적인 친구를 선택한다.

(2) 심리도식의 치료

① 치료목표

심리도식치료의 1차적 목표는 내담자가 자신의 심리도식을 확인하고 그 근원과 대처방식을 자각하도록 돕는 것이다.

심리도식치료의 2차적 목표는 내담자가 일상생활 속에서 심리도식이 촉발되더라도 그것에 휩쓸리지 않고 건강한 방식으로 반응하도록 하는 것이다. 이것은 치료자가 교육시킨다.

② 치료방법

치료방법으로는 인지적 변화를 기도하기 위해서 첫째, 칸 기법 및 심리적 대처카드를 사용한다.

칸(Column) 기법은 REBT의 ABCDE와 유사하게 기록하는 것이다.

A: 스트레스 사건 (　　　) — B: 자동적 사고 (　　　) — C: 정서적 결과 (　　　)

D: 자동적 사고와 다른 긍정적 사고 (　　　)

E: 그에 따른 효과 (　　　)

대처카드의 사용은 내담자가 건강한 관점과 건강한 행동을 할 수 있도록 다음의 빈 칸에 내용을 작성하여 문장을 완성해 보는 것이다.

① 현재 감정의 인식: 지금 나는 (　　　) 상황 때문에 (　　　)을 느낀다.

② 심리도식의 확인: 이런 경험은 나의 (　　　) 심리도식과 관련되어 있다고 생각한다. 이러한 도식은 (　　　)을 통해 학습된 것이다. 그것은 나를 (　　　) 수준까지 과장되게 생각하도록 만들었다.

③ 현실 검증: 비록 나는 (　　　)라고 믿지만 – 〈부정적 사고〉
현실은 (　　　)이다. – 〈건강한 관점〉
건강한 관점을 지지하는 증거는 구체적으로 (　　　)이다.

④ 행동 지침: 그러므로 내가 비록 (부정적 –　　　　)한 행동을 해야 할 것 같이 느낄지라도, 그 대신에 나는 (건강한 –　　　　)한 행동을 할 수 있다.

둘째, 심상 대화(imagery dialogue)를 실시한다.

심상 대화는 내담자가 ① 아동기의 분노와 슬픔을 표현하게 하고, ② 현재 자신을 괴롭히는 심상과 아동기 심상을 연결시키며, ③ 주요 인물에게 하고 싶은 말을 하도록 연습시킨다. 그리하여 내담자의 건강한 자아로서의 대화를 강화시킨다. 그리고 상담자는 내담자가 실제 생활 장면에서 행동 과제를 수행하도록 역할놀이를 시킨다.

심상 대화의 시간에 치료자는 ① 공감적 직면, ② 제한된 재양육의 기법을 사용한다. 그 결과 내담자 안의 부적응적이고 상처받은 '내면아이(inner child)'가 이제부터는 건강한 성인(healthy adult)으로서의 이미지로 내면화되도록 인도한다.

과거에 부모에게서 거부되고 유기된 경험을 통하여 불안애착 장애를 경험한 내담자의 (두뇌)편도체는 정상 수준 이상으로 활성화된 채 성장한다. 그래서 성인이 된 시점에서도 인간관계에서 불안정애착의 증상으로 반응하기 쉽다. 그러나 지금부터는 자기 스스로가 자신을 토닥여 주는 말과 행동으로써 자기를 보호하고 지지해 주는 작업을 하는 것이다.

절벽에 대한 몇 가지 충고

-정호승-

절벽을 만나거든 그만 절벽이 되라
절벽 아래로 보이는 바다가 되라
절벽 끝에 튼튼하게 뿌리를 뻗은
저 솔가지 끝에 앉은 새들이 되라

절벽을 만나거든 그만 절벽이 되라
기어이 절벽을 기어오르는 저 개미떼가 되라
그 개미떼들이 망망히 바라보는 수평선이 되라

누구나 가슴 속에 하나씩 절벽이 있다
언젠가는 기어이 올라가야 할
언젠가는 기어이 내려와야 할
외로운 절벽이 하니씩 있다

06. 불안하고 걱정하는 마음

우리는 일생 동안 언제나 평안한 상태로 살아갈 수는 없다. 크고 작은 사건이 불시에 발생하기 마련이므로 그때마다 우리는 불안하게 된다. 그러나 그 사건에 대한 대처방안을 강구한 다음에는 마음의 평안을 다시 찾을 수 있다.

그런데 어떤 사람은 아주 작은 문제도 크게 생각하여 지나치게 걱정하고, 만성적인 불안 속에 사는 경우가 있다. 당신에게도 혹시 그런 경향이 있는가?

1. 불안을 다스리기

이제 불안한 마음을 다스리는 방법에 대한 엘리스의 처방을 알아보기로 한다(홍경자 역, 1986, 15장).

만약에 어떤 일이 위험하고 두렵게 느껴질 때는 당신은 그것에 신경을 써야 하고 걱정을 해야 한다고 사람들은 생각한다. 그런데 당신은 이런 당치도 않는 생각 때문에 불안한 마음을 떨칠 수가 없는 것이다. 공포 상황은 우리가 생활하면서 어느 때든지 불시에 발생할 수 있다. 그러므로 평소에 안전에 주의를 기울이는 것은 바람직한 일이다. 그러나 공포와 불안은 다른 개념이다. 공포는 어떤 구체적인 대상이나 상황에 접하여, 주로 신체적인 상해들과 관련하여 느끼는 두려움이다. 불안은 구체적인 대상이 없이 그저 막연하게 느끼는 두려움이나 지나친 조심성으로서, 대부분 심리적인 상처와 관련되어 있다.

불안한 마음을 다스리기 위해서는 다음과 같은 태도가 유익하다고 본다.

① 정말로 두려운 일이 발생한다고 가정할 때
- 그 일이 실제로 위험을 동반하는지 판단하라.
- 실존하는 위험을 줄이기 위한 조처를 강구하라.

② 비행기 사고나 치명적인 암의 발병처럼 불가항력적인 악운이 발생할 경우에, 우리가 걱정한다고 해서 그 문제가 해결되지는 않는다. 이에 대해서 크게 걱정을 하면 우리는 용기를 잃게 되어 더욱 손해다. 인생은 고해다. 그러므로 끔찍스러운 재앙이 절대로 발생해서는 안 된다는 법은 없다. 그러나 진짜로 어마어마한 재앙이 발생할 빈도는 매우 희박하다.

예를 들어, 시한부 인생의 경우 끊임없이 걱정하며 불안 속에 사는 것보다는 차라리 마음을 편하게 먹고 편안하게 죽을 준비로 임하면서 매일매일 열심히 사는 것이 더 현명하다.

③ 사람들이 당신을 무시하고 험담한다고 하자. 그것은 불리한 상황이기는 하지만, 그에 대해서 과도하게 신경을 써서 무슨 이득이 있는가? 그럴 경우에는 속수무책으로 마음만 졸이고 있을 것이 아니라, 무슨 조처를 취하도록 하라.

당신은 성인이기 때문에 두려운 상황을 통제할 능력이 있다. 러시아의 생리학자인 파블로프(Pavlov)의 실험용 개는 전기충격이 가해질 때 매번 도망가지 못하고 벌벌 떠는 것이 조건화되었다. 당신 역시 파블로프의 개처럼 어려서 부모가 당신에게 크게 화를 낼 때마다, 곧 들이닥칠 폭력과 처벌에 대하여 자동적으로 공포심(panic)을 느끼고 몸을 떨면서 살았다고 하자. 그리고 결혼한 후에도 이런 증상이 계속되어 남편이 큰 소리로 화를 내면 당신은 조건화된 반응을 보인다. 즉, 어떤 피해나 처벌이 뒤따를까 봐, 마치 어린애처럼 자동적으로 두려움에 떤다고 하자. 그렇더라도 이제부터는 남편이 큰 소리로 화를 낼 때 당신이 스스로에게 무슨 말을 독백하고 있는지 면밀하게 살펴볼 필요가 있다.

아마도 당신은 이렇게 독백했을 것이다. '그이가 아무것도 아닌 것을 가지고 또 크게 화를 터뜨리네, 나는 찍소리도 못하고 죽어 지내야 하니, 이 얼마나 못나고 불쌍한 존재인가? 내가 이런 사람과 결혼하다니 내가 멍청이었지.'

그러니까 자기는 운명적으로 피해자라는 생각으로 불안에 떨고 있다는 사실을 먼저 발견하도록 하라. 그리고 자기의 생각을 바꿀 수도 있다고 다짐하라. '앞으로는 이 고약한 남자가 나를 함부로 대하는 것을 결코 허용하지 않겠다. 마음 단단히 먹고 그이에게 마지막 통고를 하든지, 그게 통하지 않으면 내가 떠나버리겠다.'라고 생각을 바꾸면 된다. 그래서 당신이 어려서부터 조건화된 무력감과 공포심을 이제는 떨치고 벗어나도록, 스스로에게 탈조건화(unconditioning)시킬 수 있다.

나(엘리스)는, 두 번째 결혼한 남편과도 힘들게 살고 있는 한 내담자에게 다음과 같이 지적하였다. "이 문제는 다람쥐 쳇바퀴 도는 식으로 악순환되고 있어요. 어려서 당신 아버지가 당신을 학대했는데, 그때는 어쩔 수 없이 불안한 마음을 안고 그대로 살았습니다. 당신은 첫 번째 남편과의 결혼생활에서도 또 남편을 무서워했습니다. 그리고 두 번째 남편과 같이 살면서 그이가 당신에게 애정 표현을 해 주지 않으니까 원망스러운 거지요. 그리고 또 당신이 마음이 약해서 그를 떠나지 못한 것도 싫고 당신이 여전히 사랑받고 싶어 하는 것도 혐오스럽고요. 그러니까 당신은 신경과민이 되어 있어요." 내담자는 "제가 꼭 그래요. 저는 불안하고 걱정 속에 사는데 어떻게 하면 좋지요?"라고 대답하였다.

부질없는 불안을 떨쳐 버리기 위해서는 다음과 같은 방식을 시도하기 바란다.

① 당신이 불안하고 걱정할 때는 그 마음(감정)의 배후에 숨어 있는 신념(생각)을 찾

아내라. 그리고 그 생각이 타당한지 반문해 보라.

– 그게 정말로 지긋지긋하단 말인가?

– 만약에 ……하다면 정말로 나는 망한 것인가?

② 비행기 사고의 위험과 같은 상황에 처할 때는 센스 있게 조처하라. 그것이 불가능하다면, 그 사실을 받아들여라.

③ 당신이 불안할 때는 무슨 말을 스스로 독백하고 있는지 알아보고, 그 말의 내용을 논박하라. 예를 들어, 버스 타는 것에 대한 공포심이 있다고 하자. 이때 '버스란 안전한 것이다. 시내버스의 경우 지금까지 대형 버스사고를 당한 사람이 거의 없다. 설령 불상사가 일어나도 나는 잘 대처할 수 있다.'라고 다짐하라.

④ 세상사의 중요성에 대하여 과장해서 해석하지 않도록 하라.

– "당신이 애지중지하는 술잔은 다만 당신이 좋아하는 술잔일 따름이다." (에픽테투스)

⑤ 설령 당신이 불안감을 쉽사리 떨쳐 버리지 못한다 하더라도 그것이 수치스러울 것까지는 없다. 불안감은 가끔씩 재발할 수 있다.

인간은 선천적으로 불완전하다. 그렇기에 불안한 마음을 완벽하게 극복하기는 힘들다. 그러나 REBT로써 지성적인 성찰을 하게 되면, 불필요한 걱정과 불안감을 떨치고 점점 마음이 자유롭게 될 것이다.

2. 학업을 중도 포기한 아들 때문에 걱정하는 엄마

나경호(22세)의 어머니가 상담을 받으러 왔다.

경호 아버지(50대 중반)는 상업고등학교를 졸업하였고 사업에 뛰어들어 크게 성공한 분이다. 경호 어머니(50대 초반)는 시골에서 어렵사리 전문대를 졸업하고 직장생활을 하다가 남편을 만났다. 경호는 11세까지 거의 외동아이처럼 자랐다. 그러니까 경호네 가족은 늦둥이 여동생(12세)을 포함하여 모두 네 명이다. 경호 아버지의 사업은 경호가 태어날 때부터 잘되기 시작하여 점점 흥왕하였다. 그래서 경호는 복덩어리요, 집안의 등불이었다. 경호는 어려서부터 비범하여 초등학교 때 모든 과목에서 1등을 독차지하였고 얼굴도 잘생기고 운동도 잘하였다. 경호 아버지와 어머니는 성격이 부드럽고 사랑이 많아서 아들에게 충분한 애정을 표현했고 아들이 원하는 것은 다 응해 주었다. 경호는 성격이 밝고 자기주장이 강해서 부모에게나 선생님에게 하고 싶은 말을 다 하고 살았다. 말하자면 경호는 이 집안의 왕자였다.

경호는 엉뚱한 데가 있어서 가끔씩 선생님들을 당황하게 하였다. 초등학교 때 미술시간에 '봄비'를 그리라고 하자, 경호는 교실 바닥에 색칠한 마분지를 잘라 붙여 세우고 그 주변에 여러 가지 색종이 가루를 뿌려 놓았다. 그리고 노래를 부르면서 춤추듯이 돌아 다녔다. 선생님은 교실을 더럽혔다고 경호에게 꾸지람을 하였다.

경기도 A시에 살던 이들 가족은 아들의 교육을 위해서 경호가 6학년 때 서울로 이사를 했다.

경호는 중학교 때 과외 선생님에게 질문하였다. "선생님은 어느 별에서 왔나요? 하늘의 공기가 아무런 색깔이 없지만 멀리 가면 파란색이 되고 또 더 멀리 가면 새까만 색이 되지요. 그게 우주예요. 그 암흑 속에 빛나는 별들이 수억 개가 있어요. 나는 어떤 별에서 살다가 왔을까요? 참 궁금해요."

고집이 세고 예술 감각이 뛰어난 경호는 중학교 때부터 모든 과외공부를 거부하였다. 성적은 중하위권으로 떨어졌다. 중 3때부터 록밴드의 선배들을 따라 다니며 친구들과 놀았다. 머리를 노란색으로 염색하고 귀걸이로 멋을 부렸다. 부모는 이런 아들이 걱정되어 경호가 중 3때 학원가가 몰려 있는 강남으로 이사를 하였다. 그리고 고액 과외 선생님들을 집으로 초빙하였다. 경호는 과외 선생님들을 꼬셔서 친구처럼 대하고 놀며 공부하기를 거부하였다. 과외 선생님들은 두 손을 들었다. 경호는 시골 같은 A시가 자기 고향이고 강남은 딱 질색이라고 말하였다.

별 수 없이 경호 어머니는 미국에 사는 친정 언니가 아들의 보호자가 되어 아들을 초청하게 하고 그곳의 사립 고등학교로 입학시켰다. 그곳에서 아들은 2년이 조금 지난 후에 또 말썽을 부렸다. 백인 아이, 흑인 아이, 한국인 아이들과 마약을 하고 무면허 운전으로 법적 조치를 받았다. 이모도 더 이상 조카를 책임질 수가 없다고 하였다.

규칙을 엄수하는 기숙학교를 싫어하고 자유로운 영혼으로 예술과 방랑을 좋아하는 아들을 부모는 유럽의 어느 나라 고등학교로 전학시켰다. 그곳에서 2년 반 후에 경호는 과다한 무단결석과 F학점으로 유급 통지를 받았다. 부모는 2년 전에 별 수 없이 아들을 한국으로 데리고 왔다. 경호 친구들은 지금 대학교에 다닌다. 경호 어머니는 아들이 제발 대안학교에 들어가 졸업장을 받고 명문대는 아니지만 최소한 서울 안의(In Seoul) 대학교에 합격하도록 공부하라고 아들에게 사정사정 하였다. 경호는 원래 머리가 똑똑했고 영어는 잘하니까 조금만 노력하면 고등학교 졸업장을 딸 수 있다고 보았다. 그리고 아들에게 너는 대학교에 들어간 후부터는 성인이니까 독립할 준비를 하라고 여러 번 말하였다. 그러나 경호는 대안학교를 거부하고 검정고시 준비 차 학원에 나갔다.

요즈음 아들은 학원도 제대로 나가지 않는 눈치다. 지난 몇 달 동안 새벽 2~3시에 귀가하는 아들이 수상해서 탐문을 했더니 경호는 5년 연상의 여자와 연애 중이었고 그 여자의 원룸에서 동거하다시피 지내는 사이였다. 요즈음 경호 어머니는 미쳐버릴 것만 같다. 그렇지 않아도 공부에 손을 놓고 있는 아들을 그 여자가 유혹하여 더 망쳐 놓은 것으로 보였다. 그 여자는 사이버대학을 졸업하고 아르바이트로 직장을 다니지만 약사가 되기 위해서 시험준비 중이라고 했다. 경호 어머니는 그 여자가 부유한 집안 출신으로 보이는 자기 아들을 꼬셔서 임신을 하고 결혼하자고 조르게 되지는 않을까 걱정이 태산이다. 그런데 경호는 의존적이고 무책임한 성격인 건지 배짱이 있는 건지 큰소리를 친단다. '나는 지금 실력으로는 아직 명문대 입학이 어렵다. 그리고 내가 철학, 종교, 예술, 천문학, 인공지능 중 어떤 길로 나아가야 할지 알 수가 없다. 그런데 지금 고등학교 졸업장이 무슨 소용이 있겠는가? 아빠가 부자니까 날 몇 년이나 먹여 살릴 것인지 약속해 달라. 나에게 시간이 필요하다.' 경호 어머니는 이렇게 생떼를 쓰고 있는 아들을 어떻게 다루어야 할지 막막할 뿐이다.

상담실에 찾아온 경호 어머니는 절망감에 젖어 한없이 눈물을 흘렸다. 어려서부터 아주 영특하여 장래가 촉망되던 아들이 지금 나락을 헤매고 있는 것 같아 가슴이 메어지지 않을 수 없다. 경호 어머니와 아버지는 아들에게 지극한 사랑과 엄청난 돈, 헌신으로 모든 것을 쏟아부었다. 그런데 이들 부부의 기대와는 반대로 아들이 공부에 손을 놓고 엉뚱한 방향으로 나갈 때 이들은 아들에게 크게 야단도 쳤다가 또 사랑한다며 너그러이 지켜보기도 했었다. 그러나 호전의 기미가 조금도 보이지 않으므로, 특히 경호 어머니는 자녀지도에 대한 자신감을 완전히 잃어버렸다. 아들은 자기가 하고 싶은 말을 다 하면서도 어찌 보면 자포자기하여 발버둥치는 것처럼 보이기에 망연자실할 뿐이다. 그래서 아들 앞에서 마치 주눅이 든 것처럼 아무 말도 하지 못하고 아들의 눈치만 살피고 있다. 그러나 불안한 마음은 금할 수가 없어서 나(저자)를 찾아왔다.

경호의 문제를 살펴보기로 하자.

첫째, 경호 부모가 아들이게 사랑을 표현하며 밝은 아이로 양육한 것은 잘한 일이다.

둘째, 경호는 초등학교 6학년 때, 중학교 3학년 때 그리고 고등학교 때 여러 번 낯선 지역으로 전학을 하였다. 그 결과 친구들과의 유대관계 면에서, 또 심리적인 안정의 차원에서 볼 때 뿌리를 깊게 내릴 수가 없었다. 이것이 경호 마음의 안정감에 해악을 끼쳤다고 본다.

셋째, 부모님은 아들을 지나치게 사랑하면서(익애) 동시에 사랑이라는 명목으로 아들에게 심리적으로 과중한 부담을 안겨 주었다. 강남으로 이사하여 최고의 과외지도 교사를 주선한 것은 아들에게 '넌 최고의(명문) 대학에 들어가야 한다.'는 명령과 같은 의미다. 그런데 아들은 무의식적으로 자기는 그런 부모의 기대에 부응할 수 없다고 느꼈던 것 같다. 게다가 자유분방하고 자연과 예술을 좋아하는 경호는 경쟁적인 학원가에서 숨이 막혔던 것 같다. 그런 것들이 경호를 일탈행동으로 몰고 가게 했다고 볼 수 있다. 경호 부모는 그들 자신의 채워지지 않은 학업에 대한 소망과 한을 아들에게 투사하지 않았을까? 경호는 그것이 너무도 부담스러웠을 것이다.

넷째, 심리적으로 방황하고 있는 청소년기의 자녀를 부모가 미국과 유럽의 학교로 보낸 것은 더욱 커다란 시행착오라고 본다. 마음에 안정감이 없는 경호가 낯선 이국 땅과 생소한 학교에서 마음잡고 공부에 전념할 수 있었겠는가?

경호는 외국에서 부모의 보호와 감독, 지도가 없는 상태로 생활을 하였다. 뿌리가 뽑힌 나무 같은 상태에서 마음이 착한 경호는 범죄 행위에는 가담하지 않겠지만, 청소년기의 호기심과 재미를 추구하고자 하는 본능이 발동하여 얼마든지 일탈행동을 감행할 수 있다고 본다.

어찌 보면 경호가 우울증에 걸려 자기 방 안에서 한 달이고 두 달이고 두문불출하는 것보다는 친구들과 세상 밖을 돌아다니는 행위가 정신건강상 더 나은 행동이라고 볼 수도 있다.

다섯째, 요즈음 5년 연상의 여자와 연애에 빠져 학원도 가지 않고 공부에 손을 놓고 있는 현상을 어떻게 해석해야 할까?

경호 어머니는 이것을 최악의 상황으로 간주하여 거의 제 정신이 아니다. 그러나 그 시기는 이성과의 연애와 섹스에 몰두할 수 있는 나이다. 그리고 경호는 어려서부터 조숙하여 나이 많은 사람과 대화하기를 좋아했다. 게다가 경호는 부모님의 넘치는 사랑과 기대에 숨통이 막혔고, 어딘가 출구를 원했었다. 엄마에게 기대고 싶지만, 자기는 이미 다 커버렸다. 엄마처럼 누군가가 푸근하게 자기를 품어 준다면 오히려 마음을 잡고 공부할 수 있을 것만 같다. 그런 심정으로 지내다가 5년 연상의 여자를 만나 연애한 것이지, 그 여자가 처음부터 계산적으로 경호를 유혹했다고 간주하는 것은 옳지 않다고 본다.

저자와의 상담을 통하여 경호 어머니는 먼저, 인생을 거시적으로 조감하는 방법을 터득하였다. 다시 말해서 청소년기에 3~4년 정도 방황하는 것이 인생에서는 결코 손해가 아니라는 점과, 연상의 이성과 연애도 하고 결혼도 하는 것이 하등의 수치의 조건이 아니라는 것, 그리고 지금 아들에게는 오히려 그 여성이 안정감의 요람이 될 수도 있다는 것을 알게 되었다.

경호 어머니는 아들이 아직까지도 고등학교 졸업장 없이 검정고시를 준비하고 있는 상황을 또래들과 비교하여 크게 뒤처졌고 실패한 삶이라고 굳게 믿었다. 그러나 저자는 상담자로서 그것에 대하여 '관점의 전환' 내지 '재해석하기'를 시도하였다.

한국사회에서 대부분의 젊은이들이 자기의 적성과 흥미와 인생의 비전은 무시한 채 그저 점수에 따라 맹목적으로 대학교에 진학하고 있다. 따지고 보면 자기의 전공학과와 진로를 참으로 잘 결정했다고 생각하고 만족해하는 청소년들이 얼마나 될까? 어림잡아 30~40%? 설사 그들이 현명한 선택을 했다고 생각하더라도 정작 직장에 들어가 그 직종에 종사하고 보니 자기와 맞지 않으며 자기의 꿈과 비전을 그 계통에서 찾기 힘들다는 것을 발견하는 사람들이 많다. 그래서 남들 보기에 좋은 직업을 가지고 있지만 내면적으로 고뇌하는 것이다. 가령 돈 잘 버는 의사가 되었지만 화가의 꿈이 못내 아쉽다. 또 사람들이 존경하는 판·검사가 되었지만 법학에 대한 흥미가 없고, 역사학자나 고고학자의 길을 가지 못한 것이 후회스럽다. 이들은 자기네의 인생 행로를 도중에 바꾸기가 너무 늦었다고 판단하고 현실에 안주하지만 항상 마음이 공허하다. 말하자면 용단을 내리지 못한 아쉬움이 크다.

젊은 시절에 진정한 자기의 길을 찾아 시행착오하고 우회도 하면서 마침내 자신의 정체성을 확립한 사람은 행운아라고 하겠다. 지금 고등학교 2~3학년생들 중에 자기의 정체성을 탐구하고 자기에게 알맞은 길이 있는지를 확실하게 파악한 다음 대학의 진로를 결정한 학생들이 과연 몇 %쯤 될 것인가? 그들은 이곳저곳을 돌아다녀 보고 싶고, 세계 여러 나라의 젊은이들이 공부하고 생활하는 모습도 눈으로 보고 싶다. 그런데 그런 시간과 경제적 여건이 허용되지 않는다. 부리나케 쉼 없이 대학과 직장으로 줄곧 달려가야만 한다. 이런 한국적인 현실 속에서 경호는 자의반 타의반으로 고등학교 때 많은 시행착오를 겪으며 자기의 정체성을 탐색하고 있다. 경호는 열등감과 자책감으로 크게 자기학대를 하는 것 같지도 않고, 부모와 갈등하지만 부모에게 주눅 들지 않고 자기의 소신을 말하고 있다. 그만큼 부모의 사랑과 신뢰가 있는 것으로 보인다. 다행하게도 부모는 경제적으로도 얼마 동안 아들의 뒷바라지를 감당해 줄 여력이 있다. 그러므로 경호는 얼마나 행운아인가?

경호는 자기의 본능과 직관과 영혼이 외치는 소리, 즉 자기 내면의 울림에 귀 기울이는 젊은이로 보인다. 세상 사람들은 무조건 SKY대학이 좋다 한다. 무조건 좋은 대학과 좋은 직장으로 질주하라 한다. 부모님도 자기를 그런 무제한의 경주 속에 뛰는 말처럼 취급하고 그렇게 달리라고 한다. 그런데 경호의 본능은 '아니야. 그건 네가 갈 길이 아니야. 잘 생각해 봐.'라는 메시지를 보낸다. 그래서 무모할 정도로 용기 있게 그런 직관에 따르고 있다. 경호가 학업을 중도에 포기하고 시간을 달라고 하는 행위는 나쁜 것이 아니고 실패도 아니다. 그것은 자기에게 적합한 길을 찾는 용기 있는 행위로서 작전상 후퇴요, 경기 중의 휴식시간이다. 그러니까 경호 어머니는 내심으로 오히려 이것을 기뻐하면서 아들에게 "엄마는 너를 믿는다. 서두르지 말고 차근차근 나아가자."라고 말해 주는 것이 더 현명하다.

저자와의 상담을 통하여 아들의 일시적인(학업적) 실패는 실패가 아니라는 것과 인생은 장기 마라톤이기 때문에 아들을 믿어 주고 기다려 주어야 한다는 점을 깨닫게 되자, 경호 어머니는 위안이 된다고 하면서 무척 기뻐하였다.

경호 어머니에게 저자는 다음과 같은 정보를 알려주었다.

(1) 청소년기는 과연 질풍노도의 시기인가

첫째, 생물학적으로 청소년기에는 전두엽의 신경과 시냅스가 크게 확장 중이기 때문에 신경회로가 안정되어 있지 않다. 그리고 본능과 충동과 감정의 중추인 변연계가 크게 활성화되므로 성적 욕망을 해소하고자 하는 경향성과 쾌감 및 재미있는 놀이를 추구하고자 하는 마음 때문에 충동적인 행동과 모험으로 치닫게 한다. 그로 인하여 돌발적인 행동을 하게 되어 부모나 사회체제와 충돌한다.

둘째, 인류학자의 견해에 의하면 어떤 문화권에서는 청소년기가 결코 질풍노도의 시기가 아니라는 것이다. 남태평양의 사모아 섬이나 동남아 라오스의 산간마을에서는 청소년들이 부모와 갈등하는 일 없이 아동기에서 성인기로 순탄하게 넘어가는 것을 볼 수 있다. 그런 국가에서는 사춘기 때부터 청소년들이 부모의 생업에 동참하여 경제활동을 하며, 자유로운 섹스와 저녁시간의 놀이 문화가 일상화되어 있기 때문이다. 그래서 그들은 스트레스를 그때그때 풀고 산다.

오늘날 한국의 극심한 경쟁사회에서 우리의 청소년은 신체적으로는 이미 성인인데 경제적 독립과 성적, 심리적 독립이 보장되어 있지 않기 때문에 큰 좌절감을 겪으며 생활하고 있다. 인위적으로 연장된 미성년자로서 부모에게 종속적인 생활을 영위해야 하는 현시대적 상황으로 그들은 부모에게 반항하고 갈등한다.

셋째, 스트레스를 가득 안고 사는 현세대의 장성한 자녀와 중년의 위기를 겪기 시작하는 40~50대의 부모가 한 지붕 아래서 한 식구로 생활한다는 것 자체가 무척 힘든 일이라는 것이다.

(2) 청소년기의 발달적 특성

왜 얌전한 아이가 십대가 되면 갑자기 발썽꾸러기로 변하는가? 그 이유를 살펴보자(홍경자, 2016, pp. 162-175).

① 신체 발달과 멋 부리기 그리고 연예인에 대한 열광: 사춘기 청소년은 뇌하수체의 발달이 현저하여 2차 성징과 더불어 급격한 신체 변화를 겪으면서 외모에 많은 관심을 갖게 된다. 그리고 시각 기능이 발달하여 미(美)에 대하여 큰 관심을 나타낸다. 그래서 멋진 연예인을 보고 열광한다.

② 자아정체성의 탐색: 이 시기에 '나는 누구인가? 나는 무엇을 할 것인가? 나의 미래는 어떻게 될 것인가?' 이런 질문을 스스로에게 던지며 탐색적인 고뇌의 시간을 보낸다. 그리고 부모로부터 심리적으로 독립하려는 욕구가 강하다.

③ 이상주의 및 반항심리: 청소년기는 전두엽이 크게 발달하므로 어른들에게 논리 정연한 이론으로써 똑똑하게 자기 의견을 주장하지만, 행동은 무책임하고 위선적이고 무례하다. 그리고 현실 경험이 부족하기 때문에 막상 좌절적 상황을 접하게 되면 크게 당황하여 실의에 빠지고 헤어나지 못하는 수가 많다.

부모는 이런 특성을 이해하고 너그럽게 용서하며 기다려 주고 격려해 주어야 한다. 어떤 문제가 발생할 경우에는 부모가 자녀와 진지하게 논의하는 시간을 가짐으로써 십대가 문제에 대한 맥락적인 이해를 하게 되고 현명한 문제해결을 할 수 있는 방안을 찾도록 도와주어야 한다. 부모는 인생 경험에서 우러나온 지혜와 논리성으로 자녀에게 방향을 제시하는 멘토 역할을 하는 것이다. 그리고 행동상의 한계(안 되는 것은 안 된다!)를 분명하게 설정해 주어야 한다.

④ 우정과 이성교제 그리고 청소년 비행: 청소년기에 우정은 매우 중요하다. 그리고 또래 집단에 소속되고자 하는 욕구가 매우 강하다. 그들로부

터 소외(따돌림)되는 것에 대한 두려움 때문에 또래 집단의 요구에 응하기 위해서 비행에 가담하는 수도 있다. 청소년기에 맺은 우정은 일생 내내 소중한 친구로 남아 중요한 정서적 의지처가 된다. 그리고 이성 간의 사랑이 싹트지만 이 시기에 교제기간은 길지 않는 경우가 많다.

사춘기에는 감정충추인 변연계가 활성화되어 쾌락 호르몬인 도파민이 많이 방출된다. 그리하여 십대는 즐거운 감정을 불러일으키는 외부의 자극에 크게 동요되어 친구들과 어울려 쾌락을 추구하는 방향으로 의사를 결정하며, 충동적이고 모험적인 행동으로 치닫는다. 다시 말해서 청소년기에는 사고중추인 전두엽이 감정중추인 변연계의 메시지를 긍정적으로 받아들인다. 그래서 술, 약물, 섹스, 과속 질주, 인터넷 중독, 범죄 행위, 자살 기도와 같은 행동이 16~17세경에 가장 많이 나타나며 충동을 조절하는 능력이 미약하다.

청소년기에는 '나는 누구인가?'에 대한 의문과 더불어 진정한 자기를 찾아가는 과정에서 시행착오를 겪게 된다. 그러므로 부모는 십대 자녀에게 그런 우회적인 방황의 시기를 허용해야 한다.

심리학자 에릭슨(Eric Erikson)은 청소년기에 이러한 시간이 꼭 필요하다고 하였다. 그것을 '심리적인 유예기간'이라 한다. 에릭슨 자신은 고등학교에서 역사와 미술 과목에는 우수한 성적을 보였고, 나머지 과목에서는 평범하였다. 그는 고등학교 졸업 후에 유럽의 여러 나라를 돌아다니고 시간을 보내다가 마침내 정신분석학을 공부하였다. 미국으로 건너가 아동의 치료와 강의를 하는 교수가 되었지만 대학교 졸업장이 없다.

영국의 처칠 수상은 고등학교를 6년 만에 졸업하였다.

서양의 부모들은 에릭슨의 부모나 처칠의 부모처럼 자녀에게 심리적인 유예기간을 허용하는 것을 상식으로 알고 있다. 그런데 한국의 부모들은 매우 성급하다. 인간의 일생은 마치 과일이 익어가듯 긴긴 시간이 걸리는데, 우리네 부모는 자녀가 꽃도 피기 전에 열매를 맺으라고 부추긴다. 그러니까 청소년들은 허덕일 수밖에 없다. 자녀는 자기가 어떤 삶을 살고 싶은지에 대하여 생각해 보고 사회에 나가 여러 가지 일도 해 보는 가운데 자기의 가치관이 정립되어야 한다. 그러고 난 다음에 미래의 삶을 준비하기 위하여 얼마의 시간을 투자할지에 대한 계획을 세울 필요가 있다.

(3) 청소년 자녀의 지도방안

첫째, 청소년기 자녀를 지도할 때 부모가 가장 신경써야 하는 것은 부모의 감정 통제, 특히 화내는 것의 통제다. 부모가 던지는 한마디의 말이 사실상 아이의 생존을 위협하는 것이 아님에도 불구하고, 자녀의 감정중추(변연계)는 그것을 위험신호로 지각한다. 그래서 아이는 곧바로 방어적으로 대응하고 반항 행위로 나온다는 것을 알고 있어야 한다. 부모 쪽에서 인내심을 가지고 자녀에게 부드럽게 대하도록 노력하라.

둘째, 인격적으로 부모와 동등한 존재로 존중해 주도록 하라.

부모는 청소년 자녀가 부모와 같은 주거 공간에서 생활하고 있기 때문에 장성한 자녀를 미성년자로 착각하기 쉽다. 그러나 이제부터 부모는 청년기 자녀를 성인으로 취급하고, 부모 자신과 대등한 관계에서 친구처럼, 또 비즈니스 동반자처럼 대우해야 할 것이다. 자녀가 내 것이라는 소유적 관념을 버리고, 인연에 의해 잠시 동안 나에게 와서 기거하다가 때가 되면 떠나가는 손님이라고 간주하는 것도 좋다. 그렇게 되면 세대 간의 갈등은 줄어들 수 있다.

셋째, 청소년기의 사고 특성, 즉 논리성으로 맞서라.

십대 자녀를 훈육할 때는 논리적인 이유를 충분히 설명해 주어야 그들을 설득할 수 있다.

넷째, 자녀에게 스트레스의 출구와 멘토링의 기회를 마련해 주자.

청소년들이 노래하고 춤추고 운동하고, 캠핑, 등산, 암반 오르기, 래프팅

(rafting) 등으로 스트레스를 풀게 하고 선배, 교사, 사회지도자들과의 대화시간을 갖도록 주선하라.

다섯째, 가족회의를 통하여 논의하고, 부모가 주도적으로 리더십을 발휘하라. 그 순서는 다음과 같다.

① 문제점에 대하여 감정적으로 나오지 않으며 다만 담담하게 객관적으로 거론한다.
"어젯밤에 네가 연락도 없이 새벽 2시에 귀가했다. 우리들은 걱정하느라 밤잠을 설쳤어. 얘야, 우리가 귀가시간의 문제에 대해서 너하고 이야기를 나누고 싶구나."
② 그에 대한 생각과 느낌을 서로 나누도록 각자에게 의견을 개진할 기회를 준다.
③ 가능한 해결책과 행동지침에 대하여 브레인스토밍한다.
④ 모두가 합의하는 해결책을 선택한다. 만일 합의를 이루지 못할 경우에는 부모 쪽에서 일방적으로 해결책을 결정한다.
⑤ 합의한 사항이 잘 실행되고 있는지 확인하고, 추후지도를 한다.

경호 어머니에게 REBT의 이론을 적용해 보자면, 먼저 비합리적 핵심신념을 발견하도록 계단밟기를 하게 하고, ABCDE 모형과 자기조력 양식을 활용하도록 안내하는 것이다.

그리고 자기 스스로에게 무슨 말을 독백하고 있는지를 알아내고, 이어서 부정적인 자기언어를 객관적이고 긍정적인 언어로 바꾸도록 안내한다.

또 합리적-정서적 심상법을 실시하여 아들에 대한 자기의 이미지를 긍정적으로 확실하게 구축하는 것도 필요하다.

경호 어머니는 인생을 너무 심각하게 바라보면서 오로지 아들 문제에 빠져 그것과 하나된 느낌으로 살고 있다. 그러므로 탈융합하기 위한 거리 두기와 자녀의 문제를 은유와 유머로써 조명하는 것이 유익하다고 본다.

그리고 불안한 마음이 들 때 불안한 생각은 잠시 옆으로 밀쳐 두고, 호흡명상과 마음챙김하는 연습을 수시로 하는 것이 필요하다. 안절부절하고 한숨쉬며 두 손을 놓은 채 멍하니 있는 시간에, 차라리 아들 일은 아들에게 일임하고, 지금 이 시점에서 자기에게 가장 중요한 일과 자기를 기쁘게 하는 일에 착수하라고 제안할 수 있다.

따지고 보면 경호가 문제라기보다는 경호 어머니가 더 문제일 수 있다. 세상 사람들이 SKY 대학이 좋다 하고 ○○학원이 유명하다고 하니까 경호 부모는 아들을 그런 방향으로 몰고 가기에 여념이 없었다. 그것은 마치 바다를 항해할 때 폭풍우가 몰아치면 파도를 피해서 고물을 이쪽으로 돌리고 저쪽으로 돌리는 일에 경황이 없고, 정작 자기네가 목표로 하는 방향으로 배를 전진하지 못하는 것과 같다. 바다 가운데서 높은 파도를 만날 때 그 파도를 이리저리 피하면서 동시에 자기가 나아갈 지평선에 초점을 맞추고 앞으로 나아가야 한다. 부모가 세파에 흔들려 중심을 잡지 못하고 있기 때문에 자녀들이 방황하는 것이다.

우리는 계획한 대로 성취되지 않을 때 고통스러워한다. 그러나 우주는 우주 나름대로의 시간표에 따라 계획을 이루어 나간다. 경호처럼 예술성이 뛰어나고 자유로운 영혼의 자녀일수록 더욱더 '심리적인 유예 기간'을 넉넉하게 허용하자. 경호는 기질상, 성장 배경상 그렇게 되어 있다.

마치 남아공의 만델라 대통령이 긴긴 26년을 감옥에서 보낸 다음에도 여유 있고 기쁨에 찬 승리자로 세상에 나타난 것처럼, 경호 어머니도 그렇게 품위 있는 자세로 기다려야 하겠다.

3. 불효자는 웁니다

이 사례는 저자가 1990년대 초에 상담한 것이다(홍경자, 1998).

S씨는 늦게 대학에 들어와서 현재 대학교 2학년에 재학 중인 28세의 젊은이다. 복장이나 태도가 사회인다웠고 언변도 좋고 진지하였으나 입가에는 어색한 미소를 띠고 들어왔다. 그의 문제는 ① 어린 과 학생들과 어울리지 못한다, ② 교통사고 후유증으로 두통을 앓고 있어서 공부하기가 힘들다, ③ 생계유지가 곤란하여 장학금을 얻어야만 연로한 부모를 봉양하면서 학교를 다닐 수 있다는 절박한 사정이었다. 여기에서는 지면 관계상 총 6회 상담내용 중 '부모에게 효도해야 한다는 것'과 '시험 성적에 대한 압박감 문제'만 중점적으로 소개하기로 한다.

1회기

1회 상담 회기에서 S씨는 과거 생활사와 괴로운 감정을 털어놓았다. 그리고 우리는 상담의 목표를 수립하였다.

〈과거 생활사〉

중학교를 졸업하고 1년 재수하고, 고등학교 3학년 때부터 조숙하여 큰형님이 하는 사업을 도와주느라 대학 진학을 하지 않았다. 그러다가 한때 잘되던 사업이 망하여 빚만 몽땅 짊어지게 되었다.

지금 큰형님은 겨우 밥을 먹고 지내고, 둘째 형님은 말단 공무원으로 근근히 살아간다. 연로한 부모(父 73세, 母 64세)를 자기가 모시는 것이 도리인 것 같아 남동생과 같이 사글세 상하방에 세들어 살았다. 고교 졸업 후 사회생활을 하면서는 대학교육의 중요성을 뼈저리게 인식하였다. '잃어버린 인생을 새로 찾자.'는 철학이다. 자기는 장학금을 타지 않으면 학교에도 다닐 수 없는 처지이기 때문에 죽기 아니면 살기로 공부에 '생명을 걸고 있다.' 부모님께 보답하는 길은 오로지 공부 잘하고 대학교를 졸업하는 것이다. 그런데 교과서를 7번 내지 10번씩 반복해서 읽어야 이해가 간다. 시험지 답안도 책 속의 글자 형태를 생각하고 적는 것이지 시험문제의 내용을 이해하고 쓰는 것이 아니다. 좋은 성적을 받아야 한다는 압박감은 이루 말할 수가 없다.

3회기

3회 상담에서 S씨가 호소한 문제는 다음과 같다.

그간 빚진 돈도 조금 갚아주고 약간의 생활비도 보조하고 지금까지 정신적 지주 역할을 해온 누나가 서울로 이사를 가니까 결정적인 쇼크가 왔다. 방학을 하면 그나마 간간이 있던 아르바이트 자리도 없게 되어 더욱 큰일이다. 앞으로 살아갈 길을 생각하면 가슴이 두근거려 공부를 할 수가 없다.

안면 있는 신문사 기자가 번역 일이 있다고 해서 부탁해 보기도 하고, ○○학원의 외국어 선생을 만나서 일거리가 있는지 계속 접촉하기도 하였다.

나의 건강이 좋지 않으니까 부모님이 몹시 걱정하신다. 또 시골에서 사시다가 K시로 오신 지 얼마 되지 않은 부모님이 놀러 갈 곳은 오직 누나 집뿐이었는데, 그 누나가 서울로 이사를 가시니 답답증을 호소할 곳도 없게 되었다. 본인이 말도 나불나불하고 유머라도 있어서 부모님을 기쁘게 해드리면 좋겠는데, 자기는 유머 센스가 없고 부모님께 철없는 개구쟁이 짓도 할 줄 모르고 성격상 쓸데없는 말을 할 줄 몰라서 집에 오면 말이 없다.

4회기

이 시간에 이루어진 상담의 축어록 중 몇 대목만 간추려 본다.

내 1: 지난 6월에도 시험 때였어요. 시험 보기 이틀 전이었는데 새벽 2시까지 공부하다가 머리가 밍밍해지더니 쓰러졌는데요. 그때도 학비를 내가 벌어서 공부하겠노라고 가족들에게 장담을 하고 난 다음이라, 성적을 잘 받아서 장학금을 타겠다는 부담이 컸었지요. 이번에도 중간고사를 망쳤으니까 기말고사를 잘봐야겠다고 긴장한 것이 부담감을 주었습니다. 시험지를 받아놓고 답을 쓰려고 하는데 아무리 생각해도 답이 생각 안 났어요. 그러니까 덜컥 겁이 났지요.

상 1: 시험지 답안이 생각나지 않을 때 몹시 불안하게 되었지요?

내 2: 네.

상 2: 그때 불안한 배후에 있던 S씨의 생각은 무엇일까요?

내 2: '어차피 성적이 나쁘면 나는 죽는다.'는 거지요.

상 3: 왜요?

내 3: 첫째, 등록금을 면제받아야 저는 살 수가 있고, 또 학교 성적이 좋아야 회사 입사 때 유리하다는 것을 뼈저리게 느꼈으니까요. 그래야 부모님께 걱정 끼쳐 드리지 않고 제가 효도하는 것 아닙니까? 공부가 제 생명인데, 저는 이렇게 불안하고 머리가 아파 가지고 쓰러진단 말입니다. 큰일 났어요.

여기에서 우리는 REBT의 ABCDE 모형으로 이 문제를 풀어나갔다.

A(사건): 이번에도 과로하여 쓰러졌기 때문에 시험을 망쳤다.

C(결과): 마음이 몹시 괴롭다. 부모님께 고개를 들 수 없다.

iB(비합리적 신념) 발견:

① 나는 무슨 일이 있어도 좋은 성적을 받아야 한다. 성적이 나쁘면 부모님을 실망

시켜 드리는 불효자가 된다.

② 성적이 나쁘면 장학금을 받지 못하여 불효를 하게 되니까 기필코 시험을 잘 치러야만 한다.

이때 저자는 다음과 같은 반박문을 만들어 주고 S씨가 반박해 보도록 지시하였다.

D(반박문):

① 나는 쉬지 않고 공부하다가 아파 쓰러지는 한이 있어도 기필코 좋은 성적을 받아야만 하는가? 그것이 효도하는 길인가?

② 나는 과로한 나머지 건강이 악화되어 끝내는 공부를 포기해야 할 지경이 되어도 기어코 장학금을 받아야만 하는가? 그것이 효도하는 유일한 길인가?

이때 S씨가 쓴 반박문이다.

① 그렇다. 나는 죽기 아니면 살기로 공부해야 한다. 부모님께 좋은 성적을 보여 주는 길만이 효도하는 길이다. 내가 연로한 부모님께 할 수 있는 것이 무엇인가? 철 모를 때 사업에 뛰어들어 빚만 지고 걱정만 끼쳐 드렸다. 내 성격은 유머도 없고 말주변도 없고 애교도 없다. 그러니까 객지로 이사 와서 외로운 부모님께 효도할 수 있는 유일한 길은 내가 공부를 잘하는 것이다.

② 그렇다. 내가 우리 부모님과 동생의 생계를 책임지고 있는데, 장학금을 받지 못하면 나는 끝장이다.

여기에서 보면 S씨의 비합리적 신념은 REBT의 반박 과정을 통하여 전혀 변화된 것이 없다. 워낙 고지식한 성품에다 장기간 계속되었던 경제적인 위기 상황과 자기의 나이가 많다는 의식 등이 작용하여 비합리적인 강박관념을 강화시키는 역할을 한 것 같았다. 상담자는 S씨가 기록한 반박문의 오류를 지적해 주고, 다시 당위적 생각을 합리적 생각으로 바꾸어 보도록 촉구하였다.

내 4: 외로우신 부모님이 낙(樂)이라고는 제가 잘하는 것을 보시는 것뿐입니다. 그런데 저는 뭡니까? 이번에 시험은 망쳤지요? 쓰러져서 또 걱정을 끼쳐 드렸지요. 식구가 없으니까 나라도 살갑게 하면 좋으련만 말재주도 없지요.

상 4: 그렇게 못해 드리니까 괴롭지요?

내 5: 네. 저는 부모님의 재산과 부모님한테 받은 건강을 해친 사람이니 심사가 괴로워서 미칠 지경입니다.

상 5: 그 문제도 엘리스의 방식대로 검토해 볼까요?

나는 S씨가 종이에 ABCD를 적어 보도록 하였다. S씨가 기록한 내용은 다음과 같다.

A(사건): 말주변도 없고, 유머도 없는 성격이다. 시험도 망쳤다.

B(비합리적 사고): 부모를 기쁘게 해드리기 위해서 공부도 잘하고, 싹싹한 아들 노릇을 해야 하는데 그렇지 못하니 불효자식이다.

C(정서적 결과): 몹시 괴롭다. 부모님 얼굴을 뵙기가 민망하다.

D(반박): 명랑한 자식, 즐거움을 잃지 않는 자식, 부모님과 함께 생활을 만끽하는 자식이 되어야만 한다. 기쁨에 찬 나날이 될 수 있도록 채워 드릴 나 자신을 찾겠다. 운동과 건강과 공부와 효도로써. 성적이 나쁜 것은 나에게 있어 굉장한 고통과 마음속의 방황을 주었다. 나는 공부가 인생의 전부가 아니요, 효의 전체가 아님을 잘 알고 있다. 그렇다. 재기하려는 나를 보여 드리고 용기 있는 자식임을 보여 드리자. 두 번 쓰러지지 않는 나를 가꾸어, 단지 공부에만 매달리지 않고 사회생활로의 정진을 위한 실력을 다듬자.

상 6: 글쎄, 참 좋은 생각이군요. S씨가 태도를 바꾼 것 같으니까요. 그런데 좀 더 자세히 분석해 보고 넘어갈 필요가 있겠어요. 다시 한번 같이 검토해 보도록 합시다. 자, S씨가 말주변이 있으면 참 좋으련만 말주변이 없어서 실망하는데, 꼭 말을 잘해야 효도를 하는 것인가요? S씨의 마음에 효심이 없기 때문에 부모님과 말을 주고받지 않는 것인가요?

내 6: 부모님을 마음속으로야 깊이 생각하지요. 항상 그 생각뿐인데요.

상 7: 그렇지요? 효심이 있으면 되었지, 말을 잘하지 못한다고 해서 불효자식이란 법이 있을까요? 성의껏 부모님께 관심을 보이면서 열심히 살면 되는 것이지, 자기학대해서 S씨의 마음이 괴로운 것이 효도일까요? 부모는 S씨가 행복한 것을 원할까요, 아니면 자학하고 우울한 것을 원할까요?

내 7: 그야 물론 제가 행복하기를 바라시겠지요.

상 8: 그렇지요. 그럼 말을 잘하지 못한다고 해서 자기를 학대하는데, 자기학대를 그만두는 것도 효도가 아니겠어요? 다만 학교 주변의 이야기라든가를 조금씩, 하루에 한 번씩 부모님께 이야기하는 연습을 해 보는 것이 필요할 것 같아요.

내 8: 그래야겠어요. 식사시간 때요.

상 9: 그리고 유머가 없다고 고민하는데, 유머 센스가 있는 사람이 몇 퍼센트나 될까요? 또 유머는 노력하면 쉽게 발전하는 것인가요?

내 9: 그렇군요. 유머가 많은 사람은 참 드물군요.

상10: 그렇지요. 타고난 센스가 있기 전에는 유머를 배우기가 참 힘든 것 아니겠어요? 유머가 없다고 자학하면 유머가 생기나요? 누구든지 꼭 유머가 있어야 되는가요? 나도 사실 유머 센스는 적은데, 유머가 없는 대로의 자기를 있는 그대로 받아들이면 안 되나요?

내10: 그렇군요. 차라리 시시한 이야기부터 조금씩 알려 드려야겠어요.

상11: 학교에서 일어나는 이야기를 해드리면 부모님께는 그 이야기가 새로운 것이니까. 또 아들의 세계를 조금 알게 되니까 아주 기뻐하시겠지요.

내11: 아, 그럴까요? 그 점은 미처 생각을 못해 봤군요.

상12: 그리고 성적이 나쁜 것을 불효라고 생각하는데, S씨는 노력을 하지 않고 게으름을 피워서 성적이 나쁜 거예요?

내12: 물론 그렇지 않지만, 어쨌든 실패를 했으니까 부모님도 충격이 크시겠지요.

상13: 그래요. 좋은 성적으로 장학금을 받게 되었다면 더 없이 기쁜 일이겠지만, 고의적으로 자기의 잘못으로 성적이 나쁜 것이 아니라, 어쩔 수 없이 쓰러져서 그렇게 된 것 아니겠어요? S씨의 마음속에는 효도하고 싶은 심정이 강렬하지 않나요?

내13: 네.

상14: 그러면 되었지요. 성적이 나쁜 것이 기분 좋은 일은 아니지만, 성적이 나쁘다고 해서 꼭 자기를 괴롭힐 필요는 없습니다. 다음번에 잘해 보고, 또 사회에 나가서 좋은 직장을 구해 부모를 기쁘게 해드릴 길이 얼마든지 있겠지요.

내14: 교수님. 사실 저도 요 근래에 고민하면서 꼭 그와 같은 결론을 내리게 되었습니다. '내가 이렇게 괴로워 해봤자 별 수 없지 않느냐? 앞으로 잘해드리자. 운명으로 알고 받아들이자.'라고 생각했거든요.

상15: 참 좋은 생각이에요. 그렇게 생각하니까 마음이 어때요?

내15: 마음이 좀 편안해지더군요. 닥치는 대로 살기로 했습니다. 누나가 서울로 이사를 가셨지만, 시골 누나와 합의해서 계속 조금씩 도와주기로 하신 모양이에요.

상16: 그래요? 좀 안심이 되지요? 참으로 효도하려면 쓰러지는 일을 되도록 예방하는 것이 더 중요할 것 같군요. 건강을 돌보지 않고 무리하게 공부하고 마음이 초조하게 되면 쓰러지니까 그 점에 신경을 써야지요.

내16: 사실 제 건강은 염두에 두지 않고 시험 때는 혹사를 했어요. 이제부터 제 몸의 컨디션을 보아 가면서 공부해야겠습니다.

저자는 S군으로 하여금 상담시간에 익힌 REBT의 원리를 철저히 체득하도록 돕기 위하여, 집에 가서 ABCDE의 양식으로 풀어 볼 문제(예: 우선은 건강을 추스르고 6개월 내지 1년 늦게 대학을 졸업하는 것에 대하여 유추해 보기)들을 만들어 과제물로 부과하였다.

6회기

S군은 이후에 건강 상태가 꽤 호전되었고 밝은 표정이었다. 다행히 겨울방학 동안에 ○○을 가르치는 일이 생겨서 아르바이트를 계속할 수 있었다. S씨는 REBT를 더욱 연습하여 비교적 융통성 있고 합리적인 생활철학을 가지게 되었고, 전보다는 여유 있는 마음으로 대학생활을 해나갈 수 있게 되었다. 개학 후에 상담관계는 종료되었다.

어떤 장군이 부하들에게 준 충고를 여기에 소개하기로 한다.

〈걱정하지 말라(Don't worry)〉

1. 당신이 군인이면 ① 위험한 곳과 ② 안전한 곳 중의 한 곳에 있게 된다.
2. 만약 안전지대에 있다면 걱정하지 말라.
3. 만약 위험지대에 있게 된다면 ① 다치게 되거나 ② 무사하게 지낸다.
4. 무사하다면 걱정하지 말라.
5. 다치게 되었다면, ① 경미한 상해 또는 ② 위험한 상해를 입을 것이다.
6. 경미한 상해를 당했을 때는 걱정하지 말라.
7. 위험한 상해를 당하면 ① 죽게 되거나 ② 회복될 것이다.
8. 회복될 때는 걱정하지 말라.
9. 죽게 될 경우에는 걱정할 수가 없다.

그래서 군인은 언제나 걱정할 것이 없다.

〈 걱정도 팔자다! 〉

헉! 정말 걱정이 태산이야!
무슨 고민이 그리 많으세요?
난 제대로 하는 게 하나도 없어요. 이 생각 저 생각으로 내 머리가 깨져요!
예를 들면?
난, 느려요! 아이들도 잘 가르치지 못해요. 난 잘릴 거예요!
그래요? 그런 증거가 있나요?
그런 증거는 없지만, 그럴 것 같다는 생각이죠!
또요?

학원장도 무섭고, 아이들도 눈치 보이고…… 또! 나이 들어 죽는 것도 무서워요. 치매도 걱정이고 늙어서 못 걸을까 봐 걱정이고……
와! 당신은 천재네요! 당신은 지금 없는 것을 찾아내니까요!
뭐라고요? 날 놀리는 거예요?
그럼, 그런 걱정을 하지 않으면 되겠네요!
걱정을 해도 문제가 안 풀리는데, 걱정을 하지 말라고요?
선생님은 걱정이 보물인가 봐요. 아니면 걱정하는 게 재미가 있나 보죠?
무슨 소리예요? 지긋지긋한 골칫덩어리예요!
그럼 지긋지긋한 것은 내다 버리면 되겠네요?
흐음…… 내다 버리라고요? 그럼 나한테 아무것도 없으면 허전해서 어떻게 살지?

07
열등감과 실패에 대한 공포

이 장에서는 먼저 열등감과 실패에 대한 공포에 관하여 엘리스의 처방책을 살펴보도록 하자(홍경자 역, 1986, 11장).

1. 열등감과 실패에 대한 공포

'나는 반드시 능력이 있고 똑똑하고 위대한 업적을 이루어야 한다. 그리고 적어도 어떤 분야에서만은 반드시 유능하고 재능이 있어야 한다.'

이와 같은 생각을 갖게 되면 실패할까 봐 두려워진다.

'인간은 그들이 이루어 놓은 업적에 따라 그들의 가치가 결정된다. 그러므로 내가 만일 무능력하다면 큰일이다.'

이와 같은 사상은 다음의 면에서 비합리성을 내포하고 있다. 즉, 어떠한 사람도 대부분의 영역에서 유능한 대가(大家)일 수는 없으며 완전한 능력이나 신(神)적인 경지에 이를 수는 없다. 레오나르도 다 빈치마지도 여러 면에서 약점이 있었는데, 하물며 우리들은 두 말할 필요조차 없다. 사실상 어떤 한 가지 영역에서 탁월한 능력을 보이려고 노력하는 일조차도 상당히 어려운 것이다.

1) '나는 틀려먹었다.'라는 단정적인 말의 오류

흔히들 '나는 무능한 인간이다.'(I am ~)라거나, '저 사람은 미쳤다.'(He is ~)라고 말한다. 그런데 '××는 ○○이다.'라고 단정적으로 표현하는 것은 잘못되어 있다.

전문적인 용어를 빌리자면 당신은 어떤 '물건'이 아니다. 어의학적으로 볼 때 동사인 "~이다."(to be)의 형태로 말하는 것은 정확하지 못한 표현이다. 흔히들 '당신은 은행원이다.'라거나 '저 아이는 학생이다.'라는 식으로 말하는데, 그런 표현은 옳지 않다. '엘리스(Ellis)는 심리학자다.'라고 하는데, 내(엘리스)가 심리학자의 업무로 많은 시간을 보내는 것은 사실이다. 그러나 나는 심리학 이외에도 정원을 가꾸고 숲속을 개와 함께 달리며, 내 아내와 많은 시간을 즐기며 독서하고 여행 등의 일을 한다. 그래서 '××는 ○○이다.'라는 단정적인 표현은 잘못된 것이다.

어떤 특정한 활동 하나에만 연관 지어서 당신의 됨됨이를 규명하는 것은 당신이 그 특정한 활동에서 보여 주는 수준만큼만 가치가 있을 따름이라고 간주하는 그릇된 관념을 낳게 한다.

완벽하려고 집착할수록 더 실패하기 쉽다. 물론 당신이 어떤 업적을 이루게 되면 매우 흡족할 것이다. 그러나 업적을 이루겠다는 일념으로 광적으로 일에 매달리게 되면 고통과 불편을 초래하기 십상이다.

그리고 당신이 성공하고자 분투하면서, 어쩐지 실패할 것만 같아 불안해한다면, 당신은 모험을 시도하는 일이나 실수하는 것을 두려워하게 될 것이다. 그렇게 되면 당신의 행동 반경은 좁아질 수밖에 없다.

사실상 실패 자체보다는 실패에 대한 공포로 괴로워하는 일이 더 흔한 증상이다. 이런 현상은 발기 불능(勃起 不能)과 불감증(不感症)으로 괴로워하는 환자의 예에서 흔히 볼 수 있다. 일반적으로 표현하자면, 당신이 기어코 성공해야 한다고 스스로에게 강요할수록 그만큼 더 열등감에 휩싸여 당신 자신을 무능력하게 만드는 꼴이 된다.

2) 발기에 성공하려고 집착할수록 발기가 안 되는 제임스(엘리스의 사례)

34세의 남자 내담자인 제임스(James)는 발기가 잘 되지 않았는데, 그는 다음과 같이 말하였다.

(J: James, E: Ellis)

J 1: 제가 실패할까 봐 두려워하기 때문에 발기불능이 된 것은 잘 알고 있습니다. 그렇지만 제가 어떻게 두려워하지 않을 수가 있겠습니까? 전 실패하고 싶지 않습니다. 아내와 섹스하려고 해도 삽입조차 되지 않을 때는 정말 무능력하다고 느낄 수밖에 없습니다. 그런데 어떻게 달리 생각하란 말입니까? 나는 망조예요.

E 1: 당신이 망조라고 여기는 이유를 따져 봅시다. 지난번에 당신은 아내와 성관계를 가질 때 클리토리스(clitoris)를 자극해서 그녀를 만족시킬 수 있었다고 했지요? 그녀도 클리토리스의 자극으로 오르가즘에 이른 후 편안히 이완되어 행복감에 젖었다고 했던가요?

J 2: 예, 그랬습니다. 그렇지만 저는 어떻게 합니까? 저는 어디에서 만족을 얻지요?

E 2: 잠깐만요. 하여간에 당신이 발기가 되지 않을까 두려워하는 문제는 성교를 통해서 완전한 만족감을 맛보지 못할까 하고 염려하는 것과 관계가 있다는 것이지요?

J 3: 반드시 그런 건 아니지요. 아내가 나를 임포(impotence, 발기 불능)라고 생각하는 것이 저는 싫습니다. 그리고 제기랄, 저 역시 자신을 임포라고 생각하기 싫고요.

E 3: 아, 그렇다면 이건 당신이 성적으로 만족을 얻지 못해서 애석한 감정을 느끼는 문제 이상으로, 또 다른 문제가 있군요. 당신은 '나는 섹스가 주는 모든 재미와 만족을 놓

치고 있으니, 이 얼마나 끔찍한가!'라는 식으로 독백하는 것 같군요. 그리고 그러한 말은 실제로 타당성이 있고 옳은 말인 것 같습니다. 그런데 당신은 거기에 그릇된 생각을 하나 더 첨가하고 있을 거예요. '아내는 틀림없이 나를 못난 놈이라고 생각할 거다. 그렇지 않으면 나에게는 잠재적으로 동성연애의 성향이 있는지도 모른다. 그래. 그럴 거야. 그렇다면 큰일이다! 난 얼마나 비열한 놈인가!'라는 식으로 스스로 자문자답하고 있지 않습니까?

J 4: 정말 그래요.

E 4: 그렇다면 당신 문제에 대한 해결책이 환하게 보이지 않습니까?

J 5: 글쎄요. 선생님은 저더러 그런 말도 되지 않는 말을 중얼거리지 말고, 옳은 말만 독백하라! 이 말씀이지요?

E 5: 바로 그렇습니다. '내가 성적으로 실패하면 얼마나 끔찍스러운 일인가? 또 동성연애자로 전락한다면 큰 야단이다.'라고 독백하는 일을 중단하십시오. 그리고 당신이 '성적인 재미를 많이 놓치고 있다.'는 구절은 옳은 말이니까, 그 면에 대해서만은 고치려고 하십시오. 그래서 '나의 아내와 함께 얼마나 많은 재미를 나눌 수 있는가?'의 문제에 초점을 맞추십시오.

J 6: 하지만 제가 이 문제로 치료를 받고 있는 동안 아내에게 뭐라고 말해야 할까요? 그런 것도 아내와 함께 상의해 볼까요?

E 6: 되도록이면 그래야지요. 다음번에 아내와 섹스를 할 때는 이렇게 말해 보십시오. '여보, 치료 선생님이 말씀하시기를, 내 문제는 전적으로 내 머릿속에서 만들어 낸 것이라는 거야. 내 자신에게 허튼 소리를 주입하기 때문이라는 거지. 선생님은 우리 둘이서 처음에는 성행위를 할 때 간접적인 접근만 시도하라고 하더군. 반드시 삽입으로 끝나야 한다는 생각을 잊어버리고, 서로 간에 즐기는 일(fun) 자체에만 주로 신경을 쓰라는 거야. 여보, 내가 발기를 하는가 또는 발기를 하지 못하는가에는 신경을 쓰지 않고서도 우리는 유쾌한 시간을 가질 수 있어요. 당신은 나를 애무해줘요. 우리 두 사람이 엔조이(enjoy)만 한다면 어떤 종류의 애무도 다 좋대요. 나도 당신을 어루만져 줄 테니까요. 그래서 내가 발기 여부에 대해서 신경을 쓰지 않으면, 내 신체가 저

절로 알아서 움직여 주게 되고, 그러노라면 얼마 가지 않아 발기가 잘될 거라고 그러더군. 그러니까 요점은, 내가 삽입을 잘하든지 못하든지 간에 상관없이, 우리는 하여간 섹스를 만끽할 수 있다는 거야. 그리고 우리가 서로 즐기는 일에만 신경을 쓰다 보면 우리들의 문제는 거의 다 해결된다고 했어요.'라고 말하십시오.

J 7: 글쎄요. 선생님 말씀은 알아듣겠습니다. 일리가 있는 것 같군요. 그렇지만 선생님 말씀에 이상한 면도 좀 있어요. 아내와 제가 발기 여부에 전혀 신경을 쓰지 말라고 말한다면, 그건 우리 자신을 놀리는 말이 아닐까요?

E 7: 물론 발기가 안 되면 문제가 되겠지요. 그러나 당신이 상상하는 것처럼 발기만이 가장 중요한 것은 아니라는 거죠. 여성들은 남자가 성적으로 완벽한 기량을 발휘하지 않아도 오르가즘을 느낄 수 있습니다. 그리고 당신 역시 성적으로 최대한의 능력을 발휘하지 못하는 경우에도 또한 상당히 쾌감을 느낄 수 있다고 나는 확신합니다. 사실상 내가 만나는 내담자의 상당수가 실제적인 삽입을 하지 않고서도 서로 즐기며 만끽하고 있지요. 당신이 꼭 삽입을 해야 한다고 신경을 쓰는 일을 중단하고, 그 대신에 삽입하는 것이 아주 '바람직한 일'이라는 식으로 관점을 돌린다면, 얼마 가지 않아서 만족스러운 성교를 할 수 있게 될 것입니다. 그런데 여기서 유념할 것이 한 가지 있어요. 삽입하지 않아도 만족할 수 있다고 믿는 척해서는 안 됩니다. 그것은 무성의한 태도입니다. '내가 삽입을 하지 않고서도 즐기는 척하자. 그러면 발기되는 것이 용이해져서 드디어 삽입할 수 있을 것이다.'라는 식으로 생각을 해서는 안 됩니다. 그 대신에 당신이 삽입을 하지 못하면 다만 섭섭하고 불편할 뿐이지, 끔찍스러운 공포적 상황이 아니라고 확신하십시오.

J 8: 그러니까 제가 삽입하기를 원하기는 하지만, 반드시 삽입이 필요한 것은 아니라는 점을 확실히 해두라는 말씀이지요? 그래서 내가 아내와 성관계를 가질 때 삽입 자체보다는 즐기는 일이 가장 중요하다고 확신하라는 말씀이시군요.

E 8: 그렇습니다. 당신이 즐기는 일에만 신경을 쓰게 되면 삽입도 성공적으로 이루어질 확률이 높습니다. 그런데 만일 당신이 삽입하는 일에만 신경을 쓰게 되면 부드러운 애무라든지 여러 가지 애정 표현을 서로 즐길 여유가 없게 될 가능성이 많습니다.

이 면담을 마친 날 밤에 내담자는 자기 아내에게 내(엘리스)가 들려준 이야기를 하면서 오랫동안 대화를 주고받았다. 그리고 발기에 신경을 쓰기보다는 자기 자신을 즐기려고만 노력하였다. 수년 만에 처음으로 그는 부드러운 신체적 접촉과 즐거움을 만끽하였다. 그리고 20분 동안이나 발기가 지속되어 자기 인생 중 최상의 교접을 이루었다.

3) 발기 불능과 불감증의 치료 방법: 감각 집중법

REBT에서 성적인 무능의 문제를 다루는 방법은 마스터스(Masters)와 존슨(Johnson)이 개척한 치료법과 다른 면도 있고 공통된 면도 있다. 마스터스와 존슨은 성적인 문제는 초기 아동기의 경험에서 근원이 발달되었거나, 근친상간적 소원을 품고 있는 것에 대한 죄의식에서 발기불능이 발단되었다는 것을 밝히고 있다. 그리고 성적으로 실패할까 봐 두려워하는 것에서도 문제가 발단된다는 것을 명백히 천명하였다.

마스터즈와 존슨은 성적으로 실패할까 봐 과도하게 두려워하면서 신경을 곤두세우는 것 때문에 성적인 무능이 초래된다는 것을 알고 나서, 특히 '감각 집중법(Sensate Focus)'이라고 불리는 기법을 고안하였다. 이것은 섹스(sex) 자체보다는 자기 자신의 신체적 쾌락과 배우자의 신체적 쾌락에만 초점을 맞추도록 하는 것이다. 마스터와 존슨 같은 성적 치료자로부터 성애(性愛)에 대한 훈련을 받은 대부분의 사람들은 전희(前戲)와 성교(性交), 후희(後戲)를 만끽하기 시작한다.

REBT에서는 첫째, 내담자들이 발기나 오르가즘에 이르는 것이 힘든 경우에는 성적으로 흥분시키는 자극에 고의적으로 관심의 초점을 맞추라고 가르친다. 둘째, REBT에서는 자기의 그릇된 관념을 격파하라고 강조한다. 그리하여 성적으로 실패하든 실패하지 않든 간에 상관하지 않고 무조건적으로 자신을 받아들이라고 촉구한다.

4) 자기를 수용하라, 그리고 삶을 즐겨라

자기는 어떤 중요한 분야에서만은 유능하고 능력이 있어야 한다고 생각하는 것을 집약적으로 풀이하자면, 당신은 자신을 평범한 인간으로 보지 않고 초인(超人)으로 간주하고 있는 것이다. 그리고 만일 유능한 면이 증명되지 않는다면 당신은 인간 이하의 하등동물이라는, 일종의 마귀 같은 사상을 가지고 있는 셈이다. 이처럼 어리석은 사상을 우리 가정과 학교와 사회에서 주입시키고 있다. 그래서 많은 청소년들이 열등감에 시달리고 있다.

REBT에서는 인간은 다만 인간일 뿐, 그 이하도 그 이상도 아니라는 견해를 고수한다. 만일 당신이 당신의 인간성을 수용하고 인간으로서의 부족하고 어리석은 속성을 전적으로 받아들인다면, 당신은 심리적으로 소진되지 않을 것이다.

무엇보다도 당신은 어떤 일을 완벽하게 해내야만 한다고 굳게 결심하지 않는 것이 좋다. 그 대신에 당신이 취할 행동에만 오로지 초점을 맞추기 바란다. 물론 일을 잘 수행해 내는 것이 훨씬 더 바람직한 것만은 사실이다. 그건 좋은 일이다. 그러나 무슨 일이든지 기어코, 반드시 훌륭하게 수행해야만 한다는 법은 없다는 뜻이다.

그러므로 어떤 업적을 이루려고 분투하기보다는, 삶을 향유하고 즐겨라. 진정으로 합리적인 삶과 자기성취적인 삶을 살고자 원한다면, 운동 경기나 악기 연주를 잘하려고 노력하되, 남들을 능가하려는 생각에 사로잡히지 마라. 어떤 조건하에서는 연주가 잘 되지만, 모든 상황에서 항상 연주가 잘 되는 것이 아니라는 사실을 받아들여라. 다시 말해서 높은 요구수준을 세우되, 비현실적인 요구수준을 세우지는 말기 바란다. 그리고 설령 당신이 원하는 바를 성취하지 못할 경우에는 단지 실망만 할 뿐이지, 자기비난하고 자기학대하여 심리적으로 비참한 상태에 빠져 있지는 마라. 당신이 실패한 것을 애석해 하되, 실패와 연관시켜서 '자기는 못난 사람이다.'라고 당신의 가치를 평가절하하지는 말기 바란다.

2. 나방기 이병의 사회공포증과 강박증

나방기(22세) 이병은 '관심 병사'로 분류되었다. 나방기 이병이 우두커니 멍한 자세로 서 있고 어떤 반응이 없으며, 자기 할 일을 곧잘 빠트리고 질문을 해도 고개를 떨어트리고 대답을 하지 못하는 것이 소대장의 관심을 끌게 되었다.

소대장은 그에게 복무 장애가 있는 것 같으니 상담을 받아보라고 권유하여 그는 군 상담실에 왔다. 그는 처음에는 군 상담관을 흘끗흘끗 바라보면서 가늘고 어눌한 목소리로 이야기를 하였다.

그의 호소문제는 다음과 같았다.

① 상사가 무슨 지적을 하거나 욕설을 하면 숨이 가빠지고 손이 떨리며 심장이 두근거린다.

② 자기가 막사(침실)의 문을 닫았는지, 또 침낭은 제대로 정리했는지를 몇 번씩 반복해서 확인한다.

③ 경계 근무 때 멍하니 있고 로봇 같은 느낌이 든다.

④ 자기 의견을 말하지 못하고 우물거린다. 그리고 사람들을 회피한다(이것은 대학교 때도 그랬다).

⑤ 막연한 자살 생각이 문득문득 스쳐지나간다. 혼자 상상으로 섹터를 타다가 넘어진다거나, 2층 침대에 누워 있다가 머리를 반대쪽으로 박고 떨어지는 장면을 가끔씩 떠올린다.

나 이병은 상담이 진행됨에 따라 목소리도 점차 커지고 표정도 밝아졌다. 그의 말에 의하면 그는 평소에도 열등감이 많았다고 한다. 어려서부터 아버지는 자신을 공부도 잘하고 활발하고 말도 잘하는 큰 누나, 작은 누나와 항상 비교하면서 꾸지람을 하였다고 한다.

"누나들은 저렇게 야무진데, 너는 사내새끼가 되어 가지고 계집애만도 못하니, 제대로 사람 구실을 하겠냐? 왜 똑똑하게 똑바로 쳐다보면서 말을 하지 못하냐? 아이고! 아들 하나 둔 것이 지지리도 못나가지고……." 두 누나들은 활달하고 명석한 아버지의 피를 물려받았고, 자기는 외모나 목소리, 성격이 조용한 할머니를 닮았다.

나방기 씨는 원래 내향적이고 수줍음이 많았다. 그런데 초등학교 때부터 급우들이 자기 이름을 부르면서 놀려댔다. "야, 나방기! 너 방귀라고? 너 방귀 꾸었지? 에이 똥냄새! 저리 가라." 그러면 그는 얼굴만 붉힐 뿐, 단 한마디도 대꾸를 하지 못했다.

"아빠, 내 이름을 왜 이렇게 지었어요? 아이들이 방구쟁이라고 놀려요, 내 이름 좀 바꿔 주세요." 그러면 아버지는 호통을 치셨다. "저 못난 녀석 봐라. 네 이름이 어때서? '방기(方起)'는 동서남북 어디서나 일어나라고 하는 의미니까 아주 좋은 뜻이야. 작명인에게 비싼 돈을 주고 산 이름이다. 쓸데없는 소리 말아라."

아무튼 아버지나 선생님에게 야단맞는 것이 두려워서 나방기 씨는 학교 준비물이나 숙제를 빠트릴까 봐 항상 마음을 졸이고 학교에 다녔다. 초 · 중 · 고 시절에 잠을 자다가 큰 소리가 나서 깨어 보면 주사가 심한 아버지가 어머니를 폭행하는 싸움 소리였다. 그런 소리를 듣게 되면 그는 자기 방문을 꼭꼭 잠그고 숨을 죽였다. 그 뒤부터는 혹시나 누가 자기 방에 침입하면 어쩌나 하는 걱정을 하였다. 특히 갑자기 외부에서 큰 소리가 나면 정신이 멍해지고 숨을 제대로 쉴 수 없게 되었다고 한다.

군대에 입대하여 ○○상병이 큰 소리로 구령을 하는 목소리가 자기 아버지를 연상시켰기 때문에 그때부터 나 이병은 심장이 두근거리고 멍하니 정신을 잃게 되는 경우가 잦았다고 한다.

나 이병의 문제점을 살펴보자.

① 큰 소리에 대하여 일종의 공포 반응이 조건형성된 것 같다. 특히 ○○ 상병이 무섭다.
② 방문 잠그기, 침낭 정리 등에 대하여 강박적이다.
③ 사람들에게 눈을 응시하지 못하고 자기 의사표현을 하지 못하며 사람들을 회피한다.
④ 가끔씩 정신을 놓고 멍하니 서 있거나 자살하는 상상을 한다.
⑤ 자기는 '못난 사람이다.'라는 생각을 한다.

이와 같은 현재의 증상은 나 이병이 어린 시절에 경험한 심리적 외상(trauma)과 연관이 있음을 알 수 있겠다. 제3장에서 살펴본 바와 같이 동물이나 인간이 어떤 것을 학습하는 데에는 결정적인 시기가 있다. 나 이병은 아마도 10세 전후에 아버지의 고함소리에 대한 공포 반응이 학습된 것 같다. 그의 공포증을 탈조건화(脫條件化)시키려면 안전감과 기쁨을 경험하여 그의 두뇌의 시냅스에 새로운 배선이 생기고 그것이 반복적으로 강화되어야 한다. 나 이병은 군대 생활이 위협적인 것이 아니라는 것을 군 상담관과의 안전한 관계 속에서 체험할 필요가 있다. 그러고 나서 큰 소리의 ○○상병에 대한 공포증과 강박 행동을 개선하는 것은 심상작업과 점진적 탈감법(단계적 둔화) 등의 행동주의적 방법으로 접근하는 것이 바람직하다.

또 '자기는 못난 사람이다.'라는 생각과, 강박 행동의 원인인 '실수해서는 절대로 안 된다.'는 관념을 치유하는 데에는 REBT와 같은 인지행동치료이론(CBT)을 적용하는 것이 효과적이다. 멍때리기는 '알아차리기'와 '마음챙김 명상'의 기법으로 접근할 수 있다. 그의 자살 생각은 열등감과 관련되어 있다는 것을 나 이병은 인식하지 못하는 것 같다. 자살 생각도 CBT로 다루어 나갈 수 있다고 본다.

사람들의 눈을 응시하지 못하고 자기 의사표현을 하지 못하는 것을 '사회공포증'이라고 한다. 나 이병은 초등학교 때부터 아버지가 눈을 똑바로 쳐다

보고 똑똑하게 대답하라고 호통을 쳤기 때문에 사람들을 응시하고 말을 하는 것에 대한 공포 반응이 조건형성되었다고 본다. 그리고 수업시간에 발표하다가 실수한 것을 커다란 수치로 여긴 다음부터는 더욱더 의사표현하는 것에 불안을 느끼게 되어 그것이 증상으로 굳어졌다. 이 문제에 대한 치료 방법을 몇 가지 소개하자면, 상담자는 그에게 먼저 단계적 둔화와 심상작업을 활용할 수 있다. 그리고 많은 사람에게 발표불안이 있다는 것과 발표나 대화 역시 연습을 하면 발전할 수 있다는 것을 주지시키고, 상담자는 그에게 발표 준비의 과제를 부과하는 것이 효과적이다.

예를 들어, 내담자가 관심 있는 주제나 또는 신문이나 TV의 뉴스 중에 한두 가지 주제를 택해서 자기가 할 말을 먼저 글로 적어 보라고 지시할 수 있다. 그리고 혼자 소리 내어 발표 연습을 여러 차례 하고 나서 상담자 앞에서 발표를 하게 한다. 그 다음에 부대 안에서 편안감을 느끼는 한두 명의 병사에게도 동일한 내용으로 이야기하는 과제를 부과한다. 이것은 실행적(in-vivo) 탈감법이다. 불안한 마음을 관리하기 위해서 상담 중에 호흡명상과 마음챙김의 기법을 가르쳐 주는 것도 유익하다.

또한 REBT의 합리적-정서적 심상법(REI)과 NLP의 '닻을 내리기'를 적용할 수 있다. NLP에서는 나 이병이 무슨 말을 하려고만 하면 불안해질 때, 그가 과거에 학교에서 성공적으로 발표하여 칭찬 받았던 장면을 회상하게 한다. 그리고 발표하기 전에 불안감이 엄습하면 나 이병은 자기만 아는 신체 부위(예: 손등)를 만지면서 과거에 성공했던 장면을 떠올리며, 마음속으로 성공 경험에 대하여 중얼거린다. '방기야, 너 고등학교 때 ○○시간에 발표를 잘했지 않니? 그렇게만 해. 너는 할 수 있어.' 그리고는 발표에 임하는 것이다. 자기만 아는 신체 부위가 나 이병의 요동치는 마음의 파도를 안정시켜 주는 '닻'의 역할을 하는 것이다.

사회공포증과 유사하게, 취업면접 불안과 무대공포증으로 괴로워하는 사람들이 많다. 예를 들어, 악기(피아노, 첼로, 플루트 등)를 무대에서 연주할 때,

평소 자기가 열심히 노력한 것과는 달리 무대에서 실수하여 낮은 평가를 받은 다음부터는 무대공포증이 생겨 봅시 고통스러워 하는 사람들이 있다. 이들에게도 동일하게 REBT · 인지이론을 적용하면 효과를 볼 수 있다.

상담자는 전설적으로 이름을 날린 세계적인 야구선수 역시 성공적인 타율이 30% 내외라는 사실과, 모든 사람은 무대공포심이 있으며, 명연설가였던 존 F. 케네디 대통령도 발표불안이 심하였다는 사실을 그런 내담자에게 주지시킨다. 그리고 다음과 같은 기법을 적용할 수 있다.

① '나는 발표할 때나 연주 때 반드시 절대로 실패해서는 안 된다.'는 강박적인(당위적) 사고를 버리도록 ABCDE 모형의 자기조력 양식에 적어보라고 한다. 그런 당위적 신념 대신에 '나는 발표를 잘하고 싶다. 그러나 나는 불완전한 인간이므로 실수할 수도 있다. 내가 실수하고 실패할 때 그것을 담담하게 받아들인다.'라는 신념으로 바꾸도록 인도한다.
② 호흡명상과 근육이완훈련으로 마음을 안정시키는 기술을 여러 번 연습한다.
③ 긍정적인 상상으로써 자신이 안정감 있고 의젓하게 자기 기량대로 무대에서 연출하는 모습을 확실하게 머리에 그리도록 이미지 작업을 한다. 그리고 NLP의 '닻을 내리기'도 시도한다.
④ 어떤 대목에서 말문이 막히거나 연주할 때 실수를 반복할 경우에는 '역설적 의도'의 기법을 사용하여 교정한다. 그것은 실수하는 부분을 의도적으로 여러 번(예를 들어, 100번 또는 200번) 실수를 해 보는 것이다. 그렇게 하면 그 대목에서 징크스처럼 실수하던 습관이 교정될 수 있다.

나 이병이 사람들을 회피하는 것은 대학교 때도 동일하였다. 그는 사람들과 친밀한 사이로 지낸다든가 친구 사귀는 방법에 대하여 잘 알지 못하기에 외톨이로 지내왔다. 가능하다면 상담자는 나 이병에게 사회성 훈련의 기회를 제공하는 것이 좋다. 친밀한 유대관계를 개발하려면 첫째, 상대방에게 관심을 가지고 말을 거는 것이며, 둘째, 자기 공개도 하는 것이다(홍경자, 2017).

3. 자기 책망과 사람들을 비난하는 문제

우리가 실수하고 잘못했을 때 양심의 가책을 받고 괴로워하는 것은 본질적으로 좋은 현상이다. 우리의 양심 내지 초자아(超自我)가 자꾸만 우리 자신을 고발하기 때문에 다시는 더 나쁜 행동을 하지 않게 되고, 책임감과 도덕성이 있는 성숙하고 윤리적인 사람이 될 수 있다.

그런데 어떤 사람이 자기가 과거에 범한 잘못에 대해서 끝없이 괴로워하고 자기 징벌하며 밝고 생산적인 삶을 살지 못하고 '어둠' 속으로 움츠러든다면, 그것은 정신건강상 심각한 손해가 아닐 수 없다. 그처럼 지나치게 발달한 양심과 초자아가 발목을 붙잡고 있을 경우 어떻게 하면 편안한 마음으로 살아갈 수 있을까?

자기혐오와 자책에서 자유로워지고, 남과 세상을 미워하고 분노하는 것에서 자유로워질 수 있는 방법에 대한 엘리스의 설명을 들어보자(홍경자 역, 1986, 12장).

1) 자신과 세상 사람들을 비난하고 질책한다는 것은 무슨 의미인가

심리적인 고통 내지 정서장애의 본질은 한마디로 '질책'이나 '비난'이라고 말할 수 있다. 만약 당신이 자기를 탓하고, 타인을 탓하고, 또 세상을 탓하지 않으려고 결심한다면, 몹시 상심한 나머지 부글부글 화를 끓이는 일은 불가능할 것이다. 사람들은 자신이나 타인을 질책한다. 그것은 다음과 같은 비합리적인 관념을 가지고 있기 때문이다.

'사람들이 불쾌하고 불공평한 행동을 할 때는 그들을 비난하거나 책망하는 것이 마땅하며, 그들을 몹쓸 사람으로 보아야 한다.'

이런 생각은 다음과 같은 이유 때문에 타당하지 않고 합리적이지도 않다.

① 우리가 어떤 사람을 사악하고 고약한 사람으로 단정할 수 있다고 하는 생각은, 자유 의지에 대한 고대의 신학적 원리에서 비롯된 것이다.
프로이트가 생각하였듯이 인간은 조건화된 반응을 발달시키는 경향을 가지고 있으며, 특정한 형식으로 행동하려는 유전적인(선천적인) 성향을 지니고 있다. 그래서 그들이 '좋거나' '나쁜' 쪽으로 행동하지 않을 수 없게끔 방향지어졌다. 따라서 그런 행동 경로를 바꾸기가 참으로 어렵다. 그러므로 우리가 그들을 비난하거나 질책하게 된다면, 그것은 그들의 유전적인 성향을 무시하는 것이다. 그리고 그들에게는 선택의 능력이 주어졌는데, 그들이 선택의 자유를 잘못 사용했다고 판단한다는 뜻이다. 그런데 그것은 오류다.

② 우리는 자신의 잘못된 행동을 보고 '나쁘고' '사악하다'고 곧잘 평가한다. 이처럼 어떤 것은 '좋고, 나쁘고' 혹은 '윤리적이고, 비윤리적'이라고 정의하며, 합리적인 사람은 옳고 옳지 못한 행동을 쉽게 분별할 수 있다고 생각하는 경향이 있다. 그런데 이것은 그릇된 생각이다. 왜냐하면 문화에 따라서 모든 사람들이 진정한 '선'이나 '악'에 관하여 만장일치하는 결론을 내리기는 거의 불가능하기 때문이다.

③ 우리가 '선행'과 '악행'에 대한 표준을 가지고 있다고 할지라도, 어떤 사람이 그런 표준을 따르지 않는다고 해서 그들을 비난할 수는 없다. 차라리 나쁜 행동을 한 사람이 스스로 반성하도록 유도하는 편이 낫다.

④ 자기의 잘못에 대해서 자신을 책망하는 사람들은 더 이상의 잘못을 저지르지 않을까 하고 매우 두려워한 나머지, 무엇인가 새로운 실험이나 모험을 시도해 보려고 하지 않을 것이다.

⑤ 당신이 '죄'에 대해서 당신 자신이나 타인을 질책한다는 것은 건전한 도덕성을 해

친다.

⑥ 질책을 일삼는 사람은 대개 자신이 행한 나쁜 행위와 죄의 본질을 혼동한다. 인간은 과거에 많은 악행을 했다 할지라도, 대개 그 이후에는 나쁜 짓을 더 이상 하지 않게 된다. 그래서 본질적으로 악한 대로 끝까지 남아 있을 수가 없다. 어떤 사람들이 몇 번 실패했다고 해서 영원히 실패자가 되는 것은 아닌 것처럼, 가끔 잘못된 일을 하거나 부도덕하게 행동해 온 사람이라고 하여 영원히 죄인이 되지는 않는다.

⑦ 당신이 누군가를 질책한다는 것은 당신이 화를 터뜨림으로써 당신이 정당하다는 것을 나타내는 것이다. 그러나 당신이 화를 낸다는 것은 본질적으로 다음과 같은 의미를 내포하고 있다.

–나는 그의 행동을 좋아하지 않는다.

–그러니까 그는 응당 그런 짓을 하지 말아야 한다.

여기서 두 번째 문장은 결코 실현성이 희박하며, 다만 당신의 정당성을 과장해서 표현하는 것이다.

⑧ 당신 자신이나 타인을 질책하게 되면, 부질없이 화가 나게 되고 그로 인해서 많은 부작용만 가져올 뿐이다. 그 사람의 행동이 나쁘고 부도덕하기 때문에 당신이 화를 낸다고 해서 그가 나쁜 행동을 그만둘 확률은 많지 않다. 사실은 당신이 그를 미워하고 있고, 그도 역시 당신을 미워하기 때문에, 그런 것들이 앞으로도 계속 그 사람이 잘못 행동하게 하는 유발 요인이 될지도 모른다.

⑨ 만약 당신이 나쁜 행동을 하는 사람들을 노골적으로 질책한다면, 당신 자신에게도 그 질책의 표준을 가져다 대어야 할 것이다. 그렇게 되면 견딜 수 없는 자기혐오가 뒤따르게 될 것이다. 타인을 용서하지 못하면, 결과적으로 당신 자신의 실수에 대해서도 용서하지 못하게 된다. 잘못을 저지른 타인을 당신이 멸시하게 되면, 당신은 당신 자신의 인간성은 물론, 전 인류를 멸시하는 것과 같다.

⑩ '부도덕한 행위를 한 나는 타락한 사람이고 얼간이다.'라고 단정한다는 것은 비과학적이다. 당신은 자신의 행동이 '타락했고' '얼간이 짓이다.'라는 사실을 관찰할

수는 있다. 그리고 그것이 여러 가지 불리한 결과를 가져온다는 것을 입증할 수는 있다. 그러나 당신 자신이 타락했다는 것을 입증할 수는 없다. 그 배후에 깔린 의미는 다음과 같다.

–당신은 나쁘게 행동하였다.

–당신은 앞으로도 항상 나쁜 짓을 할 것이다.

–당신이 그런 짓을 저지르는 것을 스스로 허용했기 때문에, 당신은 비난받아 마땅하다.

2) 자책하고 타인을 비난하는 것에서 자유로워지려면

당신이 자신이나 타인을 탓하고 있다는 사실을 인식하고 나서 당신의 질책 뒤에 숨어 있는 비합리적인 신념을 바로잡기 위해 무엇을 할 수 있을까?

① 당신이 우울하거나 죄의식을 느낄 때는, 어느 정도는 자신을 책망하고 있다고 인정할 수 있다. 아마도 당신은 자기–비난의 문장을 다음과 같이 독백할 것이다.

–나는 이 일을 잘못했다.

–그러므로 나는 나쁘고 무가치하다.

그런데 당신은 이런 독백의 문장을 다음과 같이 변경할 수 있다.

–분명히 나는 이 일을 잘못한 모양이다.

–대부분의 인간은 잘못 행동하기 마련이다. 그래서 나도 실수했다.

–이제 어떻게 하면 내가 그와 같은 잘못을 교정할 수 있을까?

② 미래에는 기어코 잘못을 고치겠다고 결심하는 것만으로는 충분하지 않다. 그것은 마치 당신이 훌륭한 피아니스트가 되려고 결심한다고 해서 곧바로 훌륭한 피아니스트가 되지는 못하는 것과 같다. 오로지 노력과 실천을 통해서만이 피아노를 잘 칠 수 있고, 식이요법도 잘 할 수 있고, 당신의 과거의 실수도 교정할 수 있다.

③ 당신은 책임과 질책을 구별해야 한다. 당신이 취한 행동에 대해서 당신에게 책임

이 있는 것은 자명하다. 그러나 당신이 무책임하게 어떤 일을 했다고 하여, 당신 자신을 무가치한 인간으로 간주하고 질책해야 한다는 뜻은 아니다.

④ 당신은 실제로 나쁘게 한 행동과 나쁜 것처럼 보이는 행동을 구별해야 한다. 예를 들어, 혼전 성경험을 하는 것을 많은 종교기관이나 지역사회단체에서 나쁘다고 지적한다. 그러나 당신도 그것이 나쁘다고 생각하는가? 당신의 혼전 성경험이 당신 자신과 다른 사람에게 실제로 손해를 끼쳤다고 믿는가?
특정한 행동에 대하여 깊이 생각해 보지도 않고 무조건 나쁘다거나 부도덕한 것으로 간주하지 말 것이며, 주의 깊게 생각해 보고 나서 판단하라.

⑤ 당신이 화가 나거나 적개심이 일어난다는 것은 당신이 과대망상적이며 완전주의적이라는 의미도 된다.
다른 사람의 행동을 다만 싫어하거나 귀찮게 여길 뿐이라면, 당신은 오직 혐오감만 느끼게 될 것이다. 그리하여 그 사람이 '달리 행동해 주었으면!' 하고 바라는 수준에 머무르게 될 것이다. 그리고 그렇지 않을 때는 다만 섭섭해 하고 실망하게 될 것이다.

설령 이상과 같은 방법을 사용하여 당신이 자책하거나 타인을 탓하는 습성을 타파한다 하더라도, 당신이 성자(聖者)가 되지는 않을 것이다. 당신은 여전히 자신의 행동이나 남의 행동을 아주 싫어할 소지가 많다. 그러나 더 이상 마음속으로 부글부글 끓고 있지는 않을 것이다. '실수를 하는 것이 인간이다.' 그러므로 일단 자기와 타인을 용서하게 되면 당신은 비교적 건전하고 현실적인 태도로 살게 될 것이다.

이상으로 엘리스가 강조한 내용을 음미하면서 열등감에 대하여 정리해 보았다.

"나는 보잘것없는 사람이야. 이 세상에서 내가 무엇을 할 수 있을까?"
열등의식에 사로잡혀 자신에게 그런 말을 독백한다면 당신의 마음이 불행감으로 차 있게 된다. 그러므로 당신 자신에게 무슨 말을 하고 있는가가 당신의 인생을 좌우한다.

마음이 긴장과 불행감으로 차 있는 것은 죽이는(독이 되는) 생각에서 비롯된다. 마음이 편안하고 행복한 상태에 있는 것은 살리는(약이 되는) 생각에서 비롯된다. 그러므로 독성이 있는 생각을 살리는 생각으로 바꾸는 것이 현명한 삶의 이정표다.

우리의 강점을 강화시키고 우리의 약점을 약화시키자. 우리 자신의 생각을 바꾸면 세상도 저절로 바뀌진다.

삶이란 공평하기도 하고 불공평하기도 하다. 이것을 발견하라. 행복한 사람은 이것을 발견한 사람이다. 그리고 불공평한 것에 직면할 용기가 있는 사람이다. 커다란 태양이 할 수 없는 것을 작은 램프불은 할 수 있다. 램프는 어두운 밤길을 비쳐주는 등불이다. 우리가 무언가 도움이 되어 주려는 의지만 있으면 된다. 자기에게도 용기를 심어줄 용기를 가져라. 많은 사람이 우리 앞에 없는 것을 찾아내려고 주의를 기울인다. 그 결과 우리는 우리 앞에 있는 것을 놓친다.

신(神)은 하늘 아래 어딘가에 당신만이 할 수 있는 일을 마련해 놓았다.

– 호러스 부쉬엘 –

당신을 만나는 모든 사람이 당신과 헤어질 때 더 나아지고 더 행복해질 수 있도록 하라.

– 마더 테레사 –

4. 놀림 받는 것과 따돌림에 대하여

먼저 놀림 받는 것에 대하여 성찰해 보자. 만약에 누군가가 당신에게 '게으름뱅이'라고 부를 때 당신이 그 말을 곧이듣는다면 마음에 상처를 받게 된다. 그런데 당신은 자기가 게으름뱅이가 아니라는 것을 알고 있다면, 누군가가 당신에게 게으름뱅이라고 말하더라도 상처를 받지 않게 된다. 왜냐하면 당신은 그런 말에 신경을 쓰지 않기 때문이다.

베토벤은 46세에 청각을 상실하고 완전한 귀머거리가 되었다. 그래서 친지들과는 종이에 글을 써서 의사표현을 하였다. 그는 사람들이 그를 귀머거리라고 손가락질하고 비난하든 말든, 그것에 신경 쓰지 않고 오로지 자기의 할 일, 곧 작곡에만 몰두하였다. '그래, 나는 귀머거리야. 그래도 나는 작곡을 할 거야.'라고 자기 수용한 결과, 인생의 절망적인 시기에 〈운명〉 〈황제〉 〈전원〉 등 불후의 교향곡 9편을 작곡하였다.

당신이 놀림 받거나 비난받음으로써 불리한 입장에 처하게 되면 창의적으로 임하라.

축구시합을 할 때 상대가 내 공을 채가면 그때마다 화를 낼 것인가? 또 창피해서 그 자리에 주저앉을 것인가? 축구선수는 상대가 자기 공을 채가는 경우에 그럴 수 있다고 순순히 받아들인다. 그리고 그 공을 다시 자기가 빼앗아 오기까지 요모조모로 노력하면서 경기에 임한다. 그러니까 선수는 경기에서 공을 빼앗기고 빼앗는 것 자체를 즐긴다. 그러므로 크게 개의치 않도록 하라.

청소년들은 개구쟁이다. 서로 약을 올려주는 재미로 별명을 붙여 급우들을 놀린다. 급우들이 세용이(중2)의 눈을 보고 '단추 구멍'이라고 했다고 하자. 세용이는 급우들의 말이 옳다고 받아들인다. 그리고 단추 구멍의 눈은 왕방울 눈보다 더 열등하다고 생각한다. 그러니까 창피하고 열등의식을 느끼며 놀림받는 것에 대하여 자존심이 상한다.

또래들로부터 놀림을 받을 경우에는 어의학적인 접근을 하는 것이 좋다. 친구들이 나를 단추 구멍 눈이라고 놀리는데, 그 표현은 정확하지 않다는 것을 내 쪽에서 먼저 확실하게 인지하고 있어야 한다. 친구들의 말을 곧이곧대로 해석하자면 내 눈은 오로지 작은 구멍이라는 뜻이다. 그런데 내 눈은 크기가 작기는 하지만 시력은 좋으며, 내 눈은 특별히 미적 감각에 뛰어날 수 있고, 또 내 눈은 시력이 없는 장님의 수준도 아니라는 것을 합쳐서 언급해야 정확한 표현이다. 어느 한 가지 특성을 가지고 그 사람 전체의 인격을 단정하는 것은 커다란 오류를 낳는다.

어렸을 때 우리가 불렀던 노래로 예를 들어 보자.

> 원숭이 엉덩이는 빨개, 빨가면 사과, 사과는 맛있어, 맛있으면 바나나, 바나나는 길어, 길으면 기차, 기차는 빨라, 빠르면 비행기, 비행기는 높아, 높으면 백두산.
>
> 백두산 뻗어내려 반도 삼천리, 무궁화 이 강산에 역사 반만 년.
>
> 대대로 이어 사는 우리 삼천만, 빛나도다. 그의 이름 대한이로세.

'백두산'의 노래와 같은 방식으로 내가 친구들에게 대화해 보겠다.

나: 얘, 너 소고기 좋아하니?

친구 A: 응 .

나: 그럼, 소고기는 많은 사람이 좋아하니?

친구 A: 아냐, 소고기를 좋아하는 사람들만 소고기를 좋아해.

나: 그럼 너는 돼지고기는 어때?

친구 A: 나는 돼지고기는 싫어.

나: 그래? 그러니까 너는 소고기를 좋아하는 사람들하고 똑같이 너도 소고기를 좋아하는구나. 서로 같은 것만 좋아하네.

친구 A: 그래.

나: 그럼 너는 동성연애자로구나

친구 A: 엉?

이런 나의 결론이 과연 옳은가를 증명해 보면 알 것이다.

다음으로 따돌림 현상에 대해서 고찰해 보기로 한다.

학교에서 친구들에게 따돌림을 당하게 되면 자존심도 상하지만, 무엇보다도 외톨이로써의 소외감은 견딜 수가 없을 것이다. 인간은 사회적 동물이므로 소속감의 욕구는 너무도 강렬하고 그것은 본질적으로 생존과 연결되어 있기 때문이다. 그래서 또래들에게서 조롱과 괴롭힘을 당하고 그들 집단에서 배척당할 때 절망한 청소년은 목숨을 끊는 경우도 있다. 소위 '왕따'로 불리는 현상은 청소년들에게 심각한 상처를 안겨준다.

먼저 동물의 세계에서 일어나는 따돌림 현상을 살펴보자.

첫째, 동물은 자기네와 다른 것을 배척하는 본능이 있다. 그것이 '미운 오리 새끼' 이론이다. 오래전에 시청한 TV의 동물 다큐멘터리를 소개하기로 한다. 몽골의 고원지방이었던 같다. 많은 무리의 염소들 속에서 하얀 염소 새끼들이 태어났는데, 그중에 새까만 염소 새끼 한 마리가 태어났다. 무리 중에 유일한 까만 새끼 염소는 또래를 따라다니지만 또래들이 밀쳐내고 배척하여 항상 외톨이로 남게 되었다. 만약에 청소년 아이가 그런 상황에 처했더라면 몹시 슬퍼하고 위축되어 아마도 혼자 먼 곳으로 떠나갔을 것이다. 그런데 까만 새끼 염소는 슬퍼하지도 않고 포기하지도 않고 자기를 밀쳐내는 하얀 새끼 염소들 뒤를 계속 따라다녔다. 그러다가 어느 날 작고 귀여운 하얀 새끼 염소 곁에 다가갔는데 그 새끼 염소는 까만 염소 새끼를 배척하지 않았다. 드디어 까만 새끼 염소는 그와 친구가 되어 어디든지 함께 다녔다.

둘째, 동물은 매력 없고 미운 또래는 배척한다. 시골 마을에 십여 마리의 개들이 몰려다니는데 그 무리는 유독 어떤 개 한 마리를 배척하였다. 자세히 살펴보니 그 개는 털이 빠지고 털에 윤기가 없으며 눈곱이 끼어 있다. 다시 말해서 그 개는 병약한 개다. 짐승은 본능적으로 병들고 몸에 이와 벼룩이 득실거릴 것 같은 또래는 자기 무리에서 밀쳐낸다. 그리고 털에 윤기가 반지르르하고 날렵한 또래를 친구나 짝짓기의 대상으로 환영한다. 짐승이나 사람들은 또랑또랑 생기 있는 눈망울과 윤기 나는 모발과 피부를 가진 대상을 좋아한다. 아름다운 외모는 진화심리학적인 입장에서 건강하고 우월한 유전자를 가진 존재라고 느껴지기 때문이다.

셋째, 동물의 수컷은 힘으로 우열을 가리는 치열한 싸움 끝에 제일 힘 센 자가 종족의 우두머리가 된다. 그리고 자기의 적수였던 놈을 철저하게 소외시킨다. 동물의 세계에서는 힘의 세기가 비슷한 수놈 두 마리가 항상 적수가 되는 것이다. 그러나 이런 현상은 인간세계에서도 나타나며, 국가 간에도 나타난다. 그래서 한국과 일본, 그리스와 터키는 서로 경쟁적이다. 그리고 인접한 국가의 위협에서 벗어나기 위하여 대개는 먼 곳의 강한 나라와 친교관계를 맺는다. 가령 한국은 미국과, 터키는 독일과 협력하는 것이다.

당신의 아이가 학교의 급우들로부터 따돌림을 당했다고 말하면서 통곡하고 다른 학교로 전학시켜 달라고 조른다고 하자. 그리고 상심한 나머지 공부에 손을 놓고 성적도 뚝 떨어졌다. 이럴 때 당신은 자녀를 어떻게 도와주는 것이 좋을까?

이때는 자녀와 대화하여 아이의 상황에 대해 철저한 이해를 해야 한다.

첫째, 당신의 아이는 '미운 오리 새끼'인가를 알아볼 필요가 있다. 지금까지 함께 지냈던 친구들과 비교해 볼 때 당신 아이가 공부, 취미, 경제적 여건, 가정환경 등에 현격한 차이가 있는가? 동물이나 사람이나 모두 유유상종하기 마련이다. 당신의 아이가 친구들과 동질성이 약하다거나, 잘난 척하거나 유별난 성격이라면 따돌림 당할 소지가 많다.

그럴 때는 배척받는 현실이 고통스럽지만 그것을 받아들이는 것이 현명하다. 그리고 다른 길을 가면 된다. 부모는 자녀가 당신의 자녀와 비슷한 유형의 다른 친구들을 사귀도록 안내할 필요가 있다.

둘째, 당신의 아이가 또래의 친구들에게 어떻게 비춰지는지 관찰할 필요가 있다. 자녀의 외모가 지저분하다면 말쑥하게 몸관리하도록 신경을 써주어야 한다. 굳이 값비싼 의복이 아니더라도 아이의 매력이 돋보이도록 치장하고 외모를 관리하라고 귀띔해 주며, 또 자신감 없는 태도와 불분명한 말씨도 바꾸도록 코칭해 주어야 한다.

셋째, 어떤 분야에서든지 실력을 길러야 한다. 짓궂은 청소년들은 어리숙하게 보이는 아이를 골탕 먹이려 하고, 그것이 계속 되다 보면 '왕따'의 피해자가 될 수 있다. 대체로 학교 짱들은 몸은 허약하지만 공부를 잘하는 아이는 괴롭힘의 대상으로 삼지 않는다. 학업능력이 곧 '힘'이라는 것을 알기 때문이다. 그러므로 부모는 자녀가 가지고 있는 소질이나 취미가 능력이 되도록 개발시켜 주는 것이 현명하다. 태권도, 유도, 드럼, 북, 장구, 컴퓨터, 문학이나 역사에 대한 풍부한 지식, 랩음악, 요리, 바느질, 무엇이든지 좋다. 유순해 보이는 아이가 어느 날 검도반의 복장을 하고 불쑥 학교에 나타났다고 하자. 또래들이 어떤 반응을 보이겠는가?

넷째, 혼자 떨어져 다니지 않도록 하라. 인간의 두뇌는 물개나 사자와 같은 동물과 마찬가지로 힘센 자를 숭배하고 그 우두머리에게 복종하면서 무리지어 행동하는 본능을 따르도록 프로그램되어 있다. 그리고 야생동물은 자기네 집단에서 이탈한 외톨이의 약한 동물을 표적으로 하여 공격하듯이, 인간도 그러한 경향이 있다. 아이가 내향적인 성격 때문에 친한 친구가 없다고 하자. 이럴 때는 짝꿍이나 주변 아이들에게 자기가 먹을 것을 사줄 테니 매점에 함께 가자고 부탁하고, 짱의 무리 앞에서 각기 다른 아이와 두세 명 무리지어 걸어가라고 코칭하라.

다섯째, 또래들이 있는 자리에 함께 있도록 하라. 앞에서 소개한 까만 새끼염소의 사례를 보자. 하얀 염소 새끼들에게는 까만 염소가 낯설게 느껴져서 자꾸만 배척당하였다. 그러나 까만 염소는 그들을 계속 따라다님으로써 이질감을 희석시키고 자기들이 결국은 같은 부류라는 인식을 각인시켜 주는 데 성공한 것이다. 그렇기에 혼자 떨어져 지내지 말고, 또래들 모임에는 무조건 출석하도록 하라. '눈도장'을 찍는 것이다.

최남성 씨는 출근시간 30분 전에 직장에 와서 자기 자리를 지키는 것이 습관이 되었다고 하자. 그는 평소에 말수가 적고 뛰어난 능력도 없어서 눈에 띄지 않는 존재다. 그런데 부장이나 팀장에게 갑자기 긴급한 일이 생기면 그들은 어떤 직원에게 도움을 요청할 것 같은가? 두말할 필요도 없이 최남성 씨다. 아침 일찍 출근하여 한결같이 자기 자리를 지키는 그는 신뢰할 수 있다고 믿어지기 때문이다.

당신의 자녀가 최남성 씨와 비슷한 면이 있다고 하자. 매번 또래들이 모이는 곳에 참석하고 자주 웃는 습관 하나만으로도 충분히 신뢰감과 호감을 심어 줄 수 있다. 친구들에게 다정하게 말을 걸고, 도와주고, 간식도 나누어 먹을 줄 아는 태도가 개발되면 더욱 좋다.

여섯째, 학교 성적이나 어떤 기능 또는 매력 면에서 대등한 경쟁 상대가 당신의 자녀를 집요하게 따돌림하려고 하는 경우가 있다. 이럴 때 두 사람이 서로를 선의의 경쟁자로 인정하고, 서로를 부추겨 주면서(win-win) 우호적인 관계를 맺을 수 있는지를 연구해 보는 것이 좋다. 동물의 세계에서는 오로지 신체적인 힘을 사용하여 자기 집단의 왕이 되는 것이 유일한 승리의 표상이지만, 인간의 세계에서는 자기의 능력을 발휘하여 승리할 수 있는 영역이 무수히 많다.

그러나 강자 간의 상호 인정이 불가능하여 당신의 자녀가 어쩔 수 없이 따돌림을 당하는 입장이 될 경우에는 원방(遠方) 외교작전이 현명하다. 당신의 자녀가 자기 반에서 소외되어 친한 친구가 없다면, 다른 반이나 다른 클럽 활동에서 좋은 친구를 사귀도록 격려하라. 그리고 자기의 이야기를 들어주고 자기를 적극적으로 도와주는 선배나 교사를 적어도 한 사람은 알고 지내라고 코칭하라. 그렇게 되면 당신의 자녀는 외롭지 않을 것이다.

일곱째, 자기 혼자의 힘으로 소외되는 경험을 극복할 수 없을 때는 상담자의 도움을 받는 것이 필수적이다. 혼자 끙끙대며 부질없는 원망, 자기 비하, 우울감으로 자신을 괴롭히는 것은 매우 해롭다. 현명한 처세법을 가르쳐 주는 멘토를 찾아가도록 하라.

좌절적인 상황에서 사람들의 반응을 살펴보자.

첫째는 좌절로 인한 긴장상태 속에서 허덕이고 사는 사람들이 있다.

두 번째는 그 상황을 받아들이는 사람들이 있다.

세 번째는 그 상황을 이상적으로 바꾸는 사람들이 있다.

바다에는 세 가지 종류의 물고기가 있다.

첫째, 작은 물고기들이 있다. 이들은 큰 물고기를 피해 갈 수가 없어서 그들의 먹이가 된다.

둘째, 상어와 같은 물고기들이 있다. 이들은 다른 물고기를 잡아먹고 산다.

셋째, 돌고래들이 있다. 돌고래는 상어와 함께 같은 바다에 있으면서 상어에게 잡아먹히지 않고 적당한 거리에서 수영하며 바다를 즐기고 있다.

우리도 또한 위협적인 상황과 함께, 그러나 마음속으로 그것과 적당한 거리를 두고서 만족스러운 삶을 살아갈 수 있다. 돌고래처럼……. (Sukhabodhananda, 2002, p. 100)

2) 아무런 판단 의식 없이 다만 주어진 현실을 수용하기

친구들이 놀릴 때 가장 현명한 방법은 그들의 말을 새겨듣지 않도록 하는 것이다. 베토벤처럼 자기의 불리한 처지를 아무런 평가 의식 없이 그저 받아들이는 것이다.

친구들이 "야, 네 눈은 단추구멍이니?"라고 세용이를 놀릴 때, 세용이는 이렇게 대답할 수도 있다. "얘, 내 눈이 단추 구멍이니? 어쩌면 바늘구멍인지도 몰라. 그래도 나는 이 단추 구멍으로 세상을 잘 본단다. 난 시력이 좋거든. 너의 눈은 왕눈이니? 왕눈으로 뛰어나게 잘하는 것은 뭐가 있을까? 자랑 좀 해봐라."

결국 친구들이 세용이를 골탕 먹이려고 하는데, 세용이는 끄덕도 하지 않는다. 이 게임에서 누가 승자인가?

'창피하다'는 감정은 자신을 남들에게 좋게 보이려고 하는 데서 연유되는데, 자신에게 없는 것을 가지고 좋게 보이려고 하니까 안간힘을 쓰지만 끝내는 허탈한 것이다.

우리 자신의 내면에 있는 빛으로서의 에너지, 자기(self), 곧 영혼을 신뢰하고 흔들리지 말자. 중심을 잡고 서 있자.

약점과 불운에 부딪히면, 마음을 비우고 그것에 순순히 승복하고 그것에 맡겨라. 억울하다든지 괴롭다는 마음을 가지고 약점과 불운에 저항하니까 고통이 따라온다. 성장하는 사람에게는 그런 괴로움이 없다. 그는 오로지 자기 성장에만 몰두하기 때문이다.

만약에 친구들이 당신을 따돌린다면 그 친구들의 우정을 회복하려고 노력하라. 그것이 불가능하면 다른 친구들을 사귀어라. 그것도 안 되면 소외 당한 자기의 처지가 고통스럽지만, 그것을 받아들이고 소외자로서의 삶을 묵묵하게 열심히 살아라. 그러면 더 멋진 새로운 세계가 당신에게 열리고, 베토벤처럼 당신은 그들보다 탁월한 존재로 부상하게 된다.

서양 속담처럼 '문이 닫혀 있으면, 유리창은 열려 있다(If a door is closed, a window is open).'

그러므로 그 자리에 있지 말고 비상하라.

부정적인 사건을 부정적으로 해석하면 비참한 감정이 든다. 힘겨루기, 놀림 받는 것, 따돌림 등의 사건을 있는 그대로 바라보면 자기 마음이 자유롭게 된다. 그래서 놀리는 아이들의 덫에 걸려 넘어지지 않게 된다.

"야, 난쟁아. 너 땅딸보구나." 이렇게 놀리면 "그래, 난 키가 160cm야. 중국의 등소평보다는 10cm 더 커. 넌 전봇대로구나. 네 키가 몇 센티니? 2m? 3m? 그 큰 키를 어디에 쓰려고 하니?" 이렇게 말하면 된다.

이렇듯 자기의 약점을 마음 편하게 받아들이고 즐길 수 있다면 어떠한 핸디캡도 걸림돌이 되지 않는다. 두 팔도 두 다리도 없는 '닉 부이치치'가 새삼스레 존경스럽다.

닉 부이치치는 자신을 '정말로 축복받은 사람'이라고 말하였다. 그는 "당신을 위한 기회는 반드시 온다. 그러므로 꿈을 가지라."라고 하였다(최종훈 역, 2010).

닉 부이치치

3) 유머로써 그 상황을 즐기기

놀림 받는 상황을 심각하게 받아들이기보다는, 유머로 받아들이는 태도를 새롭게 익히는 것도 매우 유익하다. 자신을 희극 광대로 연출하면, 자기도 기쁘고 주변 사람들도 즐겁다. 무언가 짜증나고 걱정될 때는 그 상황을 위안이 되는 노래에 대입시켜 개사한 노래를 불러 보는 것도 재미있다.

"너 근심 말아라"(찬송가 432)

너 근심 걱정 말아라 주 너를 지키리
주 날개 밑에 거하라 주 너를 지키리
주 너를 지키리 아무 때나 어디서나
주 너를 지키리 늘 지켜주시리

날 친구들이 싫어해 난 형편없단다
날 친구들이 놀리네 돼지코 벌렁거린대
난 못난 것뿐이야 돈도 없고 배경 없어
난 죽어 버릴 거야 난 정말 미치겠어

친구들은 다 잘났네 다 공주 왕자야
친구들이 뽐내네 백만장자인가 봐
그래 니네 잘났다 너의 얼굴 누가 만들었니
그 재산 누구꺼니? 니가 만들었나 봐

4) 장기적 만족, 곧 미래의 꿈을 생각하라

지금은 비록 매우 자존심이 상하는 처지에 놓여 있지만, 먼 미래의 비전을 실현하기 위해 오늘 처한 현실의 고난을 묵묵히 감내하는 것이 현명하다. 역사적인 위인들은 모두가 그러한 사람들이었다. 인생은 선택이다. 인지행동치료(CBT)에서는 이런 사상을 강조한다.

혹시 초라한 외모에 대하여 놀림을 받는 사람이 있다면 중국의 강태공을 기억하라. 강태공의 이름은 태공망(太空望)이다. 인물이 어찌나 못생겼던지 소년 시절에 자기 또래의 불량배들이 그들의 가랑이 사이로 기어 나가라고 하여 그런 치욕을 감수해야 했었다. 초나라의 왕이었던 항우 역시 업신여긴 나머지 10년간 벼슬자리를 주지 않았다. 강태공은 자기 내면에 천하 웅비의 뜻을 감추고 온갖 야유와 모략을 참았다. 끝내는 주나라의 왕 유방에게 등용되어 은나라 군사를 섬멸시키고 중국 최고의 명장이 되었다.

또 다른 인물을 소개하자면, 임진왜란을 일으켜 우리에게는 혐오의 대상이지만 일본에서는 천하를 통일한 건국의 아버지로 유명한 도요토미 히데요시(豊臣秀吉, 1536~1598)다. 그는 가난한 농민의 아들로 태어나 계모의 학대에 못 이겨서 가출한 청소년이었다. 비단과 바늘 장사를 하고 심부름꾼으로 입에 풀칠을 하였다. 그가 섬기는 장수 '노부나가'의 신발을 추운 겨울에 자기 품속에 따뜻하게 품고 있다가 대령했던 충성심으로 장수를 감동시켰고 임기응변에 뛰어났다. 그는 어찌나 왜소하고 인물이 못생겼던지 별명이 '쥐새끼'였다고 한다. 참고로 그가 임종하기 전에 남긴 시를 소개한다.

이슬처럼 떨어졌다,
이슬처럼 사라지는 게 인생이던가
세상만사 모두가 일장춘몽(一場春夢)이로세

〈 일본의 100세 여류 시인 시바타 도요의 시 〉

약해지지마

—시바타 도요—

있잖아, 불행하다고
한숨짓지마
햇살과 산들바람은 한쪽 편만 들지 않아
꿈은 평등하게
꿀 수 있는 거야
나도 괴로운 일
많았지만
살아 있어 좋았어
너도 약해지지마

저금

-시바타 도요-

난 말이지, 사람들이
친절을 베풀면
마음에 저금을 해 둬
쓸쓸할 때면
그걸 꺼내
기운을 차리지.
너도 지금부터
모아두렴
연금보다 좋단다.

시바타 도요

08 사랑받고 싶고 인정받고 싶은 마음

누구나 사랑받고 싶고, 인정받고 싶은 것은 당연하지 않은가? 그것은 인간의 기본적인 심리적 욕구다. 그런데 어떤 사람이 사랑과 인정의 욕구 충족에 갈급한 나머지 주변 사람들의 눈치를 살피거나 매번 인정을 받으려고 과도하게 신경을 씀으로써 오히려 사람들에게서 은근히 무시 받고 인정을 받지 못하는 수가 있다. 그래서 마음의 허기가 채워지지 않는다.

1. 인정을 받아야 가치 있는 존재라고 믿는 K씨

K씨(30대 초, 여성)가 근무하는 회사에서는 4주 후에 심포지엄이 열린다. 그 심포지엄은 각 부서별로 취급하는 제품의 판촉 전략을 알리는 경진대회다. 그런데 하필이면 7주 후에 기능사 자격시험이 있다. 직원들은 이 두 가지 일로 경황이 없다.

K씨 부서에서 예산관리는 L씨, 제품 소개 안내문과 PPT는 J와 S씨, 홍보용 팸플릿은 C와 T씨, 퀴즈 내기는 D씨, 레크리에이션은 M과 E씨가 맡았고, K

씨는 총무 겸 발표자다.

K씨는 자기 부서가 심포지엄에서 1등을 하고 상금도 타기를 바란다. 그래서 거의 매일 카톡으로 부서 직원들의 진척 사항을 체크한다. K씨는 또한 기능사 자격증 취득에 필요한 사항이 여러 개가 있고 개인마다 구비 조건이 다르므로 팀원 각자의 준비사항을 일일이 확인해서 알려준다. 그런데 부서 직원들은 카톡에 응답이 없고 '고맙다'는 말도 하지 않는다. K씨는 욕심 없고 소극적인 부서 직원들이 몹시 마음에 들지 않는다. 어떤 이는 자기를 마치 잔소리하는 시어머니처럼 인식하는 눈치여서 K씨는 스트레스를 받고 기운이 빠져 있다. 자기는 평소에도 자진해서 사람들을 도와주고 희생하는 편이다. 그런데 왜 사람들은 별로 고마워하지도 않고 또 자기를 싫어하는지를 처음으로 궁금해하면서 상담을 받으러 왔다. 저자와 짧은 기간 동안 상담을 한 후 K씨는 다음과 같은 사항을 깨달았다.

1) 어려서부터 K씨는 부모님께 칭찬을 받아 본 적이 별로 없고 매사에 비난과 지적만 받고 자랐다. 그리고 부모님은 그녀에게 다운증후군의 남동생을 책임지고 지도하라고 일임하셨다. 그래서 남동생의 보호와 지도 때문에 골치를 앓으면서 살았다. 지적장애아인 동생에 대해서는 어떠한 기대도 할 수 없기 때문에 부모님은 K씨에게만 더 많은 기대를 걸고 사사건건 야단을 치므로 불공평하기 짝이 없었다. 게다가 할머니는 큰댁의 사촌언니와 K씨를 비교하면서 "너는 왜 그렇게 못생겼니? 언제쯤 예뻐질래?"라며 곧잘 핀잔을 주었다. 이런 성장사로 인하여 K씨는 부모님의 칭찬과 인정에 목이 말랐다. 그래서 학교에도 지각 한번 하지 않았고 무슨 대회가 있으면 기어코 그 대회에서 상을 타야만 직성이 풀렸다. 어쩌다가 상을 타게 되면 할머니와 부모님께 먼저 달려갔다. 그리고 행여나 상을 타지 못하면 속이 상해서 펑펑 울었다. 사람들에게 부러움의 대상이 되고 인정받는 것이 K씨에게는 아주 중요하다. K씨에게 인

생은 경기장이고, 자기는 방방 뛰는 경기마와 같다.

2) 부서 직원들의 기능사 자격시험 준비에 자진해서 잔소리꾼의 역할을 하고 있는 것은 K씨가 평소에 그렇게도 싫어했던 친정엄마와 꼭 닮았다. 이번 심포지엄을 준비하면서 K씨는 자기가 부서 직원들을 취조하는 형사처럼 다룬다는 것을 발견하게 되었다.

3) 상담자가 "선생님은 자기 혼자의 힘으로 나라를 구하려 했던 잔다르크 같네요."라고 비유하자 K씨는 깨달은 바가 있었다. 즉, 자기 부서가 1등을 해서 사장에게 인정을 받고 싶은 것은 K씨의 열망이다. 다른 직원들은 업무와 기능사 자격시험 준비 등으로 심포지엄에서 1등을 하는 것에는 관심이 없다. 그러니까 K씨는 독단으로 부서의 행동 목적을 세울 것이 아니라, 팀원들과 회의를 해서 합의된 목표를 세우고 서로 협력하여 그 목표를 성취하는 것이 필요하다.

물론 자기 부서가 1등을 하면 좋겠지만, 현실적으로는 1등을 하기에는 준비 시간이 부족하다는 것을 인정하는 것이다. 그래서 K씨의 부서가 3등쯤 하는 쪽으로 합의를 보고 팀원 각자가 투자 가능한 시간 계획을 세우고 최선을 다하는 것에 목표를 세우도록 합의하기로 하였다. K씨는 자신의 욕심을 내려놓고 '100%의 성공이 아니라, 50%만 성공하면 결국 행복하게 산다(Half of Success is Happiness).'라는 서양 속담을 받아들이게 되면, 스트레스나 불안을 덜 느끼면서 팀워크를 무난히 수행해 낼 수 있을 것이다.

4) K씨가 부서 직원을 도와주고 그들에게서 고맙다는 인사와 칭찬을 듣는 것은 좋은 일이다. 그런데 그것이 지나쳐 직원들의 사생활까지 침범하는 듯한 인상이 든다.

저자는 "선생님은 아버지의 행복을 위해서 자기 목숨을 희생하는 심청이처럼 되고 싶은가요?"라고 질문하였다. 저자는 부모코칭(AP: 적극적 부모역할 훈련과 하모니 리더십) 시간에 강조하는 책임의식의 문제에 대하여 소개해 주었다. K씨 행동은 마치 장성한 중·고등학생 자녀와 직장에 다니는 자녀를 아침마다 일일이 깨워서 챙겨주는 어머니와 비슷하다고 볼 수 있겠다. 형제간에 싸우거나, 친구와 티격태격하여 서로 갈등하거나, 습관적으로 늦게 일어나 학교에 지각하는 자녀가 있을 때, 그 문제를 해결해야 하는 주인공은 부모인가, 자녀인가? 문제 해결에 대한 책임은 자녀에게 있다(이것을 '누가 문제를 소유하는가?'라고 한다). 부모는 관심을 가지고 지켜보면서 자녀에게 다만 지지와 격려를 보내면 되는 것이다. 한국 부모 중에는 아이의 문제에 뛰어들어 부모가 대신 아이 문제를 해결하려는 사람들이 꽤 있다. 그것은 자녀의 독립성과 책임의식, 자존감을 해치는 일이다. 부모와 자녀 간에도 사적인 생활의 경계선은 서로 존중해 주어야 한다.

K씨의 과잉보호하는 태도는 생활능력이 없는 남동생을 돌보는 습관에서 비롯된 것 같은데, 직원들에게는 그런 태도를 취하지 않도록 유념할 필요가 있다. 그래서 K씨는 부서 직원들의 자격증 취득요건을 일일이 체크하여 그들을 도와준다는 명목으로 그들의 사생활에 깊이 관여해서는 안 된다. 이것은 '통제' 욕구의 문제이기도 하다. 팀원들이 기능사 자격을 취득하건 하지 못하건 간에 그것은 그들의 몫이다. 그들의 문제를 K씨의 것으로 소유하지 마라. 그들이 K씨의 도움을 원하는지를 먼저 확인해야 한다. 설령 그들이 K씨의 도움을 거절하더라도 섭섭해 할 필요가 없다.

5) 마지막으로 저자는 K씨의 신념이 자신에게 유익하고 합리적인 것인가를 REBT의 이론으로 다시 한번 검토하게 하였다. '나는(또는 내가 속한

팀은) 반드시, 기어코 꼭 1등을 해서 (사장으로부터) 능력을 인정받아야만 하는가?' '나는 내 부서의 직원들에게 책임자로서 완벽하게 도움을 주어야만 하는가? 그래서 무슨 일이 있어도 절대적으로 그들이 모두 기능사 자격을 취득하도록 내가 도와주지 못한다면 나는 쓸모없는 인간인가? 만약에 그렇지 못한다면 견딜 수 없는 일인가?' '내가 인물이 잘생기지 못했다면 나는 인간적인 가치가 빵점인가?' '나는 인물이 못생겼다거나 장애가 있는 사람을 멸시하는가? 인간의 가치와 존엄성은 외모, 실력, 가문 등 외적 조건으로만 결정되는가?'

K씨는 자기의 비합리적인 생각 때문에 스스로가 심리적 고통을 자초하였다는 것을 깨달았다. 그리고 다음과 같은 생각으로 바꾸게 되었다. '내 팀이 가능하다면 1등 하면 좋겠지만, 반드시, 기어코 꼭 1등해야만 한다는 법은 없다.' '내가 책임자인 만큼 기왕이면 내 부서원들이 모두 기능사 자격증을 취득하도록 도와주는 것은 좋다. 그러나 그들이 나에게 자진해서 도와달라고 부탁하지도 않는데, 내가 뛰어들어서 그들을 간섭할 필요는 없다. 내가 그들을 도와주지 못한다고 해서 무능력한 인간이 되는 것이 아니며, 나는 그것을 견딜 수 없는 것도 아니다.' '나는 내 인생을 성실하게 살면 된다. 사장이나 부서원들에게서 나의 능력을 인정받으려고 발버둥칠 필요가 없다. 내가 미인이 아니고 매력이 별로 없다고 하더라도 나는 존엄성이 있고 귀한 존재다. 비록 우리 집안에 지적장애아가 있다 하더라도 그것은 불편의 조건일 뿐이다. 동생 때문에 나까지 바보라고 생각하거나 또 사람들이 나를 은근히 무시할까 봐 신경 쓰는 것은 커다란 오류다.'

K씨는 짧은 기간의 상담을 받고 나서 깨달은 점이 많았다고 말했다. "제가 매번 부서원들을 도와주고 또 인정받으려고 기를 쓸 필요가 없어요. 그것 때문에 저는 힘들게 살았어요. 할머니가 나를 미워하든 예뻐하든, 부모님이 나에게 비난을 하든 하지 않든 간에 나는 상관하지 않을 것

입니다. 내가 어려서는 그들의 말이 옳다고 믿고 그들에게 사랑받는 것이 중요하게 느껴졌지만, 이제 나는 어엿한 어른입니다. 지금부터는 조용하게 제 자신의 분수껏 살겠습니다. 평범하고, 허점이 있고, 실수하는 것이 때로는 사람들에게 부담감을 주지 않고 편안하게 해 준다는 것을 알았습니다."

주변 사람들로부터 인정을 받으려고 발버둥치는 K씨의 습성에 대하여 두뇌 이론으로 설명해 보자.

우리가 이 세상에서 살아남기 위해 두뇌에서는 자기를 살피고(자기참조), 타인의 마음을 헤아려보는 정보처리 영역이 끊임없이 작동한다. 그런데 특별히 어린 시절에 불안정애착을 경험한 사람은 성인이 되어서도 주변의 중요한 인물에게서 배척받을까 봐 두려워하며 사랑과 인정을 받고자 그들에게 과도하게 집착한다. 이것은 편도체가 정서자극에 대하여 효율적으로 처리하지 못하는 현상이다. 자기와 타인의 행동에 비상한 관심을 가지고 신경을 쓰고 의구심을 품는 사람들은 두뇌의 회백질(전 대상피질) 부피가 보통사람보다 더 큰 것으로 나타나 있다(허지원, 2018, p. 108).

그러나 K씨는 REBT를 통하여 세상에 대한 조망이 다음과 같이 넓어지게 되었다.

① K씨가 사실상 다른 사람들의 행동에 대해서 많은 관심이 없는 것과 마찬가지로, 그들 역시 K씨에 대해서 크게 관심을 두지 않고 산다.
② 그들의 기대는 자기가 생각했던 기대와는 다르다.
③ 우리에게는 끊임없이 새로운 도전거리가 생기고, 그 와중에서 실패할 수도 있고, 인정과 사랑을 받지 못할 수도 있다. 그럼에도 불구하고 우리는 사람들로부터 거절받은 느낌을 이겨내고 그런대로 무난하게 잘 살아 갈 것이다.

④ 자기나 동료들 모두는 완벽한 사람이 아니다. 그러므로 자신이 부족한 대로 자기를 수용하고 다른 사람들에 대하여 과도하게 신경 쓰지 말자. 차라리 내 자신을 보살펴주며 자기를 토닥여 주자.

이런 생각의 변화로 인하여 K씨의 대뇌회로는 재배선된다고 말할 수 있다. 그리하여 과거에 어떤 거절을 받은 경험 때문에 위협감을 느끼고 과도하게 흥분된 변연계가 점점 더 잠잠해지고, 오히려 성찰하는 기능의 전두엽이 활성화되는 것이다.

이어서 K씨는 상담시간에 사람들의 마음을 헤아려 주기(공감하기)와 솔직한 자기 표현하기의 기술을 연습하였다. 그 내용은 다음과 같다.

"M씨, 오늘 안색이 피곤해 보이네요. 요즈음 일이 너무 많아서 스트레스 받으시죠?"

"T씨, 나는 좀 강박적인가 봐요, 우리 팀원들의 상황을 알고 있어야 마음이 놓여요. T씨가 맡은 과제가 어느 정도 진척되었는지 카톡에 2~3일에 한 번씩 올려주면 좋겠어요. 그게 가능할까요?"

이런 방법으로 합리적으로 사고하기와 대인관계 맺기의 기술을 알게 된 다음에 그녀는 속이 확 풀린 듯이 시원하다고 하였다.

2. 실연당한 아픔을 어떻게 견딜까

박순정 양이 상담을 받으러 와서 통곡을 하며 하소연한 내용이다.

박순정 양은 29세의 직장여성이다. 박 양은 음악 밴드의 동아리 활동을 하는 허허 군과 같은 방향의 귀갓길을 자주 동행하다가 자연스레 그와 대화를 나누는 기회가 많아지게 되었다. 그러다가 자기도 모르게 정이 들었다. 허허 군(25세)은 어려운 가정에서 학비 조달도 제대로 받지 못한 채 알코올중독의 아버지가 어머니를 무자비하게 때리는 것을 목격하고 자기도 구타 당하며 성장한 아픈 기억이 있다. 허허 군은 군대에 다녀와서 지금은 대학생이다. 박순정 양은 초등학교 때 아버지가 돌아가셨다. 어머니가 재래시장에서 가게를 운영했기 때문에 집안 살림을 박 양이 담당했다. 순정 씨는 시장에서 일하는 어머니에게 음식을 만들어다 드리면서 이웃 가게의 아줌마들에게도 음식을 나누어 주었다. 그래서 인정 많고 착하고 공부 잘하는 딸이라는 칭찬이 자자했다. 한편, 여동생과 오빠는 공부를 잘하지 못했다. 그들은 가사일도 도와주지 않아서 순정 양과 다툼이 많았다. 경제사정상 박 양이 좋아했던 음악 공부의 꿈은 접고 실업계 고등학교를 졸업한 뒤 지금은 회사에서 근무하고 있다.

허허 군과는 공부나 직장에 대한 이야기를 나누었다. 박순정 양은 어딘지 무뚝뚝하고 정열적이기도 하며 센티멘털한 느낌이 복합적으로 풍기는 허허 군에게 자꾸만 마음이 갔다. 그래서 “누나, 누나”하고 따르는 4년 차이의 허허 군에게 음식도 사주면서 함께 하는 시간이 길어지자 두 사람은 연인관계로 발전하였고 성관계도 나누었다.

허허 씨와 사랑에 빠진 지 1년쯤 지났는데 허허 군은 어느 날 느닷없이 일방적으로 ‘헤어지자’는 통고를 하였다. 그녀는 충격을 받고 한동안 두문불출하다가 한참 만에 다시 동아리에 나갔다. 알고 보니 그동안 허허 군은 자기 이외에도 몇 명의 여자들과 데이트를 했었다. 그는 동아리에서 순정 씨를 보고도 “안녕!”이라고 말하고 어느 여성에게 다가가서 말을 걸었다. 자기를 보고도 아무런 감정도 없이 같은 자리에 앉아 천연덕스럽게 수다를 떠는 남자! 의리도 없고 비정한 그를 보고 충격이 왔다. 자기의 순수한 사랑을 배반한 그에 대한 증오심을 주체할 수 없는데, 모순되게도 그가 몹시 보고 싶고 잊을 수가 없다. 유행가 가사처럼 ‘나도 모르게 내 마음이 가는 것을 어쩌면 좋을지……’ 그러한 자신이 이해가 안 된다. 정말이지 나를 이용물로 취급한 그를 도저히 용서할 수가 없다. 그가 먼저 사랑을 고백하고 적극적으로 다가왔었고 박 양은 처음에 그와의 특별한 관계를 완강히 거부했었다. 그런 그가 변심을 하다니……. 자기보다 더 유복한 집안의 여자, 더 어린 여자에게 눈이 갔나 보다. 그렇다면 그는 이기적이고 못된 놈이다. 그런데 나는 왜 그에게 무엇이든지 다 주고 싶을까? 그를 정말 사랑했었다. 그에게서 적어도 사과를 받고 싶다. 나라는 사람은 비참한 존재다. 이 쓰디 쓴 감정을 어떻게 처리해야 할지……. 모든 것을 다 주고 버림받은 나, 나는 천덕꾸러기인가? 나의 자존심은 어디서 찾을 수 있는가? 이렇게 화가 나면서도 또 그를 보고 싶어하는 마음. 앞으로도 영원히 그를 잊지 못한다면 나의 미래는 어떻게 될까? 만약에 내가 누구를 다시 사랑하게 된다면 나는 또다시 이용당하고 배반당하지 않을까? 상심한 마음과 분노 때문에 잠을 잘 수가 없고 일도 손에 잡히지 않는다. 요즈음 세상에는 남녀간에 가볍게 만나고 가볍게 헤어지며, 성관계를 나눈 다음에도 별로 마음에 상처를 입지 않는 젊은이들이 상당히 많다는 것을 그녀는 잘 알고 있다. 그러나 순정 양은 그런 부류의 사람이 아니다.

"선생님, 저는 어떻게 해요?"

박순정 양은 실연당한 지 불과 2~3개월밖에 되지 않았기 때문에 정서적으로 몹시 격앙된 상태에 있다. 그래서 상담자는 초기의 상담시간에 그녀의 이야기를 경청하고 공감해 주며 연민의 마음을 표시해 준다. 그런 다음에 그녀가 마음의 안정을 되찾고 일상적인 생활 리듬으로 돌아가는 방법과 남자에게 버림받았다는 수치심을 극복하는 방법을 함께 모색할 필요가 있다.

상담시간을 통하여 순정 양은 자신과 허허 군 사이의 애정 문제에 대하여 비로소 눈이 떠졌다.

실연의 아픔은 왜 세월이 가도 잊을 수가 없을까? 이성 간의 사랑만큼 몸속 깊이 진한 감동과 희열을 안겨주는 것이 이 세상에 또 있을까? 남녀가 만나 사랑을 나누면 온통 자기 둘만의 세계에 열중한다. 그러다가 2~3년이 지나면 뜨거운 열정은 식고 은은한 애정과 신뢰와 상호 의지하는 마음으로 안정감을 찾는다. 그래서 일상으로 돌아와 삶의 중요한 일들을 처리하면서 애정관계를 유지하게 된다.

이것을 게슈탈트이론으로 설명하자면 지금 가장 중요한 이슈가 전경(前景)이 되는데, 연애 초기에는 사랑을 주고받는 것이 전경이 된다. 그러다가 서로 신뢰하고 애정 문제가 정착되면 애정 문제는 자연스럽게 해결이 되었으므로 그것은 배경(背景)으로 순순히 물러나게 된다. 그리고 새로운 중요한 문제가 전경으로 떠오르고, 그 문제를 해결하는 일에 힘을 쏟게 된다.

인간은 미해결 과제를 완결하려는 본능이 있다.

순정 양은 연애한 지 1년이 되기 때문에 한참 사랑에 몰두해 있는 시기다. 앞으로는 서로 신뢰하고 애정 문제가 정착되어 가야 하는데, 하필이면 도중에 관계가 깨져 버렸다. 심리적으로는 미완성된 것에 대해 완결하려는 추동이 남아 있기 마련인데, 그것이 미련이다. 이미 귀한 도자기 항아리가 깨져 버렸는데, 연연해하며 두고두고 울어보았자 소용이 없다.

어떻게 마음을 빨리 정리하고 일상의 생활 리듬을 되찾을 수 있을까?

그것을 게슈탈트이론으로 설명하자면 순정 양은 어쩔 수 없이 인위적인 노력을 통하여 미완결된 형태의 게슈탈트를 완결지어야 한다. 다른 말로 표현하자면 자기 마음속에 남아 있는 불씨가 계속 타오르기 이전에, 물을 부어 화재를 진압하는 것이다. 만약에 순정 양이 허허 군을 증오하면서 불씨를 끄려고 한다면 어떨까? 증오하는 마음 역시 뜨거운 불씨다. 그리고 증오는 사랑의 또 다른 표현이므로, 증오하더라도 그녀의 가슴앓이는 계속되기 마련이다. 그러므로 불을 끄려면 남아 있는 불씨를 일일이 찾아내기 위해서 불난 자리를 먼저 두루두루 살펴볼 필요가 있다.

가장 이상적인 방법은 화재 현장을 고공(高空) 정찰하는 것이다. 그것을 심리학적으로 풀이하면 순정 양과 허허 군의 마음은 어떤 것으로 차 있으며 그 마음의 여백 내지 구멍은 어디에 있는가를 탐색해야 한다. 마치 퍼즐 조각을 맞추어 그림을 완성하듯이 자기네들의 애정 문제에 대한 실상을 발견하는 것이다. 그러면 두 사람 사이에 존재하는 구멍이나 건너기 힘든 강물에 다리를 쉽게 놓을 수 있는 길이 있는지, 아니면 다리를 놓기가 너무 위험하고 다리를 놓더라도 여전히 다른 방해 요소가 존재하므로 언젠가는 다리가 두 동강이 날 수 있는지의 여부를 평가해야 한다.

1) 남녀 간의 사랑의 조건

먼저 심리학적인 고공 정찰을 해보자.

사랑이란 무엇인가? 사랑은 일시적인 정신병이다. 서로가 콩깍지가 끼어 아무것도 제대로 보지 못하고 자기가 보고 싶은 것만 본다. 순정 양은 아직도 콩깍지가 낀 상태인데, 남자 쪽에서 콩깍지가 먼저 벗겨진 상태라고 볼 수 있다.

사랑한다는 것은 무엇을 의미하는가? 그에 대한 생각은 사람마다 다르다. 각 개인이 자기의 취향에 맞게 옷을 입듯이, 사랑의 스타일도 사람마다 다르며, 사랑의 의미도 다르게 해석한다. 그러므로 사랑은 감정의 문제가 아니라, 사랑에 대하여 각자가 생각하는 가치관 내지 의미의 문제다. 성공적인 이성 관계를 유지하려면 자기가 선호하는 사랑의 유형과 상대방의 유형을 파악하는 것이 중요하다.

스턴버그(Sternberg)는 대표적인 사랑의 유형을 다음과 같은 여섯 가지로 소개하였다(김득성 역, 2004).

① 우애적 사랑(storge): 잔잔하고 온돌방 같은 사랑으로서 가장 오래된 친구 같은 사랑이다. 상대방이 낭만적 사랑의 유형일 때 잘 적응한다.

② 논리적 사랑(pragma): 현실적이고 실용적인 사랑으로서 비슷한 배경의 사람을 사랑하는 것이 최상이다.

③ 낭만적 사랑(eros): 만나자마자 첫눈에 반하여 정열을 불사르는, 로미오와 줄리엣 같은 유형의 사랑이다.

④ 소유적 사랑(mania): 광적으로 사랑을 소유하며 내 연인이 나에게 신경을 써 주고 항상 함께 시간을 보내야 직성이 풀린다.

⑤ 이타적 사랑(agape): 상대방을 위해서는 자기가 바라는 것을 포기하고 인내하는 순애보적인 사랑이다.

⑥ 유희적 사랑(ludus): 바람둥이 '돈 판(Don Juan)'과 같은 사랑으로서 두 명 이상의, 여러 가지 개성의 애인을 두고, 심각한 사랑에 빠지지 않으며 실연의 상처도 빨리 극복한다.

우리가 연애도 하고 결혼을 하는데, 사랑이 오래 가려면 ① 친구 같은 우애적 사랑과 ② 정열이 넘치는 낭만적 사랑과 ③ 배려하고 헌신하는 이타적인 사랑의 삼각형 구도로 되어 있을 때 이상적이라고 한다. 물론 개인마다 그 삼각형의 모양과 크기(강도)가 다를 수 있다.

허허 군은 열정은 많으나 헌신의 마음이 거의 없으며 우정의 마음도 미약한 것으로 보인다. 어쩌면 그는 순정 양과 가볍게 사랑하고 또 가볍게 떠나는 유희적 사랑의 소유자인지도 모른다. 그러니까 허허 군은 열정이 식으면 대화도 별로 없고 희생과 배려로 사랑을 지켜주려는 마음은 더구나 없을 것 같다. 게다가 그는 현실적인 감각으로 소위 잘 나가는 집안의 자기 또래 여학생들과 사귀는 것이 옳다고 판단하고 순정 양과는 일찌감치 관계를 청산하자고 생각했을 가능성도 있다. 마음속에는 순정 양에 대한 사랑과 미련이 남아 있을지도 모른다. 그러나 사나이답게 결단한 것이다.

그는 부모로부터 정신적인 학대와 방치 속에서 성장하였다. 그러므로 사랑받고자 하는 본능적인 욕구는 강하지만, 사랑을 베푸는 행동, 즉 배려와 헌신과 희생은 학습되지 못하였다. 따라서 허허 군은 어느 대상과 연애를 하더라도 정열적으로 다가가 사랑은 요구하겠지만, 허기진 마음 때문에 자기 본위적이고 착취적일 가능성이 많다.

한편 순정 양은 어떤가? 순정 양은 아버지가 일찍 돌아가셨기에 마음에 허전함이 구멍으로 남아 있다. 그러나 순정 양은 어머니를 돕고 두 형제간을 보살피는 일을 하면서 사랑과 배려의 마음이 개발되었다. 그래서 허허 군에게서 풍기는 외로운 분위기에 본능적으로 순정 양의 마음이 끌려 자꾸만 무언가를 주고 싶었는지도 모른다.

'이마고 부부치료'의 이론에 의하면 우리는 배우자를 선택할 때 부모와 어떤 면에서 비슷한 사람에게 무의식적으로 끌린다고 한다. 이것이 콩깍지이론이다. 그리고 부모에게서 채워지지 못한 욕구를 배우자가 충족시켜 줄 것이라는 무의식적인 기대를 가지고 있기 때문에 연애기간이 지나면 배우자와의 갈등이 표출된다고 한다. 순정 양은 아버지가 어려서 떠나갔기에 아버지의 사랑을 받지 못한 허허 군에게 무의적으로 끌렸는지도 모른다. 만약에 이들이 연애가 지속되어 동거나 결혼으로 이어진다면 어떤 현상이 일어날까? 이마고 이론으로 풀이하자면 순정 양은 배우자가 많은 시간을 자기 곁에 있어주기를 요구하고 자기를 사랑해 달라고 강하게 매달릴 가능성이 많다. 한편 허허 군은 그런 것에 매우 서투른 사람이다. 그는 아버지의 폭력을 피해 도망치는 방식으로 대처해 왔기 때문에 회피형일 가능성이 많다. 추격자와 도망가는 자의 게임 속에 두 사람의 욕구는 채워지지 않은 채 갈등의 골이 깊어질 소지가 많다. 그런 커플이 결혼생활을 하게 된다면 심도 있는 이마고 부부치료를 받고 이마고식의 부부대화 기법을 배워야 한다.

현실적으로 돌아와 순정 양의 문제를 바라보자.

첫째, 남녀 간의 사랑은, 심지어 결혼한 부부라 할지라도 여러 가지 요인 때문에 언제든지 깨질 수 있다. 그러니까 순정 양이 매력 없고 볼품없는 존재이기 때문에 허허 군이 순정 양을 배반하고 떠나갔다고 보기는 힘들다. 순정 양이 열등감으로 자기를 학대할 필요가 없다. 각자의 욕구와 꿈과 취향이 다르기 때문에 이런 일이 일어날 수 있다. 다시 말해서 허허 군의 꿈과 취향은 어떤지, 또 그를 좋아하고 유혹하는 아가씨들은 없었는지 따져볼 필요가 있다.

둘째, 순정 양의 무의식적 불안이 현실로 나타났는지도 모른다. 두 사람 사이의 구멍은 무엇일까? 4년이나 어린 남자, 게다가 여학생들에게 인기가 있고 예술가이기에 정열과 변덕이 많은 허허 군을 가정적으로나 학벌 면에서 열세인 그녀가 끝까지 붙들고 있을 자신이 없다고 무의식적으로 느꼈을지도 모른다. 설령 오랜 기간 연애를 하더라도 그녀는 허허 군의 눈치를 살피고 자기를 희생하거나 과도하게 헌신함으로써 오히려 그로부터 무시와 천대를 받게 될 수도 있다.

2) REBT · 인지이론으로써 풀어보기

실연의 사건에 대한 순정 양의 수치심과 열등감을 인지이론으로 풀어가 보자.

(1) 유추하기

이번의 가슴 아픈 사건(실연)에 대하여 유추하기 기법으로써 손익계산표를 따져 보자.

〈손해〉

- 심리적 상처가 너무 크다. 가슴이 아프다.
- 앞으로 남자를 믿을 수 있을지, 다시 사랑할 수 있을지 자신이 없다.
- 그가 나를 경제적, 지적 면에서 무시한 것 같아 괘씸하기 짝이 없다.
- 자기는 매력 없는 여자라는 생각으로 괴롭다. (열등감)

상담자는 순정 양에게 실연의 유익한 점을 생각해 보라고 촉구하였다. 그녀는 도대체 '실연이 어떻게 유익하단 말인가?'라고 반문하였지만, 이번의 사건이 그녀에게 있어서 도움이 되었던 점을 다음과 같이 발견하게 되었다.

〈유익한 점〉

① 두 사람은 열정 하나로 철부지 사랑을 불태웠기 때문에 시작부터 불안정한 사랑이었다는 것을 이번에 깨닫게 되었다.
② 순정 양은 인정 많고 퍼주기를 좋아하는 성격상 착취적인 남자에게 끌릴 가능성이 많다는 것을 알게 되었다.
③ 비록 실연당하고 상처받았지만 연애하는 기간에는 황홀하고 행복한 시간이었다.
④ 장차 연애를 하게 된다면, 남자가 대화를 할 줄 알고 배려와 헌신으로 여자를 돕고 아껴주는 성격의 사람인지도 알아보는 것이 중요하다는 것과 어떤 부모에게서 양육되었는가도 고려할 필요가 있다는 것을 깨달았다.
⑤ 남자에게 무시당하지 않기 위해서 그리고 앞으로 좋은 남자를 만나기 위해서 직장과 학업을 병행해야겠다고 결심했다.

(2) ABCDE 모형으로 수치심을 극복하기

순정 양은 '만약에 내가 유복하고 뛰어난 미인이고 사랑스럽고 매력이 있는 여성이었더라면 나는 애인에게 배반당하지 않았을 것이다.'라고 생각하였다. 또 '나는 매력이 있고 능력이 있어야 하며, 무슨 일이 있어도 애인에게 배반당하지 않아야 한다. 그리고 허허 군이 자기를 버린 것이 몹시 수치스러워 도저히 견딜 수가 없다.'라고 생각하였다. 그러한 순정 양의 생각에 다음과 같은 논박적인 질문을 던져보는 것이다.

① '내가 유복한 집안 출신이고 미인이었다면 그로부터 배반 당하지 않았

을 것이다.'는 믿음이 옳다고 하는 논리적 준거는 어디에 있는가? (논리적 논박)

② 실제로 매력 있고 유복하고 사랑스러운 여인은 모두가 배반당하지 않고 잘 사는가? (경험적 논박)

③ 나는 실연당했으므로 수치스러워 얼굴을 들 수가 없고 그 사실을 도저히 견딜 수가 없다는 생각을 하고 있는 것이 어떤 유익함을 주는가? (기능적 논박)

그러고 나서 자기의 생각에 오류가 있음을 발견하게 되면 그녀는 타당하고 합리적인 생각으로 바꿀 수 있게 되어 실연의 고통을 극복할 수 있을 것이다. 또 허허 군은 진실한 자기의 사랑을 배반했기 때문에 아주 계산적이고 나쁜 놈인가의 문제에 대해서도 ① 기능적 논박, ② 경험적 논박, ③ 논리적 논박을 하여 따져 볼 필요가 있다.

(3) 거리 두고 바라보기와 유머의 활용

상담자는 그녀에게 수용전념치료(ACT)를 적용할 수 있다. 허허 군이 보고 싶고 또 슬픈 감정과 억울한 생각이 떠오를 때마다 그런 것들은 마치 구름이 창공에 떠올랐다가 시간이 지나면 흘러가는 것과 같다는 것에 비견하라고 지시할 수 있다. 그래서 거리를 두고 바라보라고 하는 것이다. 그리고 인생의 비극을 유머와 희극으로 조명해 보자고 제의할 수 있다. 그래서 그녀가 눈물을 머금은 채 폭소를 터뜨리며 흥얼거리고 노래를 부를 수 있게 된다면 그녀는 연애, 결혼, 부부생활에 대하여 철학자적인 태도를 터득할 수 있을 것이다.

인생은 가까이서 보면 비극이지만, 멀리서 보면 희극이다.

– 찰리 채플린(희극배우)

〈고기잡이〉

고기를 잡으러 바다로 갈까나 고기를 잡으러 강으로 갈까나
이 병에 가득히 넣어가지고서 라라라라 라라라라 온다야

솨솨솨 쉬쉬쉬 고기를 몰아서 어여쁜 이 병에 가득히 차면은
선생님한테로 가지고 온다야 라라라라 라라라라 안-녕

〈개사한 고기잡이〉

서러운 나에겐 모든 게 슬프고 만나는 사람도 부러움 뿐이네
와그리 재수없나 정말 싫구나 라라라라 라라라라 굿바이

솨솨솨 쉬쉬쉬 눈물꽃 담아서 어여쁜 이 병에 가득히 채운 뒤
빛나는 목걸이 만들어 볼 거야 라라라라 라라라라 굿바이

지금은 힘없는 내 모습이지만 장래의 청사진 멋있게 만들래
너보다 더 멋진 남자 만나가지고서 라라라라 라라라라 살 거야

지금까지 살펴본 바와 같이 상담을 통하여 박순정 양이 마치 천체망원경으로 드넓은 하늘을 바라보듯이, 인생과 애정 문제에 대하여 복합적인 인지적 조망(meta-cognitive perspective)을 얻게 되면 그녀는 안정감을 얻고 한층 더 성숙해질 수 있다. 그렇게 된다면 실연의 아픔도 어떤 의미에서는 변형된 축복의 선물이다.

순정 양의 실연을 인생의 '실패'라고만 보아야 할까? 오로지 성공의 경험만이 달콤한 것일까? 실패의 경험도 음미하게 되면 달콤할 수 있다. 실패는 다만 성공이 지연된 것이다. 그러므로 실패는 학습의 기회요, 성공을 위한 퇴비(비료)라고 생각하라. 실패란 신이 우리에게 심오한 것을 가르쳐 주기 위한

목적으로 주어진 것이다.

당신은 어떤 문제로 괴로워하는가?

그 문제를 풀기 위해서 첫째로 할 일은 문제 자체에 대해 이해해야 하는 것이다. 이를 위해서 당신의 마음이 고요해야 한다. 그렇게 되면 사물을 객관적으로 바라볼 수 있게 된다. 달리 말하자면, 인생의 문제는 자물쇠통과 같고 이해력은 열쇠와 같다. 그러므로 비통한 마음에 잠겨 있기보다는 깨어 있는 마음으로 바라보는 눈이 필요하다.

자기 감정, 자기 생각의 함정에 빠져 있지 말라.

이번 연애-실연의 사건을 영화관에서 한 편의 영화를 관람하듯이 멀리 앉아 바라보라. 이것은 수용전념치료(ACT)의 원리다. 당신은 영화의 주인공이며 관객이다. 그리고 영화의 각색자요, 연출자다. 자기를 비우고 자기 인생의 드라마를 바라보면, 상영 중인 영화를 즐기듯이 눈물 속에서도 기쁨을 맛볼 수 있다.

행복이 단맛이라는 한 가지 종류의 미각이라면, 슬픔도 또한 쓴맛이라는 한 가지 종류의 미각이다. 어린이들은 단맛만 좋다고 느낀다. 그러나 쓴맛도 또한 깊게 그 맛을 음미해 보면 끝에 가서 단맛이 느껴진다. 그래서 쓴맛도 나중에는 즐길 수 있다. 그러므로 경험 자체를 경험하라.

3. 사랑의 욕구와 인정의 욕구

사랑의 욕구와 인정의 욕구에 대한 엘리스의 관점은 다음과 같다(홍경자 역, 1986, 10장).

'나는 중요한 사람에게서 반드시 사랑받고 인정을 받아야 한다.'라는 비합리적인 신념에 많은 사람들은 사로잡혀 있다.

'그렇지만 모든 인간은 사랑의 욕구와 인정의 욕구를 필요로 하지 않습니까?'라고 당신은 대꾸할지도 모른다.

그것은 사실이다. 하지만 진정한 성인(成人)은 매번 타인의 사랑과 인정을 필요로 하지 않는 것 또한 사실이다.

인간은 고립된 상태에서도 죽지 않고 그런대로 살아갈 수 있으며, 사교적인 모임에서 환영받지 않더라도 크게 상심하지 않고서 그런대로 지낼 수 있다. 실제로 소수의 사람은 사랑마저도 원하지 않는다.

어린이들은 타인이 자기를 비난할 때 방어할 능력이 없다. 그리하여 가족으로부터 줄곧 '넌 쓸모없는 인간이야.'라는 소리를 듣고 자라면, 그런 말을 쉽사리 귀담아 듣게 되고 심리적으로 상처를 입게 된다. 그러나 성인은 어린이처럼 행동할 필요가 없다.

(1) 사랑의 욕구와 인정의 욕구가 해로운 이유

세상에는 사랑에 대한 '욕구' 때문에 비참한 마음으로 살아가는 사람이 많다. 자기는 기어코 사랑과 인정을 받아야 한다고 주장하는 사람들의 모순점을 살펴보면 다음과 같다.

① 당신에게 중요하다고 생각하고 있는 사람들로부터 반드시, 무슨 일이 있어도, 기어코 사랑을 받아야 한다고 요구하는 것은 일종의 완전주의적이고 달성하기 힘든 목표를 세우는 것과 같다. 설령 99명의 사람이 당신을 사랑하더라도, 100명째, 101명째의 사람은 당신을 좋아하지 않을 확률은 항상 남아 있다.

② 설령 소수의 사람들에게서만 사랑을 받겠다고 당신이 다짐한다 하더라도, 그 일도 항상 수월한 것만은 아니다. 어떤 사람은 사람들을 사랑해 줄 힘이 미약하다. 또 어떤 사람들은 당신의 눈이 파란색이 아니라 밤색이기 때문에 당신이 싫다는 식으로 나온다. 즉, 개인적인 취향 때문에 당신을 싫어할 수도 있다. 또 어떤 사람들은 당신이 과거에 범한 실수에 대한 인상을 영영 지우지 않고서 편견을 가지고 당신을 대하든가, 기타의 이유로 당신을 부당하게 대해 주는 수가 있다.

③ 당신은 무슨 일이 있더라도 반드시, 절대적으로 사랑을 받아야 한다고 생각하게 되면, 그 순간부터 상대방이 얼마만큼, 언제까지 당신을 받아들여 줄 것인가 하고 걱정하기 마련이다.

④ 당신이 항상 사랑 받을 필요가 있다면, 당신은 항상 사랑스럽게 돋보여야 한다. 설령 당신이 사랑스러운 성격을 지니고 있다손 치더라도, 당신이 사람들에게 자나 깨나 사랑스럽게 대해 주기란 거의 불가능하다.

⑤ 당신이 오로지 사랑과 인정을 받기 위한 일념으로 많은 시간과 정력을 허비하게 되면, 다른 일에 경주할 에너지가 남아 있지 않을 것이다. 그리하여 진정으로 자기가 원하는 목표를 추구하면서 생활하지 못하게 된다.

⑥ 아이러니컬하게도 사랑받고자 하는 욕구가 강할수록, 사람들이 당신을 사랑하고 존경해 줄 가능성은 더욱 희박하다. 당신이 지나치게 비위를 맞추게 되면, 사람들은 그러한 당신의 약점을 보고 당신을 경멸하게 되고, 또 당신이 부담스러워서 당신을 좋아하지 않을 수도 있다.

⑦ 일단 사랑을 획득하고 나면 사랑받는다는 것이 따분하고 부담스럽게 느껴질 수 있다. 당신을 사랑해 주는 그 사람이 당신의 시간과 에너지를 많이 빼앗아 가기 때문이다.

⑧ 사랑받고자 절박하게 요구하는 것은 무가치감을 수반한다. 그래서 그런 욕구가 발생할 때마다 '난 사랑을 받아야 한다. 나 혼자의 힘으로 이 세상을 꾸려나갈 수 없으니까 나는 다른 사람의 도움을 받아야 하고, 나는 사랑이 필요하다.'라고 자문자답할 것이다.

그러므로 당신이 모든 사람들로부터 완전한 사랑을 받으려고 하는 목표는 포기하는 것이 좋다. 그 대신에 자신을 받아들이고, 자신이 진심으로 원하는 삶의 가치와 당신 스스로의 가치를 발견하도록 하라.

(2) 초월적 태도와 무아(초월영성)심리학적 접근의 한계점

선승(禪僧)과 명상가들은 사람들에게 인정을 받고자 하는 열망을 버리라고 권고한다. 그 대신에 우주와의 합일의 감정을 느끼도록 정신을 집중하라고 말한다. 그러나 이와 같은 명상의 방법도 다음의 이유 때문에 인생의 문제를 해결해 주기에는 한계점이 있다.

① 그것은 일시적인 안정감을 느끼게 한다.
② 당신이 진실로 우주에 몰입되기가 어렵다.
③ 우주의 비밀을 이해하지 못하면서 마치 우주의 신비를 이해한 것 같은 망상적인 생각을 하도록 부추긴다.
④ 당신의 고민을 직접적으로 해결하려 하지 않고 마술적인 단방약을 찾게 한다.

달리 표현하자면 무아심리학(Transpersonal Psychology)은 당신 자신, 당신의 독자성, 당신의 됨됨이를 내동댕이치라고 하는 것과 유사하다.

(3) REBT에서 사랑의 욕구에 대한 태도

우리는 무아심리학적인 접근과는 반대로 매우 개인주의적인 철학을 지지한다. 당신이 진실로 인생에서 원하는 것이 무엇인가를 찾아내서, 바로 그 일을 하라고 주장한다. 그리고 그것은 첫 번째로 당신 쪽에서 다른 사람의 인정이 필요하다는 생각을 줄여 나감으로써 가능하다. 그 대신에 당신 자신을 받아들이고 또 외부의 활동에 전념하는 것이 좋다.

이것을 다른 말로 표현하자면, 장기적 안목에서 볼 때 바람직하다고 생각되는 쾌락을 열성적으로 추구하노라면, 궁극적으로 당신 자신을 받아들이게 된다는 뜻이다. 당신이 진실로 하고 싶어하는 일을 하다 보면 당신은 다른 사람의 기대에 오로지 자신을 맞추려고만 하는 과오를 범하지 않게 되기 때문이다. 그리고 기어코 사랑을 받아야 한다고 요구하는 일에서 자유로워질 때, 사람들을 사랑하기가 더 쉬워진다. 왜냐하면 마음이 자유로우니까 다른 사람들이 가지고 있는 매력이 더 눈에 잘 띄고, 그들이 당신에게 곧바로 반응을 보이지 않더라도 당신이 그들을 싫어하지 않게 되기 때문이다. 결론적으로 말해서, 다른 사람의 사랑을 받고 싶어 하는 과도한 욕구를 버리고, 다만 그들이 당신을 수용해 주기를 어느 정도만 바라는 것이 건전하다. 사랑에 대한 지나친 욕구와 싸워 이기고 줄이기 위해서는 다음과 같은 방법을 사용해 볼 수 있다.

① 남들이 당신에게 기대하는 바가 무엇일까를 생각하기보다는, 당신이 정말로 하고 싶은 일이 무엇인가를 알아보라.
② 당신이 진실로 하고자 하는 일을 과감하게 실천하라.
③ 사랑을 얻으려 하기보다는, 사랑을 주려고 노력하라. 당신 쪽에서 의도적으로 사랑을 주는 노력을 해 봄으로써 사랑에 대한 갈구는 점차 사라지지 않겠는가?
④ 무엇보다도 사랑을 얻는 것과 개인적인 존엄성을 혼동하지 말라. 당신이 그들에게 유익한 사람이니까 그들이 당신의 가치를 인정해 준다거나, 혹은 당신은 유능하니까 그들이 당신을 인정해 준다면, 그것은 외적인 (또는 외재적인) 가치에 불과하다.

(4) 자기수용과 '현재에 전념하기'의 강조점

엘리스는 사랑받고자 하는 과도한 욕구에서 벗어나, 있는 그대로의 자신을 수용하고, 자기가 진실로 하고 싶은 일에 전념하라고 강조한다. 이것은 수용전념치료(ACT)의 사상과 일치한다. 수용전념치료(ACT)에서는 모든 사람에게 있어서 심리적인 고통은 보편적인 현상이라고 보고 있다. 그러므로 ① 자기와 ② 타인과 ③ 세상의 부조리에 대하여 불평하고 분노하기보다는 담담하게 수용하라고 한다. 그리고 이제부터 온갖 사념에서 빠져나와 자기의 최우선적인 삶에 전념하라고 한다.

비록 당신이 화가 나거나 억울하고 슬픈 감정을 느끼고 있고 자기는 열등한 존재라고 생각하고 있더라도, 당신은 그런 마음을 그대로 지닌 채, 어떤 다른 중요한 일에 몰두할 수 있다. 당신이 공황장애나 우울증을 앓고 있다고 하자. 그렇더라도 그런 상태에서 당신은 삶의 우선순위를 정하고 매일매일 현재의 순간에 집중함으로써 생생하고 활력이 넘치는 삶을 살 수 있다.

ACT는 자기가 경험하는 고통을 회피할 것이 아니라, 오히려 그 고통과 친밀하게 지내라고 한다. 그러다 보면 역설적으로 고통이 느껴지지 않게 되고, 그 고통에서 자유로워질 수 있다는 것이다. 세상 사람들의 인정을 받고자 과도하게 신경을 쓰고 마음이 분산되는 것보다는 자기 자신이 가장 중요시하는 가치관대로 진실하게 사는 것이 더 중요하다는 말은 기독교적 사상에도 잘 나타나 있다. 성경을 읽어 보자.

> 이 세상이나 세상에 있는 것들을 사랑하지 말라, 누구든지 세상을 사랑하면 아버지의 사랑이 그 속에 있지 아니 하니, 이는 세상에 있는 모든 것이 육신의 정욕과 안목의 정욕과 이생의 자랑이니, 다 아버지께서 좇아 온 것이 아니요 세상으로 좇아 온 것이라, 이 세상도 그 정욕도 지나가되, 오직 하나님의 뜻을 행하는 이는 영원히 거하느니라. (요한1서 2:15-17)

이 말씀은 기쁨 자체요, 영적 존재인 자기의 본질을 망각하고 세상적인 인정과 성공에 집착함으로써 마음이 흔들리고 좌절감과 불행감을 느끼는 것이 옳지 않다는 것을 말해 주고 있다.

나에게 이야기하기

– 이어령 –

너무 잘하려 하지 말라 하네.

이미 살고 있음이 이긴 것이므로

너무 슬퍼하지 말라 하네.
삶은 슬픔도 아름다운 기억으로 돌려주므로
너무 고집부리지 말라 하네.
사람의 마음과 생각은 늘 변하는 것이므로

너무 욕심부리지 말라 하네.
사람이 살아가는 데 그다지 많은 것이 필요치 않으므로

너무 연연해하지 말라 하네.
죽을 것 같던 사람이 간 자리에 또 소중한 사람이 오므로

너무 미안해하지 말라 하네.
우리 모두는 누구나 실수하는 불완전한 존재이므로

너무 뒤돌아보지 말라 하네.
지나간 날보다 앞으로 살 날이 더 의미 있으므로

너무 받으려 하지 말라 하네.
살다 보면 주는 것이 받는 것보다 기쁘므로
너무 조급해 하지 말라 하네.
천천히 가도 얼마든지 먼저 도착할 수 있으므로

죽도록 온 존재를 사랑하라 하네.
우리가 세상에 온 이유는 사랑하기 위함이므로

〈너, 다리 밑에서 주워 왔어!〉

야! 너 다리 밑에서 주워왔어. 네 엄마는 진짜 엄마 아니야!
엉?
엄마! 나 다리 밑에서 주워왔어?
무슨 소리! 내가 널 낳았어!
너 진짜 다리 밑에서 주워왔어. 내가 봤거든!
아! 그래서 엄마가 항상 야단치고 미워했구나. 난 망했다. 엉엉!
난 고아야. 난 혼자야. 난 몰라. 엉엉

야! 너 다리 밑에서 주워왔어. 네 엄마는 진짜 엄마 아니야!
엉?
엄마! 나 다리 밑에서 주워왔어?
무슨 소리! 내가 널 낳았어!
너 진짜 다리 밑에서 주워왔어. 내가 봤거든!
거짓말하지 마세요. 엄마가 날 낳았대요! 내 애기 사진도 있거든요!
저 사람이 나쁜 사람이야! 저 사람 말은 곧이 듣지 않지 않을 거야!
엄마는 날 사랑해. 엄마가 날 지켜줘!

09 어린 시절의 상처를 극복하기

누군가가 걸핏하면 불같이 화를 내거나, 또는 염세적이고 우울증으로 세상을 포기할 때 그 사람은 어린 시절에 상처가 컸기 때문이라고 말한다. 그 말은 옳은 말이다. 그런데 그 말이 옳다면, 우리는 영원히 환경과 운명의 피해자로 살아야 한다는 뜻이 된다. 과연 우리는 불운을 극복하여 발전적이고 행복한 삶을 살 수는 없다는 말인가?

어린 시절의 상처를 어떻게 조명하는 것이 좋은가? 이에 대한 엘리스의 견해를 살펴보자(홍경자 역, 1986, 7장).

1. 어린 시절의 상처에 대한 견해

어린 시절에 부모로부터 상처받은 아이의 예를 들어 보자.

어떤 소녀가 어머니에게 끊임없이 꾸지람을 듣고 배척받았다. 그래서 소녀는 자신이 못나고 무능하다고 느낀 나머지 어떤 노력도 하지 않고 포기함으로써 결국에는 무능력하게 되었다고 가정하자.

그런데 한번 따져봐야겠다. 그 소녀가 어머니에게 거부당한 사실 때문에 심리적으로 괴로워한 것일까? 아니면 거부당한 것에 관한 자기의 생각 때문에 심리적인 고통을 느끼는 것일까? 대개는 후자이다. 어머니의 배척이 오로지 100% 불건전한 것만은 아니기 때문이다.

우리 사회에서 배척당한 모든 어린이들이 다 나쁘게 되는 것이 아니다. 다른 문화권에서는 아이들이 부모에게 몹시 비판받고 배척당하면서 자라지만 신경증이 되지 않고 잘 성장한다는 보고가 있다. 심리적 배척과 상처받은 느낌은 문화권에 따라 다소 차이가 있는 것으로 보인다. 나(엘리스)는 팔레스타인과 이집트의 지방에 사는 어린이들을 관찰할 기회가 있었다. 그 지역에서는 아동의 복지를 위한 배려가 되어 있지 않았다. 그곳에서는 어린이들의 소망과 욕구에 대한 중요성이 전혀 고려되지 않았으며, 어린이들은 귀찮은 존재인 것 같았다. 부모와 형제와 아저씨 및 아주머니들이 아이들을 함부로 취급했다. 그러나 그곳의 어린이들은 사랑의 결핍 때문에 신경증에 걸리지 않았다.

어머니가 자녀를 배척하는 것은 사실상 고통스럽고 불쾌한 사건일 뿐이다. 그런데 그것에 대한 사회적인 관념들 때문에 그 사건을 몹시 외상적인 것으로 간주한다.

만약에 사람들이 자기에게 일어난 사건에 대하여 외상적인 생각을 갖지만 않는다면, 신체적 공격을 제외하고서는 크게 상처를 입었다고 느끼지는 않을 것이다. 그러나 신체적으로 상해를 당하는 것은 예외다.

사람이나 사물이 어떻게 당신에게 극심한 고통을 야기할 수 있겠는가? 물론 어떤 사람들은 당신을 욕할 수 있고, 당신의 의견에 동의하지 않을 수도 있다. 그리고 다른 사람들이 당신을 따돌림 하도록 선동할 수도 있다. 그런데 그들의 부정적인 말, 태도, 생각을 당신이 끔찍하게 여기니까 당신이 영향을 받는 것이다. 어떠한 적대적인 말이나 제스처도 그 자체로서는 당신에게 해를 끼칠 수 없다.

1) 고통에 대한 두 가지 견해

우리가 느끼는 고통에는 두 가지가 있다.

① 발가락이 돌뿌리에 채였을 때나 소화불량증에 걸렸을 때 느끼는 것과 같은 신체적인 고통
② 배척이나 좌절과 불공평한 대우를 받았을 때 느끼는 것과 같은 심리적인 고통

첫째, 신체적인 고통에 대하여 살펴보자.

신체적 고통과 불행감은 서로가 상당히 중복되지만, 반드시 똑같은 의미는 아니다. 당신은 신체적으로 심한 고통을 느끼면서도, 그것에 대해 너무 심각하게 여기지 않을 수도 있다. 이와 반대로 당신은 신체적으로 경미한 고통을 경험하면서도 크게 놀라고 엄살을 부릴 수도 있다. 따라서 고통 그 자체 때문이 아니고, 고통에 대한 당신의 태도가 당신의 불행감을 야기한다.

두 번째, 심리적인 고통에 대하여 살펴보자.

만일 못된 사람들이 당신을 보고 부당하게 '거짓말쟁이'라거나 '무뢰한'이라고 부른다면, 당신은 그들의 평가를 어떻게 해석하고 받아들일까? 그들이 당신을 싫어하는 것을 보고 섭섭하게 느낄 것인가, 아니면 심각하게 받아들이고 고민하면서 그들의 인정을 꼭 받아야 한다고 생각하는가?

후자의 경우에 당신은 매우 억울해 하며 화가 나거나 울적하게 될 것이다. 그러니까 심리적으로 공격을 받았다고 느낄 경우에는 당신이 그런 공격을 받은 사실이 매우 수치스럽다고 여기기 때문에 당신은 상심하는 것이다.

반면에 당신 자신을 충분히 수용한다면, 달리 생각할 것이다. 당신은 '내가 거짓말을 하지 않는데 어떻게 그들이 나를 거짓말쟁이라고 부를 수 있을까? 그들이 나를 잘못 판단한 거야! 자 그러면, 내가 거짓말하지 않은 사람이라는 것을 그들에게 입증할 수 있는 방법을 찾아보자.'라고 생각하게 될 것이다.

2) '상처 받았다'의 의미

'상처 받았다'라는 말은 실제로는 '자기 비하'로 구성되어 있다. 당신은 어리석게 생각함으로 인하여 고통을 자초한 것이다. 즉, '그렇게 친절하게 그녀를 대우해 준 내가 저능아야! 그녀가 나를 나쁘게 생각한 것을 참을 수 없어!' 라든지 '그녀가 나를 형편없는 사람이라고 간주한다면 나는 틀림없이 쓸모없는 인간이야, 아유 창피해!'라고 생각하니까 당신은 상처받았다고 느끼는 것이다.

이와 같은 생각이 어리석다는 것을 다시 한번 정리해 보자.

① 당신이 가끔씩 어리석은 행동을 했다고 해서 당신이 바보가 되는 것은 결코 아니다.
② 당신의 옛날 애인이 당신을 좋지 않게 생각한다면, 그것이 결코 유쾌한 일은 아니지만, 당신은 그것을 참을 수가 있다.
③ 당신의 여자친구가 당신을 형편없는 사람이라고 생각할지라도 당신은 그녀의 의견에 동의할 필요가 없다.
④ 당신이 애인에게서 버림받았다고 사람들이 손가락질한다면, 제기랄, 당신은 그들이 그렇게 생각하는 것을 참을 수는 있다.

과거의 영향을 크게 강조하는 프로이트 학파의 체계와 다른 심리치료 학파에서는, 어렸을 때 어린이는 부모에게 당당하게 요구하고 투덜대야 한다고 잘못 믿고 있는 것 같다. 그래서 어린이가 부모에게서 배척당하고 무시당하면 상처를 받고 자기혐오를 느껴야 한다고 생각한다. 그러나 어린이들이 반드시 상처받거나 지기혐오할 필요가 없다. 어린이들은 부모의 불공평한 행위 때문이 아니라, 어린이 편에서 '부모가 불공평하게 행동하는 것은 부모된 도리가 아니다. 그건 나쁘다. 그렇게 해서는 안 된다.'라고 비현실적으로 주장하기 때문에 상처받는 쪽을 선택하는 것이다.

나의 경우에, 나는 어려서 많은 병을 앓았고 수개월간 병원에 입원하였지만 아버지와 어머니는 나를 방치하였다. 내가 퇴원해서는 어린 동생들을 보살피면서 힘든 시절을 보냈다. 그러니까 나 역시 어린 시절의 상처가 크다고 볼 수 있지만, 나는 독서로써 그런 것을 승화한 것 같다.

물론 유아기에 배척당하거나 좌절을 겪을 때 어린이들은 몹시 화를 내고 지나치게 의기소침한 반응을 보이기 마련이다. 그러나 성장함에 따라 태도를 달리할 수 있다는 것을 나는 말하고 싶다. 다시 말해서, 청소년기에 접어들어서는 자신이 여전히 유치하게 행동할 것인가, 그렇지 않을 것인가를 선택할 수 있다. 왜냐하면 나이가 들어감에 따라 우리는 판단력이 생기기 때문이다. 그래서 남들이 자기를 험담하고 멸시하는 표정을 보낼 때, 그것이 고통스러운 것은 사실이지만, 또 한편으로는 그것이 자기의 마음을 상해 주지 않을 수도 있다는 것도 알게 된다.

당신의 어린 시절은 불행했고, 당신의 부모나 교사가 당신을 학대했다고 하자. 설령 그렇다 하더라도 당신이 어려서 믿었던 비현실적이고 비합리적인 생각을 더 이상 고수하거나 자기에게 스스로 주입시키지만 않는다면 당신은 심리적으로 크게 상처받지 않을 수도 있다.

3) 합리적 사고, 합리화, 주지화의 개념

몰츠비(Maultsby) 박사에 의하면 합리적 사고에는 다음과 같은 다섯 가지의 특징이 있다.

① 합리적 사고는 주관적인 견해를 가지고 어떤 관념을 도출하는 것이 아니라, 객관적인 사실에 근거해서 어떤 생각을 도출하는 것이다.
② 합리적으로 사고한 대로 행동에 옮기게 되면 합리적인 행동 방식이 습관화될 것이다.
③ 합리적 사고는 당신의 인생의 목적을 신속하게 규명해 줄 것이다.
④ 합리적 사고는 내적 갈등과 혼란을 대폭 줄여줄 것이다.

⑤ 합리적인 사고에 근거하여 행동하게 되면 대인관계의 갈등을 예방해 줄 것이다.

우리가 정의한 '합리성'이란 말은 '사리에 맞고, 효율적이며, 자기파멸적이 아닌' 것을 뜻한다.

'합리화'를 한다는 말은 자기가 가지고 있는 행동과 신념과 욕망에 대해서 그럴 듯한 설명을 고안해 낸다는 것을 뜻한다. 그런데 그런 설명의 말이 대개는 근거가 없거나 핑계 대는 변명의 말이다. 그러므로 자기 행동에 대해서 합리화하거나 변명하는 것은 자기의 행동에 대해서 합리적으로 생각하는 것과는 정반대의 일이다.

'주지화'란 수학과 같은 지적인 추구를 지나치게 강조하면서, 음악이나 연극과 같은 예술적인 학문은 수학보다 열등하다고 간주하는 것을 의미한다.

심리학적인 견지에서 주지화한다는 것은 자기에게 심리적인 문제가 있을 경우에 강박적으로 꼬치꼬치 따져 보고 이론적으로 그럴듯한 설명을 하는 것이다. 그리고 자기에게는 감정적인 문제가 있다는 사실을 부정하며, 그 문제를 해결하려 하기보다는 회피하려고 하는 행동을 의미한다. 그러므로 인간의 삶에 있어서 합리적이고 이성적인 접근방식을 취하는 것이 바람직하다. 그러나 합리화나 주지화는 하지 않아야 한다. 자기파멸적이고 신경증적인 행동에 대해서 합리화하거나 주지화하게 되면, 그러한 행동은 영영 고쳐지지 않을 것이다. REBT에서는 합리화나 주지화를 단호히 배격한다.

2. 최유유 씨 부부의 문제

최유유(39세) 씨는 남편(40세), 두 딸(9세, 7세)과 같이 살고 있다. 그녀는 상담자로부터 '어머니'나 '아버지'라는 단어만 들어도 눈물을 흘렸다.

최유유 씨는 중학교 때 부모님이 이혼을 하였다. 아버지는 착하고 근엄하신 분이다. 생계를 위해서 여러 가지 일을 하였지만 하는 일마다 지지부진하였다. 별 수 없이 여장부 같은 어머니가 국밥집을 운영하셨다. 어머니가 영업을 하다가 밤늦게 술을 마시고 들어오면 아버지가 어머니를 의심하며 야단을 쳤고, 그런 불화 끝에 어머니가 집을 나갔다. 그리고 연락이 두절된 상태에서 이혼을 하였다.

아버지는 시골로 건축공사 등의 일을 하고 다녔기 때문에 유유 씨는 중학교 때부터 할머니 집에서 학교를 다녔다. 그러다가 사촌 오빠가 유유 씨를 성폭행하는 일이 발생하였다. 당시(중3) 유유 씨는 수치스러운 그 사건을 아무에게도 말하지 못하고 지금까지 가슴속에 품고 살아왔다. 그리고 어쩌다가 명절 때 사촌 오빠와 마주치면 서로 말도 하지 않고 모른 척하고 지낸다.

유유 씨는 예쁘고 공부도 잘하였다. 유유 씨가 워낙 착하기 때문에 이웃집 아주머니가 장래가 촉망되는 젊은이를 소개시켜 주고 싶다며 자기네 고모의 아들을 소개시켜 주었다. 그래서 29세 때 현재의 남편을 만났다. 남편은 초등학교 때 어머니가 암으로 돌아가셨다. 아버지는 수년간 아이들을 기르며 독신으로 지내다가 남편이 고등학교 1학년 때 5세 된 딸이 있는 여성과 재혼하였다. 고독했던 아버지는 새엄마와 이복동생과 다정하게 등산도 하고 여러 곳을 여행하였다. 남편은 그 당시 대학 입시 공부를 해야 한다는 이유로 가족 여행에서 제외되는 때가 많았다. 외롭게 젊은 시절을 보낸 남편은 유유 씨를 보자마자 한눈에 폭 빠졌다. 유유 씨는 신랑감이 성격이 온순하고 부드러운 사람으로 보여서 그와 결혼해도 무방할 것 같았다.

남편은 정이 많은 사람이다. 그래서 아내와 항상 같이 있기를 원했다. 유유 씨는 남편이 자기를 포옹하려고 할 때마다 습관적으로 뿌리쳤다. 언젠가 남편이 유유 씨를 뒤에서 안아주자 그녀의 팔에 소름이 돋는 것을 보고, 남편이 놀라서 “내가 그렇게 싫어?”라고 반문하였다.

이들 부부의 행동유형을 살펴보면, 남편은 다가가는 사람이고, 에너지를 발산하는 타입이다. 한편 유유 씨는 저만큼 적당한 거리를 두고 지내는 사람으로서, 회피형이다.

사랑의 표현방식을 채프만(Chapman)은 ‘사랑의 언어’라는 용어로 설명하였다. 그것은 ① 신체적 접촉, ② 노동의 봉사, ③ 선물(물질), ④ 함께하는 시간, ⑤ 인정해 주는 말의 다섯 가지다(장동숙, 황을호 역, 2010).

부부나 자녀는 위의 다섯 가지 사랑의 표현을 모두 받고 싶어 하겠지만, 개인마다 취향이 다르다고 한다. 그래서 자기가 좋아하는 방식으로 상대방이 배려해 줄 때 자기는 진심으로 사랑을 받았다고 느낀다는 것이다.

가령, 남편은 집안 살림을 도와주는 것으로 애정 표현을 하는데, 아내는 남편이 자기에게 따뜻한 말을 해 주고 웃어줄 때 사랑받는다고 느낀다. 그래서 어떤 여자는 힘써 가사 봉사하는 남편의 속마음을 알아주지 않고, 오히려 묵묵히 가사 일을 도와주는 남편을 불만스럽게 느끼는 경우가 있다.

유유 씨의 남편은 직장 일이 끝나면 칼같이 귀가한다. 그리고 그 시간에 유유 씨가 집에 없으면 짜증을 내고, 아내가 두 아이들보다는 자기를 먼저 안아주고 바라봐 주기를 원한다. 한편 유유 씨는 어려서부터 어루만짐을 받아본 경험이 없기 때문에 남편이 자꾸만 치근덕거리는 것이 불편하고 익숙하지가 않다. 어린 두 아이들이 자기에게 달려와 안기는 것도 성가신데, 귀가 때마다 마치 세 아이가 경쟁하듯이 자기를 독차지하려고 달려오면 힘이 빠진다. 그러니까 이들은 서로가 선호하는 사랑의 언어를 확인하고 조율하면 좋을 것이다.

TV의 연속극을 보면서 '수도꼭지'인 유유 씨가 울고 있으면 남편도 훌쩍거린다. 그리고 그녀가 사이버대학에 등록하여 숙제하는 것 때문에 자기와 함께 있는 시간이 줄어드는 것도 매우 싫어한다. 초등학교 수준의 정서상태인 남편을 유유 씨가 어떻게 성인으로 이끌어 줄 수 있는가도 그녀의 관심사이다.

유유 씨가 친구들에게 남편 이야기를 하면 친구들은 오히려 유유 씨를 부러워하였다. "얘, 너는 복도 많다. 일편단심, 너만 바라보고 있는 남편이 이 세상에 어디가 있겠니? 네가 쐬기처럼 톡톡 쏘면 딴 여자한테 가라는 소리와 똑같은 거야. 너 정신 차려라. 별 것도 아닌 주제에 네가 미스코리아인 줄 아니? 남편 단속 잘해라." 그 말에 유유 씨는 정신이 번쩍 나서 자기에게 분명히 문제가 있다고 느끼고 상담을 받으러 온 것이다.

그리고는 지금까지 꼭꼭 숨겨둔 그 사건 때문에 자기가 얼마나 괴로워했는가를 깨달았다. 사촌 오빠에 대한 분노와 자기를 지켜주지도 않고 멀리 떠나가서 혼자 잘 살고 있는 친정 엄마에 대한 원망과 증오심이 눈물과 함께 쏟아져 나왔다. "아, 그래서 내가 남자들을 미워했구나. 그리고 죄 없는 착한 남편까지도 싫어했구나. 벼락 맞아 죽을 놈. 그 녀석이 내 마음에 얼음장을 덮어놨구나."

"나는 정말 얼음장 같은 마음이 녹아 남편을 따뜻하게 품어줄 수 있기나 할까? 그것이 가능할까?"

유유 씨는 모범생이다. 게다가 아버지의 유교적인 교육이 유유 씨에게 강한 윤리의식을 심어 주었다. 그런데 자기 친정어머니는 남자관계에 분명히 문제가 있었다. 그렇다면 자기는 나쁜 사람인 것 같고 자기 엄마의 피를 닮은 것은 아닐까? 이런 생각으로 머리가 복잡하다. 혹시라도 자기의 비밀을 남편이 안다면, 아니 자기가 남편에게 그 비밀을 고백한다면 남편이 용서해 줄까? 그리고 여전히 자기를 사랑해 줄까? 유유 씨를 짓누르는 수치심과 죄의식이 그녀의 몸과 마음을 얼음덩어리로 만든 것 같았다.

유유 씨는 참으로 마음고생을 많이 하고 자란 여성이다.

청소년 남자들에게 성추행이나 성폭행은 일종의 호기심 어린 놀이처럼 여겨질 수 있을지 모르나, 어린 중·고등학교 여학생들에게는 끔찍한 상처다. 그것은 일생 동안 지워지지 않는 트라우마로 남게 된다. 그런 심리적 상처가 착한 이들의 부부생활까지 좀 먹고 있다.

상담자는 유유 씨의 심리적인 상처를 다루면서 여러 가지의 상담이론을 적용할 수 있다.

트라우마를 다루는 상담자는 안전한 분위기에서 내담자를 수용하고, 상담시간에 잠시 어머니 역할을 하며 마치 그녀의 어머니가 그녀에게 제대로 보살핌을 해 주듯이 그녀를 따뜻하게 보살펴 주는 역할을 잠깐 동안 역할놀이

할 수 있다. 그것이 대상관계이론이고, 심리도식치료이론에서의 '제한된 재양육(limited reparenting)'의 기법이다. 또 그간 억압되었던 분노 감정을 게슈탈트 치료 방식 등으로 분출할 필요가 있다.

마지막으로 그녀에게는 인지적인 재구성 작업이 필요하다.

여기에서는 REBT를 위시한 인지행동치료(CBT)와 글쓰기의 방법을 간략하게 소개하기로 한다.

상담시간에 상담자는 유유 씨로 하여금 중학교 때의 성폭행 경험에 대하여 이야기하게 하면서 글로 적어 보라고 지시할 수 있다. 되도록 자세하게 적어 보고 그때 느낀 감정과 생각도 회상해 보라고 하는 것이다.

명절 때 유유 씨의 할머니 집에 친척들이 모이면 모두가 늦도록 먹고 이야기하였다. 그래서 그녀는 큰댁의 사촌 오빠(당시 고3)와 입시에 대한 이야기를 나눈 적이 있다. 유유 씨는 어느 날 밤 소스라치게 놀라 잠을 깼다. 사촌 오빠가 자기를 덮친 것이다. 통증과 공포와 수치심의 긴긴 밤을 지낸 다음에 세상은 갑자기 회색빛으로 변하였는데, 그 뒤에도 그 뒤에도 학교나 친구나 사회는 여전히 그대로 돌아가고 있었다. 무엇이 잘못되었을까? 착한 사람으로 보였던 오빠가 마귀였다. 유유 씨는 그에 대한 분노로 몸을 떨었지만 그에게 어떻게 복수해야 할지 알 수 없었다. 할머니에게 알린다면 쫓겨날 것 같았고 무언가 자기가 잘못한 죄인 같았다.

'내가 사촌 오빠를 반기고 웃어준 것 때문이야. 그게 잘못이야.' '그때 힘껏 밀쳐내고 소리를 질렀어야 하는데, 소극적으로 대응한 내가 잘못이야.' '내가 천박한 아기씨로 보였나?' 그래서 그녀는 죄의식과 수치심으로 몸을 떨었다.

그 사건 이후로 세상은 안전하지 못하고, 사람들은 도무지 믿을 수가 없으며 가까이 다가가 친하게 지내서는 절대로 안 되는 것으로 보였다. 자기는 외부의 강한 힘을 도저히 감당할 수 없는 무능력한 존재이고 무시받아 마땅한 천덕꾸러기 같았다. 그러니까 고개를 들고 떳떳하게 살아갈 수가 없다고 생각했다.

상담자는 유유 씨가 적어 온 진술문을 가지고 REBT의 ABCDE 자기조력 양식을 활용하여 분석해 보라고 인도할 수 있다. 그녀의 생각 속에서 엘리스가 언급한 네 가지의 비합리적 신념이나 벡의 다섯 가지 인지적 오류를 찾아내게 하고, 그것에 대하여 일일이 논박하는 시간을 갖는 것이다.

중학생 유유 씨가 대학입시에 대한 이야기를 들려준 사촌 오빠를 좋아했다고 해서 그것이 그로 하여금 성폭행하라는 암시나 신호는 절대 아니다. 유유 씨가 오빠를 보고 반기며 웃어 준 것과 성폭행과는 아무런 관련이 없다. 그러니까 유유 씨의 잘못은 없다.

밤중에 성폭행의 통증으로 얼떨결에 눈을 떴을 때는 크게 소리치고 힘껏 싸울 만큼 충분한 사리판단 능력이 발동하지 않을 가능성이 높다. 또 깡패처럼 욕하고 싸우고 밀쳐내는 것이 습관이 된 사람이라면 그 상황에서 사촌 오빠에게 소리치고 욕했을 것이다. 그런데 유순하게 살아 온 유유 씨에게는 그런 행동을 할 만큼 담력이 없었기에, 그런 대응 능력도 생각해 내지 못한 채 소극적으로 당할 수밖에 없었을 것이다. 그래서 유유 씨가 자신의 소극성을 탓하는 것은 잘못된 것이다. 그리고 유유 씨는 아주 소중한 존재이며 맘대로 짓밟아도 되는 값싼 여자가 절대로 아니다.

성폭행 피해자의 치료에는 글쓰기 작업이 특별히 효과가 있는 것으로 나타나 있다(이성직 역, 2014).

글쓰기 작업은 그동안 가슴 깊숙이 묻어 두고 차단되었던 심리적 상처의 세세한 장면과 고통스러웠던 감정이 되살아나게 하는, 즉 의식화되는 효과가 있다. 그리고 계속해서 글을 써내려 가게 되면 당시의 악몽 같았던 경험과 결부된 강렬한 감정(분노, 수치심 등)이 희석되기 시작한다. 이것이 노출 효과다. 마치 홍수의 흙탕물이 강물에 씻겨 내려가면 점차로 맑은 강물이 되듯이 그 트라우마의 기억도 그렇게 흘러가게 된다. 그 결과 유유 씨의 머릿속에 각인된 수치심과 통증은 사라지고, 성폭행의 인상은 이제 다만 하나의 객관적인 사실로서만 기억될 뿐이다. 매케나(McKenna)는 어린 시절의 학대나 공황

장애를 극복하는 데에 원근법적인 감상의 기법을 소개하였다. 마치 미술관에서 5m의 거리에 서서 그림을 감상하듯이 과거의 장면을 그렇게 시각화하라는 것이다. 그러고 나서 흑백의 그림으로, 또 아주 작은 그림으로 축소시켜 바라보라고 한다. 그러면 트라우마와 관련하여 새겨진 감정이 희석된다(이남규 역, 2011). '아, 그때 나에게 그런 일이 있었지.' 이것을 수용전념치료(ACT)의 이론으로 설명하자면, 우리가 어떤 상황에 대하여 평가적인 의미를 부여하지 않고 다만 있는 그대로의 현상으로서 담담하게 수용하게 되면, 상처와 고통이 더 이상 고통스럽지 않게 되는 원리다. 그 결과, 그녀는 트라우마로부터 자유로워질 수 있다. 이제 상처는 더 이상 상처가 아니며 다만 흔적일 뿐이다.

마지막으로 상담자는 유유 씨에게 그런 심리적 상처를 밑거름으로 하여 지금부터는 어떤 삶을 살 것인지에 대한 계획을 세워보라고 지시할 수 있다. '거듭난 삶'의 청사진을 그려 보게 하는 것이다.

이러한 CBT 작업을 통하여 유유 씨는 불결하고 흠이 있는 여자가 절대로 아니며, 오히려 일생 동안 트라우마의 후유증으로 고통 받고 살아온 피해자라는 것을 확실히 인지하는 것이다.

설령 유유 씨가 호기심으로 남성과 섹스를 하게 되었다고 가정하자. 그렇다 할지라도 유유 씨는 인간이기에 그럴 수도 있다는 것을 수용하는 것이 합리적이다. 그리고 친정어머니가 아버지 이외의 남자와 연애를 하게 되어 가정을 버리고 떠나갔다고 하더라도 친정엄마에게는 그럴 만한 사연이 있었을 것이고, 또 친정어머니도 남겨두고 간 자녀에 대한 가슴 아려오는 그리움과 미안한 마음이 남아 있었을 것이다. 그러므로 친정어머니를 전적으로 타락한 여자라고 간주하는 것은 옳지 않다. 오히려 친정어머니는 자기의 감정과 본능에 더 솔직한 사람이었다. 만약에 유유 씨가 친정어머니의 그런 피를 물려받았다고 하더라도, 그것은 징벌해야 할 조건이 아니고, 유유 씨가 인간적이라는 의미가 된다.

남편이 유유 씨를 용서할지 혹은 용서하지 못할지는 알 수 없다. 그러나 남편이 유유 씨를 29~30세경에 만났으니까, 대부분의 청소년 남성들처럼 남편도 사춘기 이후부터 성적인 활동을 한 경험이 많았다고 보아야 한다. 남자가 누구와 섹스하고 연애를 하겠는가? 상대는 여자가 아닌가? 그런데 남자는 섹스를 해도 괜찮고 여자는 섹스 경험이 있으면 안 된다는 논리는, 아랍권 이외의 민주국가에서는 받아들일 수 없는 사상이다. 그것은 남자는 왕이고 여자는 노예라는 말과 같다. 그리고 유유 씨는 일생 동안 성실하게 모범생으로 살아오지 않았는가?

청소년기에 성폭행을 당한 여성들은 남성을 극도로 혐오하고 비뚤어진 성격자가 될 수 있다. 그와 반대로 성적으로 난잡하게 되거나 창녀가 되는 수도 있다. 섹스에 대한 관점은 시대마다 다르고 문화마다 다르다. 서양의 경우에는 나이가 들도록 성경험이 없는 여자는 매력이 없기 때문이라고 간주하여 오히려 수치의 조건이 되기도 한다. 아무튼 유유 씨는 수많은 청년의 데이트 신청을 거절하고, 오로지 공부와 직장 일에만 착실하게 몰두하고 살았다.

유유 씨의 남편이 참으로 지성인이라면, 그리고 유유 씨를 진심으로 사랑한다면, 유유 씨의 과거의 심리적 상처에 대하여 알게 되었을 때 가슴 아파하고 동정과 위로의 마음을 보낼 것이지, 그것을 가지고 새삼스럽게 유유 씨를 멸시하고 학대하지는 않을 것이다.

상담시간에 유유 씨는 상담자와 더불어 유추하기의 기법으로써 그 트라우마를 조명해 보았다. 그녀에게 일생 동안 남성을 혐오하고, 자기 자신을 수치스럽게 생각하도록 엄청난 피해를 준 그 사건이 어떤 유익한 점이 있는가를 살펴보았다. 유유 씨는 다음과 같이 말하였다.

① 겸손하게 되었다.
② 자기의 약점을 보완하기 위해서 최선을 다하여 일하고 공부하게 되었다.
③ 결혼하고 나서 남편에게 감사하며 남편을 정성껏 모시려고 노력하였

다. 그리고 시댁의 일가친척들에게도 친절하게 대하려고 하였다.

④ 상처받고 소외받은 사람들을 도와주려는 마음이 강하고, 주변에 어려운 사람들이 보이면 기꺼이 베푸는 삶을 살게 되었다.

그러니까 아픔은 아픔으로 끝나는 것이 아니다. 아픔은 어느덧 빛과 향기로 꽃처럼 피어나게 하는 묘약이다. 누구에게나 살면서 어려운 시기와 엄청난 시련이 닥친다. 그러나 그 고난을 지혜롭게 이겨내기만 하면 더 큰 축복이 기다리고 있다는 것을 알 수 있다. 비 온 뒤에 땅이 더 단단해지듯이…….

유유 씨가 이런 관점을 이해하고 드디어 그녀의 시야가 넓어지자 그녀의 마음에서 얼음덩어리가 녹아내렸다. 이제부터 정에 목마른 남편을 마음껏 보듬어 주고, 또 어린아이처럼 칭얼대는 그를 성장하도록 도와주는 아내가 될 줄로 믿는다.

미국의 유명한 TV쇼 진행자인 오프라 윈프리는 소녀 시절에 미혼모였고 마약에 찌들었고 이혼했던 자서전적 이야기를 비극으로 묘사하는 것이 아니라 그저 사실로만 담담하게 공개하였다. 그녀는 자기 삶의 역경에 주저앉지 않고 묵묵히 이겨냈기 때문이다.

여기, 그녀가 한 말을 인용해 보기로 한다.

> 여러분은 어느 시점에서는 반드시 넘어지게 됩니다.
>
> 왜냐하면 우리가 하던 일을 계속 추진하고 끊임없이 자신을 더 높이, 더 높게 밀어붙이다 보면 균형의 법칙에 의해서 당신은 어떤 시점에서 떨어지게 됩니다. 그럴 때는 명심하세요. 실패란 없습니다. 실패는 단지 우리의 삶을 다른 방향으로 돌리려는 것입니다. 물론 구덩이에 빠질 때는 실패처럼 보입니다.
>
> 구렁텅이에 빠졌을 때는 잠시 우울해해도 괜찮습니다.
>
> 잃어버린 것처럼 생각되는 것에 대해서 자신에게 슬퍼할 시간을 주세요. 그러나 그 다음이 중요합니다.

오프라 윈프리

모든 실수에서 배우세요. 왜냐하면 모든 경험, 특히 실수는 당신에게 가르침(교훈)을 주어 더욱더 당신 자신이 되도록 하기 때문이죠. 그러고 나서 그 다음에 해야 할 올바른 행보를 찾아야 합니다.

인생의 열쇠는 내면의 도덕적이고 감성적인 GPS를 키우는 것입니다. GPS는 어떤 길을 가야 할지 알려줄 것입니다. 제가 발견한 것은 이것입니다. 당신은 장차 무엇이 되고 싶다는 식의 이력서를 쓰는 게 아니라, 어떤 사람이 되고 싶다는 방향으로 이력서를 만들어 가는 것입니다. 즉, 어떤 직함이나 직위를 나열하는 것이 아니라, 진정한 당신의 목적에 관한 이야기로 만들어 가는 것입니다. 그것은 구렁텅이에 빠진 자신을 발견했을 때 그때 당신을 빠져나오게 할 이야기이기 때문입니다. 상처를 지혜로 바꾸십시오. 당신은 인생에서 여러 번 부상을 당할 것입니다. 실수도 하죠, 나는 실패가 신의 소통 방법이라는 것을 알았습니다.

실패는 단지 경험입니다.

인생에는 결정적인 순간이란 게 있습니다. 당신은 그 순간을 느끼고 듣고 알아차려야 합니다. 그 소리를 알아듣지 못하게 되면 그 길에서 벗어나게 됩니다. 그래서 잘못된 결혼, 잘못된 관계, 잘못된 직업을 얻게 되지요. 하지만 그것은 모두 같은 궤도의 길로 이어집니다. 잘못된 길은 없어요. 이것을 이해하면 당신은 아픔을 견디고 어떠한 환경에도 흔들리지 않게 됩니다.

나의 성공의 비결이 무엇이냐고 질문한다면, 나보다 더 큰 힘, 곧 하나님이 내 삶을 다스렸다고 생각합니다. 당신의 모든 노력과 시간을 내면의 당신에게 연결한다면, 그 힘이 당신의 삶을 가능성으로 채웁니다. 내가 그 증거입니다. 저는 가난하게 태어났고 특별하지 않았지만 해 낼 수 있었습니다. 당신 역시 야심찬 비전을 가지세요. 왜냐하면 당신은 당신이 믿는 대로 되기 때문입니다.

어리석은 사람은 자신의 그림자와 더불어 싸운다.
어제는 역사이고 내일은 미스터리이고 오늘은 선물이다.
그래서 오늘은 프레센트(present)라고 한다.

틀에 얽매이지 말고 울타리에서 벗어나라.
그러면 더 아름답고 활기 찬 세상이 펼쳐져 있다는 것을 발견할 수 있다.

3. 다혈질의 아버지와 우울한 딸의 가족상담

다음 사례는 아버지, 어머니, 딸과의 가족상담 사례다.

최돌돌 씨(51세)는 자동차 정비소를 운영하고 있고, 아내인 문순순 씨(40대 중반)는 아이돌보미를 부업으로 하고 있는 주부다. 두 아들(중2, 고1)과 딸(고2)이 있는데, 딸은 아버지와 함께 식사도 대화도 하지 않으려 하고, 생기가 없다. 딸이 학습 의욕도 없고 걸핏하면 눈물을 흘리기 때문에 정신과 치료를 받아야 할지 망설이다가 이들 부부는 딸과 함께 심리상담을 먼저 받아보자고 생각하고 상담실을 찾아왔다. 상담 첫 시간에 두 아들은 상담실에 오지 않았다.

최돌돌 씨의 성장사를 보면 어려서 자기 아버지가 외도를 하였고, 아버지는 첩과 함께 따로 살면서 본가에는 생활비도 제대로 주지 않았다. 최 씨는 가계를 책임지는 불쌍한 어머니를 대신해서 아버지에게 찾아가 항의했지만, 아버지는 아들의 따귀를 때리고 발로 차며 무자비하게 구타하였다.

최 씨는 중·고등학교 시절에 학원에도 제대로 다녀보지 못했고, 공부를 잘하지 못하였으므로 운동부에 들어갔다. 훈련 중에 선배 선수들에게 많이 맞은 경험이 있다. 최 씨는 친구들 관계나 사회적 관계에서도 자기가 싫으면 무조건 관계를 단절했고, 대화를 할 줄 몰랐다. 결혼 후에 가정에서 최 씨는 독재형으로 자녀 양육에 임했다. 숙제하기, 이닦기, 식사하기 등의 규칙을 자기가 옳다고 생각하는 방식으로 세워 놓고 그것을 아이들에게 강요하였다. 자녀들이 규칙을 어기면 가차 없이 엄벌하였다. 막내아들은 아내를 닮아 눈치가 빠르고 고분고분한데, 딸과 큰아들은 아버지와 충돌하였다. 딸이 어렸을 때는 최 씨가 예뻐해 주었다. 그런데 딸이 중학교 때 성적이 저조하자 "너 공부하지 마!"라고 하였고 딸은 실제로 공부를 하지 않았다. 그리고 "집에서 나가!"라고 말하면 딸은 가출하였다. 그렇게 행동하는 딸에게 야단을 치면 딸은 또박또박 말대꾸를 하였다. 그것이 아빠의 존재감을 무시하는 느낌으로 다가와 최 씨는 딸을 몹시 때렸고, 중학교 때 딸은 손목을 면도날로 자해하는 소동을 벌였다. 딸의 말에 의하면 자기 하나만 없어지면 집안이 조용할 것이라고 생각해서 죽고 싶었다고 한다. 고등학교 때 딸이 남학생과 사귀는 것을 눈치 채고 나서는, 딸이 정해진 귀가시간에 5분만 늦어도 그는 크게 화를 냈다. 딸이 데이트를 하므로 성추행이 걱정되기 때문이라고 했다. 그러나 최 씨는 그러한 자기의 불안한 마음을 소상하게 표현하지 않고 무턱대고 야단치는 방식을 고수하였다. 그것은 첫째로 자기가 말을 길게 하면 자기의 무식함이 들통날까 봐 염려되어서고, 둘째로 아이들과 어떻게 대화해야 할지를 몰랐기 때문이다.

최 씨는 큰아들과도 충돌하였다. 그러나 아들의 몸집이 커지면서부터는 더 이상 아들을 때리지 않았다. 아이들에게 공부하라고 호통 치는 것은 자녀들이 행여나 자기처럼 공부할 기회를 놓치고 사회에서 떳떳하게 살아가지 못할까 봐 걱정되기 때문이었다.

아내는 남편이 어려서부터 부모의 사랑과 보호를 받지 못한 서러움이 있고, 지금은 열심히 살려고 노력하고 있다는 것을 잘 알고 수용해 주는 편이다. 그래서인지 최 씨는 아내에게는 비교적 다정하게 대했다. 그러나 아내는 남편의 융통성 없고 과격한 성격으로 인하여 아이들과 갈등하는 것을 보고 중간에 서서 갈팡질팡하며 심리적 고통이 심하였다.

남편은 '욱' 하고 화를 낸 다음에는 집을 나가 차를 몰고 전국 팔도강산을 돌아다니는 습관이 있다. 그러다 보면 과속하여 '교통위반'의 벌과금 고지서가 여러 차례 날아온다. 교통위반 고지서가 날아오는 날에는 최 씨 가정에서 갑자기 흥분의 드라마가 연출된다. 그동안 아빠의 눈치를 보고 억눌려 살았던 아이들이 아빠를 공격할 수 있는 절호의 기회이기 때문이다. "아빠, 요것 봐요. 벌써 교통 딱지가 몇 번째인지 아세요? 아빠는 우리한테 치약을 이렇게 짜라, 밥 먹을 때는 이래라 저래라 야단치시면서, 왜 중요한 교통질서는 지키지 않으세요? 이번 달에도 벌써 세 장이나 왔어요. 아빠는 계속해서 고치려고는 하지 않네요, 왜 그래요?" 이런 비난을 듣고 최 씨는 또 싸움을 건다. "임마, 너희들이 내 말을 안 들으니까 아빠가 화가 나서 바람 쐬러 나가는 거야." 아이들은 그런 날 아빠를 궁지로 몰아넣는 것에 신명이 나는 것 같다. "아빠는 우리들 의견은 물어본 적이 없잖아요? 무조건 아빠 방식으로 말도 안 되는 규칙을 세워 놓고 일방적으로 명령만 하시죠. 우리 집에는 민주주의가 없어요. 아빠는 콱 막혀 있어. 정말 답답해. 숨 막혀." 그러면 최 씨는 또 '욱' 하고 폭발할 지경이고, 아내는 남편 대신에 아이들을 야단쳐야만 집안이 조용해진다.

원만한 가족관계와 딸의 우울증을 염려한 최 씨는 자기가 어떻게 노력해야 할지를 알고 싶다고 호소하였고 적극적으로 상담에 임하였다. 최 씨 가족은 오순도순 대화하고 사랑을 주고받는 가족생활의 노하우를 배우고 싶어한다. 특히 독재적이고 처벌적인 아버지 최 씨가 새로운 방식으로 관계 맺는 것을 학습하는 것이 상담의 목표다. 딸은 아버지와의 접촉을 거부하고 걸핏하면 눈물을 흘리며 시들시들 지내는 것으로 보아 우울증의 증상이 보인다. 최 씨의 처벌 위주의 자녀지도 방식과 분노는 어린 시절에 부모에게서 받은 학대와 무관심에서 비롯되었고, 또 자녀들의 장래에 대한 불안감에서도 비롯되었다고 본다. 이 가족에서 유일한 정서적 버팀목은 부드러운 성격의 아내라고 할 수 있다.

그렇다면 어떤 상담이론적인 접근으로써 이 가족을 도와줄 것인가?

1) 최 씨 가족 문제에 대한 사례개념화

보웬(Bowen)의 '가족치료이론'으로 보자면, 최돌돌 씨의 아버지와 최 씨와 그 자녀에게는 3대에 걸쳐 폭력과 분노의 DNA가 이어지고 있다. 그것은 딸의 우울증으로 극적으로 표면화되었다고 볼 수 있다. 세대 간에 전승되고 있는 그런 파괴적인 힘의 행사는 이제 종식되어야 한다.

'상처받은 내면아이'나 '이마고 부부치료'의 이론에 입각하여 설명하자면, 최 씨가 자녀들을 닦달하고 화를 터뜨리는 배후에는 행여나 아이들이 자기처럼 무시당하고 푸대접 받는 인간으로 살게 될까 봐 안절부절하는 불안이 도사리고 있다. 그리고 어린 시절에 아버지에게서 경험한 상처와 슬픔이 과격한 언행과 분노로써 아이들에게 표출되는 것이다(오제은 역, 2004).

최 씨의 부모가 최 씨의 건강한 심리적 성장을 억압했고, 그 에너지가 이제는 자녀의 성장을 뒤틀리게 하고 있다. 이런 인과관계가 제대로 인식되고, 안전한 치료적 분위기 속에서 최 씨의 억압된 분노와 슬픔의 감정이 방출되고 수용될 필요가 있다. 그것은 '게슈탈트 치료'의 기법으로도 가능하다.

한편 두뇌이론으로 설명하자면 최 씨의 비난과 폭력은 자녀들의 변연계를 자극한다. 자녀들은 아버지의 위협으로부터 자기를 보호하기 위하여 본능적으로 공격하기(투쟁), 도망가기(회피), 얼어붙기(굴복)의 방식 중 한두 가지 대처방식으로 대응한다. 이 가족은 보다 더 세련된 방식으로 갈등 문제를 풀어나가기 위하여 사고, 성찰하고 문제해결적인 대화를 할 줄 모른다. 특별히 최 씨는 관계의 부드러움과 기쁨과 낭만의 감정을 알지 못한다. 다시 말해서 그 부분을 관장하는 전-전두엽이 충분히 개발되지 못하였다. 그러므로 이제부터 최 씨는 자기 마음속에 있는 원망과 분노와 초조감을 잠재우고 긍정적인 대화를 하는 방법을 새로이 익혀야 한다. 이것은 행동주의적 방법으로 또는 부모역할훈련(부모코칭)으로써 가능하다. 명령, 훈계, 처벌의 독재 방식의 자녀지도법을 지양하고, 민주적인 방식으로 대화, 토론, 합의하며 사랑과 격려로써 지도하는 것을 익히는 것이다. 이들 부부는 새로운 방식의 가족규칙을 자녀와 함께 정하고, 재미있는 가족 화목 활동을 통하여 즐거운 추억을 만들어갈 수 있다. 이런 작업은 그의 두뇌 회선을 재배치하는 기능을 하는 것이다.

최 씨는 먼저 상담자를 통하여 수용되고, 또 가족에게서 수용되고 존중받는 경험을 할 필요가 있다. 본가의 부모로부터 제대로 돌봄과 도움을 받지 못한 최 씨의 마음의 상처가 가족에게 권위주의로 임하면서 자녀에게 엄격한 규칙을 강요하는 과잉통제의 형태로 표출되었다. 그러므로 원가족에게서 해결되지 못한 최 씨의 감정적인 찌꺼기가 해소되고, 인정과 의존의 욕구가 어느 정도 충족될 필요가 있다. 최 씨는 분노도식과 통제도식으로 굳어져 있기 때문에 심리도식치료의 방법이나 대상관계이론이 적합하다고 하겠다. 또 가족 세우기나 사티어(Satir)의 가족조각 등의 가족치료이론도 병용할 수 있다.

최 씨의 개인 성격을 융(Jung) 이론으로 설명하자면 최 씨는 남성 안의 여성성(Animus)이 개발될 필요가 있다. 앞으로 그에게 훈훈한 정을 주고받는 경험과 부드러운 낭만의 감정을 느껴보는 기회가 많이 주어져야 하겠다. 그런 의미에서 이 가정에는 노래방 기기가 꼭 필요하다.

최 씨는 아이들이 순종하면 착한 자녀이고, 순종하지 않으면 나쁜 자녀라는 이분법적인 사고가 강하다. 또 자녀들이 말대꾸하는 것은 자기가 무식하므로 아빠인 자기를 무시하는 행위라고 잘못 해석하고 있다. 그리고 아버지로서의 권위를 세우고 자녀들에게서 인정을 받으려면 권위적인 우두머리로서 엄격하게 대해야 한다는 잘못된 관념을 고수하고 있다. 이러한 인지적인 왜곡을 바로잡는 이론, 즉 REBT와 같은 인지행동치료의 이론이 최 씨에게 필요하다. 그리고 화가 난 감정을 바라보고 떠나보내는 '탈융합'과 '합리적-긍정적인 심상작업'으로써 자기에 대한 긍정적인 이미지를 강화하는 작업이 요구된다.

집중적으로 최 씨가 심리상담을 받고 나서 그의 생각과 말과 태도가 바뀌면 최 씨 가족의 갈등은 크게 개선될 수 있을 것이다. 최 씨가 상담과 치유에 대한 강한 의욕을 가지고 지속적으로 노력하는 것이 요청된다. 그러나 아내와 자녀들도 효과적인 의사소통의 기술이라든지, 마음관리의 요령에 대하여 전문적인 도움을 받게 될 때 효과가 극대화될 수 있다. 따라서 장차 우리나라에서 상담은 개인적 차원을 넘어서 전 가족이 포함되는 방향으로 전환되어야 한다.

이상에서 살펴본 것이 최 씨 가족치료에 대한 '사례개념화'라고 할 수 있다. 신체적 질병의 경우에도 단 한 가지의 만병통치약이 없듯이, 심리적인 문제해결에도 단 한 가지의 만병통치 치료법은 없다. 내담자에게 적합한 몇 가지의 상담이론을 병용하는 것이 바람직하다.

2) 최 씨 가족의 상담

수개월간 진행된 최 씨 가족의 상담시간에는 다음과 같은 사항이 중점적으로 다루어졌다.

① 최 씨의 아내가 부모코칭기술을 훈련받아 칭찬, 격려, 사랑의 말을 하는 것을 새로이 익혀서 실천하였다. 아내의 코치를 받고 최 씨는 비록 서투

르기는 하지만 특히 딸에게 점차적으로 수용과 애정을 표시하기 시작하였다.

② 가족끼리 대화 소재가 없고 서먹서먹한 것은 보드게임, 음식 만들기, 자전거 타기 등과 같은 가족 화목 활동을 통하여 개선되었다. 한 달에 한 번 가족 요리시간에 아빠(최 씨)가 주방장 노릇을 하여 아이들에게 점수를 따게 하였다.

③ 남편이 가족으로부터 인정과 존중을 받는 기회를 만들었다. 상담자의 코치를 받아 자녀들이 아빠에게 감사의 편지쓰기를 하였고, 아이들의 편지를 받은 최 씨는 눈물을 흘리며 감동하였다. 아내는 교통위반 고지서가 날아올 때 잽싸게 그것을 받아 살그머니 범칙금을 납부함으로써 남편의 위신을 세워 주었다. 이와 같이 아내의 적극적인 지지를 받고 감동한 최 씨는 상당히 관대해졌다. 그는 누구나 실수와 잘못은 용납될 수 있다는 것을 깨닫고 자녀에 대한 신뢰감이 생기기 시작하였다. 자녀들이 공부를 게을리 할 때도 가끔씩 모른 척하였다.

④ 최 씨의 비합리적인 신념이 REBT로 많이 바뀌었다. 즉, 아이들이 반항하는 것은 아빠를 무시하거나 아빠의 권위를 무시하는 것이 아니며 다만 청소년의 특성이라는 것과, 아이들이 어른들의 눈치를 보고 자기 할 말을 하지 못하게 윽박지르면 자녀의 자존감을 죽이는 것이며, 오히려 논리정연하게 어른인 아빠에게 따지는 행위는 아이들이 똑똑하다는 것을 의미한다는 점을 이해하게 되었다. 그러므로 부모는 자녀를 지지, 격려하고 인정해 주어야 아이들이 사회에 나가서 활발하게 살 수 있다는 것도 이해하였다.

열등감이 심한 최 씨가 자녀들에게 폭군처럼 명령하는 방식을 바꾸는 것은 쉽지 않았지만, 아이들을 존중해 주고, 아이들의 의견을 물어보는 방식으로 대화하는 것을 연습하였다. 그런데 자녀들이 자기네 의견을 말하면 그것은 아빠를 무시하는 행위라고 여겨져서 곧바로 화가 나는 것이 최 씨의 문제였다. 이것은 관점의 전환으로써 최 씨가 자기 생각을 바꾸어 보는 작업을 통하여 서서히 변화하였다. 즉, 어린 자녀들에게 부모가 이길 수 있음에도 불구하고 일부러 져주는 것은 오직 도량이 큰 부모만이 할 수 있다. 그러니까 최 씨는 친구나 성인들에게 이기려고 하는 것은 무방하다. 그러나 아이들에게는 어른인 아빠가 '지는 것이 곧 이기는 것이다.'를 인식하고 그렇게 변화하려고 노력하였다. 이제부터 '인자로운 임금님'이 되는 것이다.

⑤ 최 씨의 어린 시절의 상처를 다루는 기회가 주어졌다.

최 씨에게 '심리도식치료이론'이나 '상처받은 내면아이'기법이 활용되었다. 그러나 50년간 형성된 최 씨의 성격이 쉽사리 변화하지는 않을 것이므로 여러 차례 시행착오가 계속될 것이라는 점을 상담자는 주지시켰다. 최 씨로 하여금 창공을 향하여 한 손을 치켜들고 '○○야, 네 속에는 아이들이 마음에 들지 않는다는 생각이 들어 있지? 그리고 화가 나지? 그래, 그런 생각과 감정은 구름처럼 일어났다가 사라지는 거야. 너의 생각과 화난 마음을 구름처럼 떠나보내자.'라고 자주 소리 내어 '탈융합'하도록 하였다.

또 다음과 같이 자기독백하게 하였다. '너는 어려서 아버지가 널 푸대접했기에 원망과 한(恨)이 남아 있어. 그런 상처 때문에 걸핏하면 화를 내는 거야. 사실 너의 아들딸이 한 행동보다 더 크게 나쁘게 보고, 더 크게 야단을 치는 것은 그런 한 때문이야. 너는 너의 아버지보다 더 훌륭한 부모가 되었지 않니? 너는 복도 많다. 착한 아내와 너의 아들, 딸이 너를 고맙게 여기고 있고 마음속으로는 아빠인 너를 존경하고 있지 않니? 이만하면 그런대로 잘 살고 있는 거야. 아, 나는 마음이 편안해. 아, 기분이 좋다.'

결론적으로 상담을 통하여 최 씨는 자기의 분노와 불안의 근원을 이해하게 되었다. 그리고 가족 간에 가족 화목 활동과 긍정적인 대화를 나누고, REBT로써 사고와 신념의 변화를 가져오는 방법을 연습하게 되었다. 그리하여 특히 딸이 상당히 호전되었고, 최 씨도 '욱' 하는 성질이 많이 줄어들고 부드러운 아빠로 계속 변신하고 있다.

우리는 어른이 되어서도 모두 어린 시절에 가졌던 시각, 다시 말해서 선입견을 가지고 자기 자신과 세상을 바라본다. 그래서 세상을 있는 그대로 보지 않고 색안경을 쓰고 바라본다. 당신은 현실에서 당신의 선입견에 따라 역할을 연출하며 생활하고 있다. 따라서 우리가 선입견, 즉 자기의 이미지를 현실 생활에 어떻게 적용하고 있는가를 주의 깊게 관찰해야 한다.

자기는 부족하니까 남들은 자기를 열등한 존재로 볼 것이라고 단정한다. 그러니까 부정적인 생각은 어떤 상황 때문에 일어나는 것이 아니고, 우리 속에 들어 있다.

예를 들어 보자. "하필이면 비가 와서 오늘 소풍을 망쳐버렸어."라고 '비'를 탓하게 되면 불쾌한 감정이 일어난다. 그 불쾌한 감정은 빗속에 있는가, 우리 속에 있는가?

부정적인 감정과 당신을 동일시하지 말라. 당신이 느끼는 감정은 흘러왔다 흘러가는 구름과 같다. 그리고 당신은 그 자리에 서 있는 공간과 같다. 당신을 구름과 동일시하지 말라. 그 대신에 의식의 공간 속에 중심을 잡고 서 있어라. 이것을 다른 말로 표현하면 '초연'하라는 뜻이다.

자녀들은 왜 부모 말을 듣지 않는가?

자녀가 진짜로 부모의 말을 듣기 싫어하는가, 아니면 부모가 말하는 태도를 싫어하는가를 파악하는 것이 중요하다. 어린이들은 부모가 말하는 태도에서 부모의 마음을 읽는다. 부모가 자기를 배척한다고 느끼니까 그 순간 부모를 싫어하는 것이지, 부모의 말씀 자체를 싫어하는 것이 아니다. 그러므로 자녀 양육의 기본은 부모 자신의 마음자리를 먼저 살펴보는 것이다. 다시 말해서 부모의 자기 마음 알아차리기, 곧 자기성찰이 선결 조건이다.
수준이 낮은 사람은 자아(ego)에만 집착되는 사람이다. 자아를 넘어서서 자기를 확장하라.

다섯 장으로 된 짧은 자서전

– 포르티아 넬슨–

1. 난 길을 걷고 있었다. 길 한가운데 깊은 구덩이가 있었다.
   난 그곳에 빠졌다. 난 어떻게 할 수가 없었다.
   그건 내 잘못이 아니었다.
   그 구덩이에서 빠져 나오는 데 오랜 시간이 걸렸다.

2. 난 길을 걷고 있었다. 길 한가운데 깊은 구덩이가 있었다.
   난 그걸 못 본 체했다. 난 다시 그곳에 빠졌다.
   똑같은 장소에 또다시 빠진 것이 믿어지지 않았다.
   하지만 그건 내 잘못이 아니었다.
   그곳에서 빠져 나오는 데 또다시 오랜 시간이 걸렸다.

3. 난 길을 걷고 있었다. 길 한가운데 깊은 구덩이가 있었다.
   난 미리 알아차렸지만 또다시 그곳에 빠졌다.
   그건 이제 하나의 습관이 되었다.
   난 비로소 눈을 떴다. 난 내가 어디 있는가를 알았다.
   그건 내 잘못이었다.

난 그곳에서 얼른 빠져 나왔다.

4. 내가 길을 걷고 있는데 길 한가운데 깊은 구덩이가 있었다.
   난 그 구덩이를 돌아서 지나갔다.

5. 난 이제 다른 길로 가고 있다.

〈습관을 바꾸기가 쉽지 않다.〉

10. 원망하는 마음과 우울증

먼저 사람들에 대하여 원망하는 마음 때문에 불만으로 살아가는 문제에 관한 엘리스의 견해를 살펴보자(홍경자 역, 1986, 14장).

대부분의 사람들은 다른 사람의 행동을 변화시키고 통제하려고 하는 불가능한 일을 하느라고 많은 시간과 정력을 낭비한다. 사람들은 거의가 외부적인 상황 때문에 울적해진다. 그리고 일단 울적한 감정이 엄습하면 자기 힘으로는 어떻게 할 도리가 없다는 생각을 가지고 있다. 이것은 비합리적인 생각이다. 그리고 이런 관념은 다음과 같은 이유에서 타당하지 못하다.

1. 원망하고 불평하는 마음

첫째로, 세상 사람들이나 외적 사건은 당신에게 아무런 힘을 쓸 수가 없다. 기껏해야 신체적으로 해를 끼친다든지 여러 가지 불편을 줄 뿐이다. 그런데 당신은 그들이 당신에게 공포감, 수치심, 죄의식, 적대감 등을 안겨주었다고 생각한다. 그러나 진실을 말하자면, 당신 쪽에서 그들의 비난과 냉대를 지나치게 심각하게 받아들이기 때문에 공포감이나 수치심 등이 일어나는 것이다. 그리고 그들이 당신을 인정해 주지 않는 것을 견딜 수 없으며, 그들이 당신을 받아들여 주지 않으면 인생을 즐길 수 없다고 생각하기 때문에 당신은 심리적으로 괴로운 것이다. 물론 신체적인 고통을 느낄 경우에 그 고통을 전적으로 제거할 수는 없다. 그러나 신체적인 고통을 어느 정도는 줄일 수 있는 능력을 우리는 가지고 있다. 그런데 심리적으로 고통당하는 경우에는 심리적인 고통을 완전히 근절시킬 수 있는 능력이 당신에게 있다.

어떤 청소년이 "친구들이 나를 바보라고 부릅니다. 그래서 몹시 상처를 받았어요." 라고 말한 것을 예로 들어 보자. 친구들의 말 자체가 그 십대에게 상처를 줄 수는 없다. '친구들이 날더러 바보라고 하니 큰일 났구나! 내가 멍청이가 아닌데 그런 말을 들어서는 안 돼!'라든지, 또는 '아이구머니, 나는 망했다. 내가 정말 얼간이처럼 보이나 보다. 큰일 났구나!'라는 식으로 독백함으로써 스스로에게 해를 끼치고 있는 것이다. 친구들의 말 때문에 피해를 입는 것이 아니라, 친구들의 말을 듣고 나서 자기가 갖게 되는 생각 내지 신념 때문에 자기가 상처를 받았다고 느끼는 것이다.

또 어떤 내담자들은 "일이 뜻대로 되지 않으면 나는 참을 수가 없습니다."라고 말한다. '나는 참을 수가 없다.'는 말은 당신이 그 상황을 '참으려고 하지 않는다.'라는 의미다. 사실을 말하자면, 당신이 그런 역경을 몹시 싫어하지만 분명히 참고 견뎌낼 수는 있는 것이다.

"나의 여자친구가 다른 남자를 만나고 있어요. 나는 망했어요. 내 인생은 끝장이에요."라면서 괴로워하는 내담자가 있었다. 이때 나(엘리스)는 다음과 같은 요지로 반박하였다. "물론 그런 상황이 고통스러운 것은 사실입니다. 그리고 그녀가 당신보다도 딴 남자를 더 좋아한다고 칩시다. 그렇다고 해서 그게 어떻게 당신 인생이 완전히 망했다는 증거가 되는 겁니까? 그것 때문에 당신의 인생이 송두리째 망하지는 않습니다. 당신은 어쨌든 간에 살아남을 테니까요."

요컨대 세상살이가 힘들어 마음이 몹시 울적해질 때는 다음과 같은 기법을 사용할 수 있다.

① 신체적인 상해, 통증, 질병과 같이 실제로 고통을 겪게 될 때는 그런 고통을 제거하려고 노력하라. 그러나 그런 고통을 제거할 수가 없다면, 철학적으로 그 고통을 받아들이도록 하라. 그리고 되도록 주의를 분산시켜 고통을 무시하도록 노력하라. '하필이면 재수 없게 나에게는 지긋지긋한 일만 계속 일어나다니 죽을 지경이다!'라고 생각하는 것을 바꿔서 '이렇게 불운하다니 참으로 안되었다. 정말이지 애석하고 낙심된다.'라고 독백하라.

② 별다른 이유도 없이 남들이 당신을 비난하기 때문에 감정이 상할 경우에는 비난한 사람의 동기를 먼저 곰곰이 따져 보고, 그런 공격이 사실 근거가 있는지를 알아보라. 만일 그들의 공격에 타당성이 있다면 그것을 받아들이고 당신의 행동을 고치려고 노력하라.

③ 과도한 불안, 분노, 우울증, 죄의식이 엄습하여 견딜 수가 없을 때는 그런 부정적인 감정이 외부의 사람(또는 사건) 때문에 일어나는 것이 아니라, 당신 자신이 내재화한 비합리적인 생각을 독백하기 때문이라는 점을 인식하라.

④ '담배를 끊어야 한다.' '음식을 적게 먹어야겠다.'라고 하는 강박적인(~해야 한다) 생각을 강력하게 논박하라. 그러고 나서 담배나 음식을 조절하고 싶다는 강력한 소원을 가지게 되면 당신의 마음을 통제할 수 있다. 대니쉬(Joseph Danysh)는 그의 저서 『Stop Without Quitting』에서, 흡연의 습관을 그대로 지속하면서 담배를 피우고 싶다는 욕망을 변화시킬 수 있는 방법을 제시하였다. 그것은 '끽연'과 '금연'의 참된 의미에 대하여 마음을 집중해서 강제적으로 깊게 생각해 보도록 하는 것이다. 당신은 '끽연'을 생각할 때 대개가 '편안함' '세련미' '이완' '쾌락'의 의미로만 받아들이고 있다. 사실 끽연에는 '고통' '금전의 낭비' '질병' '죽음'의 의미도 내포되어 있다. 당신이 '끽연'에 대해 이 두 가지를 다 끊임없이 의식하게 되면, 담배 피우는 일에 대해 훨씬 다른 차원에서 바라보게 된다. 이것이 유추하기의 기법이다.

REBT에서는 '끽연'이나 '금연'과 같은 단어가 의미하는 바를 유추해 보라고 권유한다. 심리적인 문제에 대해서도 동일한 원리를 적용할 수 있다. 당신의 문제점을 언급한 어떤 단어의 참된 의미를 음미하고, 그 단어와 연관해서 연상되는 개념을 바꾸도록 하라. 그렇게 되면 그 단어와 관련해서 느끼게 되는 감정도 바뀐다.

⑤ 불가항력적인 상황에서는 운명에 따를 줄도 알아야 한다. 당신이 일생동안 단 한 번도 역경을 겪지 않은 삶을 살기는 불가능하다. 우리가 행복하기로 다짐하고 노력함으로써 심리적인 평안을 얻게 되면 행복이 따라온다.

2. 배우자를 잃고 슬픔 속에 사는 남궁 씨

남궁 씨(64세)는 눈물 속에 산다. 그녀는 막내로 부모의 귀여움을 받고 자라다가 대학을 졸업하고 남편을 만나 결혼하여 지금까지 행복하게 살았다. 네 살 위인 남편은 시부모의 사업(염색업)을 물려받아 일생 내내 사업이 잘되었다. 두 자녀는 착하게 자랐고 지금 결혼하여 잘 살고 있다. 남편은 성격이 온유하고 아내를 극진히 사랑하였다. 잉꼬부부인 그들은 주말마다 골프 치고 해외여행도 자주 가고, 교회에서는 여러 가지 활동에 참여하였다. 그래서 이들 부부는 많은 사람의 선망의 대상이었다. 약 3년 전 남편이 등산을 갔다가 하산하는 길에 극심한 심장의 통증으로 병원으로 옮겨졌지만, 곧 사망하였다.

자기 친구와 친지들은 아직도 부부끼리 잘 살고 있는데, 자기는 옛날 말로 팔자가 드세어 남편을 잡아먹은 여자인 것 같고 창피스러워 얼굴을 들고 다닐 수가 없다. 그 많던 모임과 사교생활을 모두 끊었다. 요즈음 그녀는 세상사는 맛이 하나도 없고, 온갖 병마에 시달리고 있다.

남궁 씨는 저자와 함께 '유추하기' 또는 '재해석하기' 내지 '관점의 전환'으로써 그 문제를 다루어 보았다.

남편이 죽었다는 사실이 무슨 유익함이 있을까? 단 한 번도 그런 관점으로는 생각해 본 적이 없는 그녀에게 저자는 60대 초반에 홀로 된 자기 신세에 대하여 부정적인 관점뿐만 아니라 긍정적인 관점으로도 생각해 보라고 촉구하였다.

〈손해(단점)〉

① 갑작스러운 남편의 사망이 너무 슬프다. 죽을 때까지 울며 지낼 것 같다.
② 지금까지 남들에게 보란 듯이 금슬 좋게 살았다. 그러다가 갑자기 남편 없이 혼자의 몸으로는 창피하여 친구나 친지들 앞에 도저히 나타날 수가 없다.
③ 소소한 일을 내 손으로 다 처리해야 하므로 생활의 불편이 막심하다.
④ 남편이 자기를 너무 사랑해 주었기 때문에 시간이 갈수록 그리움이 사무친다. 어떤 남자도 눈에 들어오지 않고 이 세상 어떤 것에도 사는 재미가 없다.
⑤ 앞으로 남은 인생이 창창한데 어떻게 혼자 살아가야 할지 막막하다. 해외여행도 함께 갈 짝이 없다.
⑥ '살아생전에 내가 투정 부리지 않고 좀 더 잘해 주었을 걸.' 하고 후회하는 마음을 떨칠 수가 없다.

〈유익한 점〉

① 평소에 나는 어려운 사람들을 돕고 많은 봉사를 했지만 정작 소외되고 힘없는 사람들의 심정을 가슴 깊이는 공감하지 못한 것 같다. 이제는 그들의 외로움을 진심으로 같이 느끼고 마음속 깊이 공감할 수 있게 되었다.
② 지금까지 60이 넘도록 나이만 먹었지, 어린이같이 순진하게 살았기 때문에 인생의 쓴맛을 알지 못했다. 남편이 소천한 이후부터는 삶이란 어떤 것인지 종교적으로 깊이 있게 생각하게 되었다.
③ 과거에도 나에게 주어진 복과 남편 사랑을 감사하기는 하였지만, 그것을 당연한 나의 권리로 생각했었다. 그래서 남편을 잃게 되자 하나님을

원망하였고, 이 슬픔의 강을 건널 수가 없다고 생각하였다. 이제는 두 아이들이 잘 자라 준 것, 경제적인 걱정이 없는 것, 큰 병이 없는 것과 소소한 것에도 참으로 감사하게 되었다.

④ 이 세상에는 독신 여성도 많고, 결혼하여 10여 년 만에 남편이 사망하거나 이혼당한 여성도 상당히 많다. 나는 환갑 때까지 35년 동안이나 남편의 지극한 사랑을 받았다. 그것을 예전에는 깨닫지 못했는데, 지금 생각해 보니 나는 참으로 복이 많았다.

⑤ 밖으로만 나가서 놀기 좋아하던 내가 집에 앉아 독서하고 기도하고 묵상하는 시간이 많아졌다. 결국 좀 더 깊이 있는 사람이 되었다.

⑥ 겸손하게 되었다.

⑦ 예수님이 온 천하 사람들 앞에 벌거벗겨졌고 매 맞고 가시 면류관을 쓰고 돌아가시는 고난을 받았다. 나는 지금까지 큰 고난도 받지 않았다. 그리고 고난 받는 것을 수치로 생각했었다. 그것이 잘못이다. 하나님은 자기 자녀들에게 고난을 주어 연단하신다. 그래서 더욱 겸손하고 감사하고 이 세상의 것에 신경 쓰기보다는 하늘나라에 대한 소망을 가지라고 하신다. 남편의 사망은 나에게 큰 고난이고 고통이다. 그것이 나에게 주시는 하나님의 은총임을 오늘 깨달았다. 앞으로는 내가 참으로 거듭난 사람이 되겠다.

⑧ 영원히 나를 지켜줄 것 같았던 남편이 홀연히 내 곁을 떠나갔다. 누구든지 인연이 다하면 그렇게 속절없이 떠나가는데, 우리는 사람들이 영원히 내 곁에 남아 있을 것이라고 착각한다. 그게 아니다. 지금 당장 내 주변 사람들은 언젠가는 곧 인연이 다할 수도 있는 사람이라고 생각하자. 그러므로 주변 사람들에게 친절하게 대하고 사랑한다고 말해 주자. 작은 것은 크게 문제 삼지 말고 눈 감아 주자.

또 그녀는 관점의 전환기법을 사용하여 '상실'이 손해나 징벌이 아니라 '위장된 축복'이요 '은혜'라는 관점으로 생각을 바꾸게 되었다. 그래서 남편이 소천한 것을 감사의 조건으로 해석한다. 또 슬프고 우울한 감정의 태도를 긍정적이고 기쁜 감정으로 바꾸도록 노력하는 것이다. 그렇게 되면 시초에는 슬픔의 노래를 부르면서 눈물을 흘리겠지만, 마지막에는 위안과 기쁨의 노래를 부를 수 있다.

이와 같은 '재해석하기'와 '관점의 전환' 시간을 가진 다음에 남궁 씨의 얼굴은 기쁨으로 빛났다. 이제는 우울의 늪에서 빠져나와 그녀 본래의 명랑성을 되찾고 그녀의 친지, 친구, 교우들 속에 다시 합류하기로 하였다. 그들은 그녀가 자신들에게 돌아와 함께 지내기를 자나깨나 기다리고 있으니까.

3. 우울증에서 벗어나기

자기의 힘으로 감당이 되지 않는 스트레스 상황이 장기간 지속될 때 우리는 신세를 한탄하고 의욕상실과 무기력증에 빠진다. 이런 염세, 비관적인 태도를 현대적인 용어로는 우울증이라고 한다. 여러 가지 생활상의 애로사항이 복합적으로 작용하여 우울증을 유발한다고 볼 때 우울증을 치료하기는 쉬운 것이 아니다.

우울증이 심한 사람은 마치 회백색 안개 속에 휩싸여 방향 감각을 잃은 채 눈 뜨기도, 숨 쉬기도 힘들어하는 사람과 같이 보인다. 손 하나 까딱할 힘도 없고, 밥맛(미각)도, 어떤 의욕도 없고, 제아무리 즐거운 일이 벌어져도 기쁜 감정은 느끼지 못하며 그저 무감각하다.

이런 사람들의 두뇌를 조사해 보면 내측 전-전두엽의 활동이 현저하게 저하되어 있는 것으로 나타났다. 특히 자살 고위험군 환자들의 전-전두엽은 그 부피가 감소되어 있는 것으로 표명되었다. 그들은 자기 능력과 미래에 대하여 불확실성을 느끼며 멍한 상태로 있기 때문에 활발한 두뇌 활동이 거의 일어나지 않은 상태라고 하겠다.

그리고 어떤 우울증 환자는 해마와 편도체와 전-전두엽의 부피가 정상인에 비하여 훨씬 적은 것으로 나타났다. 그러니까 우리가 크게 놀라면 우리의 몸이 위축되듯이, 해마와 편도체의 부피가 줄어들면 정서 자극에 과잉 반응하는 것으로 보인다. 이와 같은 뇌의 구조적 이상은 유전적일 가능성이 많으므로, 이런 사람들은 선천적으로 우울한 성격의 경향성을 타고났다고 추론할 수 있다(허지원, 2018, p. 168).

우울증이 있는 사람들의 전-전두엽 활동이 현저히 저하되어 있다는 것은 무엇을 의미하는가?

그것은 오로지 한 가지 생각에, 특히 자기에 몰두하여 다른 사람의 마음을 헤아려 본다든지, 어떤 것을 감상하고 기뻐하며 감사하는 영역의 일은 거의 하지 못한다는 의미도 된다. 또 추론하고 계획하며 어떤 행동을 개시하거나 억제하며, 효과적으로 문제를 해결하는 일을 잘하지 못한다는 의미도 된다. 왜 그럴까?

그들은 행여나 실패할까 봐 걱정하고(재앙적인 사고) 완벽주의적이며, 어떤 업적이나 성취가 인생의 행복이라 믿고 있는 경향성이 매우 강하다. 그래서 '내가 이렇게 무능력한데 과연 행복할 수 있을까? 내가 성공하지 못할 바에야 굳이 왜 살아야 하지?'라는 생각(흑백논리) 속에 빠져 있는 경향이 많다.

또 무언가가 잘못되면 자기 탓으로 돌리는 자기 귀인의 사고 습관에 젖어 있다. 그러니까 매사를 부정적으로 생각하고 지나치게 염려함으로써 공포나 스트레스와 연합된 시냅스는 더욱 강화되는 방향으로 작동하고 있다고 볼 수 있다.

그러므로 우울증에서 빠져 나오려면 전-전두엽과 해마와 편도체의 부피를 증가시켜 주어야 할 것 같다. 어떻게 그것이 가능할까?

우리는 노동이나 운동을 통하여 팔과 다리를 많이 쓸수록 근육이 튼튼하게 두꺼워진다는 것을 알고 있다. 그와 마찬가지로 어떤 특정한 방향으로 생각을 할 때마다 두뇌에서는 특정한 전자신호를 특정한 신경통로로 발사한다. 그리하여 그 방향의 시냅스가 더 발달한다. 그러니까 내담자의 사고의 방향을 돌리고 이들 영역의 활동성을 높이는 것이다. 매사를 부정적이고 비관적인 방향으로 해석하는 것에 익숙해진 두뇌의 회로를 강화시키지 않고, 오히려 세상과 자신에 대하여 새로운 관점으로 바라보고 해석하고, 새로운 행동을 하도록 안내하는 것이다.

저자는 다음과 같은 처방을 내려 본다.

① 전문적인 상담과 심리치료를 받는다

상담을 통하여 자기 사고의 특성(pattern)을 발견할 필요가 있다. 즉, 자기는 느끼는 대로 생각하는 습관이 있고, 의미 없는 공상(백일몽)에 사로잡혀 표류하며, 비관적(죽고 싶다는) 생각에 너무 많은 시간을 낭비하고 있다는 것을 알아차리는 것이다. 무엇보다 중요한 것은 새로운 깨달음을 터득하는 것이다. 즉, 어떤 일에 대하여 걱정과 두려운 마음이 생기고 몸이 움츠러드는 현상은 그런 비관적인 생각에 침잠해 있으라는 메시지가 결코 아니다. 자동적 공포 반응이나 무력감은 자신의 안전감과 자존감을 회복하기 위하여 '빨리 무언가 조처하라.'는 신호다. 다시 말해서 지금 위협감을 느끼는 것은 호랑이에게 물려간 것과 같이 극도로 위험한 상황은 아니라는 것과, 그렇더라도 재빨리 호랑이 소굴 같은 곳은 빠져 나오라는 메시지임을 깨닫는 것이다.

그리고 어떤 성취나 성공만이 삶의 가치와 행복의 조건이 아님을 깨달을 필요가 있다. 자기의 약점과 취약성과 의존성을 너그럽게 받아들여라. 자기 내면에서 자신을 질책하는 목소리에 귀 기울이지 말고, 내면의 비난자를 격퇴시켜라. 지나치게 발달한 초자아와 어린 시절에 세뇌된 부모(양육자)의 말씀에 휘둘리지 않도록 하라. 자기 삶의 주인은 누구인가? 자신이 자기의 주인이 아닌가? 그런 즉, 자신에게 관대한 주인이 되라. 춥고 회색빛으로 싸인 가슴을 훈훈하게 채우도록 자기를 위로하고 격려하는 글(기도문)을 적어 나가라.

인간은 살아있다는 자체가 가치이며 성공이라는 사실을 수용하라. 또 자기에게는 오로지 불쾌한 일만 일어났고, 조금이라도 기쁘고 보람 있는 일이 없었는가를 객관적으로 헤아려 보도록 하라.

② 두뇌의 활성화를 기도한다

–지금까지 살아오면서 경험했던 소소한 기쁨의 사건을 일일이 회상하고 그것을 여러 번 떠올리는 연습을 하라. NLP의 '닻을 내리기' 기법으로써 두뇌의 회로를 긍정적인 방향으로 재배치하는 것이다.

–곧게 편 자세를 하고, 규칙적인 운동(예 : 매일 30분 걷기 등)을 하라. 운동을 하면 엔도르핀을 방출하게 되어 활력과 기쁨을 준다.

–꾸준하게 공부를 하라.

–항우울제를 복용하라.

–잔잔한 음악을 감상하라. 음악을 감상하게 되면 두뇌의 모든 영역이 활성화된다. 한 가지 곡을 끝까지 듣고 그 뒤에 1분간 그 음악의 여운 속에 잠겨 있도록 하라.

–자기계발과 관계된 책을 읽으면 우울 증상을 도리어 악화시킨다는 것을 유념하라.

③ 기분 전환하는 법을 연구하라

–뭐라도 해보자(예: 반려동물 기르기).

–따뜻한 목욕과 적당량의 커피를 마셔라.

–마음챙김 명상을 하라.

–햇볕을 쬐고 자연 속에 산책하라. 그러면 비타민 D와 세로토닌이 형성되어 활력을 준다.

–자조집단에 가입하라.

명석한 사리판단과 합리적인 사고능력을 개발하면 해결방안이 나타날 수 있다고 엘리스는 말한다. 그의 처방을 살펴보자(홍경자 역, 1986, 13장).

1) 우울증을 유발하는 생각: 비합리적 신념

이 세상 사람들의 99.9%가 철석같이 믿고 있는 것이 있다. 그들은 일이 자기 뜻대로 되지 않으면 욕구좌절을 경험하여 비관하고 우울증에 걸릴 수밖에 없다는 생각을 한다. 그러니까 인간이 '부당한 취급을 당하고 인정받지 못하는 것은 끔찍한 일이다.'라는 것이다. 그런데 이런 관념은 다음과 같은 이유에서 비합리적이다.

당신이 인생을 살아가면서 간절히 바라는 것을 구할 수가 없을 때 불쾌하고 불운한 것만은 의심할 여지가 없다. 그러나 그것에 대하여 마치 큰 재앙이 일어난 것처럼 끔찍하게 느낄 필요까지는 없다. 당신이 그것을 확대 해석하기 때문에 큰 난리가 난 것처럼 여겨지는 것이 아니겠는가? 어떤 일이 순조롭게 풀리지 않으면 당신은 두 가지 반응을 보일 것이다.

① '일이 이렇게 되어가는 것을 나는 좋아하지 않는다. 어떤 조처를 취해서 상황을 바꿀 수는 없는가를 한번 생각해 보자.'
② '일이 이렇게 되어 가는 걸 나는 정말 견딜 수가 없다. 미쳐 버릴 것만 같다. 이 지경이 되어서는 절대 안 돼!'

당신이 ②의 반응을 보일 때는 비관하며 우울증에 빠질 것이다. 어린이들은 욕구좌절을 견뎌내려고 하지 않는다. 그러나 성인은 다르다. 성인들은 인생에 시련과 역경이 있기 마련이지만 시련은 언젠가 끝이 난다는 것을 알고 있다. 그리고 자기가 처한 환경을 변경시킬 수 있다. 그래서 인생의 시련을 철학적으로 받아들일 수가 있다. 그러므로 당신의 힘으로 현실을 변경할 수 없을 경우에는 별수 없이 그런 현실을 받아들이는 편이 더 현명하다.

남편이 자기를 사랑하지 않는다고 불평하는 여성 내담자는 나(엘리스)의 그런 사상을 즐겨하지 않았다. 그리고 "선생님은 제가 불평할 권리가 없다는 소리를 어떻게 하실 수 있지요?"라고 반문하였다.

나는 다음과 같이 대꾸하였다. "그래요. 당신이 불평하고 싶어 하면 얼마든지 불평할 권리는 있지 않겠습니까? 마치 자살을 하고 싶은 사람은 얼마든지 자기 손으로 목숨을 끊을 권리가 있는 것처럼요. 그렇지만 당신이 지금까지 불평만 일삼아 온 것처럼, 불평과 불만 속에 사는 것은 당신 스스로가 목숨을 끊는 거나 다를 바가 없어요."

"당신 남편이 못된 짓을 했군요. 참으로 나쁘군요. 그렇지만 당신이 취한 행동은 당신에게 더 나빠요. 당신에게 해로우니까요."

"그런데 남편이 당신을 사랑해 주지 않는다고 공박할수록 남편 쪽에서 사랑의 표현도 점점 적어질 것이 뻔합니다. 당신은 남편이 사랑해 주기만 바랄 뿐이지, 남편에게서 사랑을 받을 만한 행동이나 어떤 조처도 취하지 않고 있군요. 당신이 진정으로 사랑을 받고 싶다면, 남편에게 애정 어린 행동을 좀 더 많이 하고, 비난하는 말을 적게 해 보십시오. 특히 남편이 못되게 굴 때일수록 더욱 그렇게 하세요. 남편의 소행을 보면 괘씸하기 짝이 없지만, 당신 쪽에서 여전히 인간적인 사랑과 친절을 베풀면, 남편은 당신이 '진실로 자기를 사랑하고 있나 보다.'라고 생각할 것입니다. 그렇게 사랑과 친절을 베풀어 주어도 남편이 당신을 사랑하지 않는다면, 그건 참으로 안타까운 일이 되겠지요. 그런 경우에는 남편의 마음을 당신 쪽으로 쏠리게 할 도리가 전혀 없는 셈입니다."

"남편을 비난하면, 지금까지의 남편 행동으로 미루어 볼 때, 남편은 당신이 바가지를 긁으니까 자기가 당신에게 잘해 줄 수가 없노라고 주장할지도 모릅니다."

그녀는 사랑에 버림받고 '인생을 더 살아 무엇하랴!'는 식으로 자포자기한 상태였다. 그리고 '다른 남자하고 산다는 것은 꿈에도 생각할 수 없는 일'이라고 하였다. 그러나 치료자로서 나는 그녀가 2~3개월이나 혹은 2~3년이 지난 후에는 틀림없이 다른 남자를 만나서 열렬한 사랑을 나눌 수 있을 것이라는 식으로 말해 주었다.

또 54세 된 내담자를 예로 든다면, 그는 상담을 받으면서 자기 어머니에 관한 이야기를 꺼낼 때부터 눈물이 비 오듯 하였다. 그분의 지극하신 어머님이 언제 돌아가셨는지 아는가? 25년 전이다.

2) 우울증을 극복하는 방법

불의(不義)가 판을 치고 억울하고 불행한 일이 당신을 엄습할 때 구체적으로 당신이 취할 길은 어떤 것인가? 실제 생활에서 봉착한 고난과 고통을 타개하는 데에는 다음과 같은 길이 있다.

첫째, 제일 먼저 결정할 일은, 그 상황이 분명한 손해를 가져오는 상황인가, 아니면 당신 쪽에서 손해라고 단정해 버린 것인가를 알아보는 일이다. 당신의 외모가 진짜로 못생겼기 때문에 이성교제가 잘 이루어지지 않는 것인가? 아니면 당신은 항상 아주 멋진 외모를 보여 주어야 한다는 어리석은 욕구가 마음속에 있기 때문에 당신이 데이트를 피하는 것인가?

둘째, 어려운 난관에 봉착했을 때는 품위 있게 그런 좌절적 상황을 받아들이거나 그런 상황을 개선하려고 노력하라. '합리적 사고방식을 가지라.'는 말은, 금욕주의적인 태도나 숙명적인 체념의 태도로 항복해 버리라는 말이 아니다. 불가피한 상황에 처했을 경우에만 그 상황을 불가항력적인 것으로 받아들이도록 하라. 당신의 힘으로 사물을 변경할 수 있을 때는 불가항력적이라고 생각하지 말라는 뜻이다.

셋째, 당신의 힘으로 어찌할 수 없는 상황이나 역경에 처할 때는 철학적인 태도를 취하라. 손실과 좌절이 크면 클수록 당신이 그것을 싫어하고 섭섭해 하는 마음이 더 클 것이다. 그런데 그것은 우울증과는 꼭 같지 않다. 우울증은 당신이 다음과 같이 생각하기 때문에 일어나는 것이다.

① '내가 열렬히 사랑하는 사람(또는 극히 아끼는 물건)을 가질 수 없다니 이 얼마나 애석한가!'

② '내가 간절하게 바라는 바를 가질 수가 없다니 인생은 너무도 가혹해. 나는 도저히 견딜 수가 없다!'

①의 사상은 사리에 맞는 생각이지만, ②의 것은 당치도 않은 궤변일 뿐이다. 당신은 철학적 관점에서 ②의 사상에 대하여 도전해 보고 근절시킬 수가 있다.

넷째, 감각 분산법(sensation-neglect or distraction)을 활용하라. 당신의 힘으로는 어찌할 수도 없는 신체적 고통에 봉착했을 때는 '감각(주의) 분산법'을 사용해 볼 수 있다.

가령 두통을 느낄 때 '아유, 지독한 두통이야! 머리가 계속 아프면 어떻게 견뎌내지?' 라고 끊임없이 독백하지 말라. 그 대신에 두통을 잊으려고 노력하라. 또는 고의적으로 유쾌한 일(최근에 가졌던 유쾌한 시간이라든지, 다음 일요일에 있을 피크닉 같은 일)에 대해서 생각을 하도록 하라.

감각 분산법은 근본적인 문제를 영구히 해결해 주지는 못하며, 일시적인 미봉책에 불과하다. 그러나 다른 방법으로 불행의식을 떨칠 수 없을 경우에 꽤 효과를 올릴 수 있는 방법이다.

수년 전 내가 치과 치료를 받을 때의 일이다. 치과의사가 나의 치아와 잇몸을 드릴기로 갈고 있을 때, 나는 의자에 앉아서 의도적으로 최근에 일어났던 유쾌한 경험(특히 성적인 경험)을 회상하거나 머릿속으로 노래를 작곡함으로써 드릴의 고통을 크게 줄일 수 있었다. 치과 의사에게 치료 받기를 두려워하는 몇몇의 내담자들에게도 이 기법을 가르쳐 주었더니 그들 역시 좋은 효과를 얻었다.

그 후 수년이 경과한 다음 나는 오클라호마(Oklahoma)시의 어느 호텔에서 어두운 조명이 된 계단을 내려오다가 그만 넘어져 한 달간 입원한 적이 있었다. 그때 나는 신체적인 고통을 완화시키기 위해서 감각 분산법을 사용하였다. 즉, 유쾌한 공상에 몰두하거나 퇴원 후에 할 일을 계획하였고 저술 작업을 하면서 바쁘게 시간을 보냈다. 이와 같은 감각분산법 덕분에 입원 기간 동안 나는 거의 통증을 느끼지 않고 지낼 수 있었다.

엘리스가 앞에서 열거한 첫째, 둘째, 셋째의 처방은 미국의 신학자인 니버(Reinhold Nieber)의 기도문과도 일치한다.

"신이여, 내가 변화시킬 수 없는 것은 겸손하게 수용할 수 있는 침착함을 주시고, 내가 변화시킬 수 있는 것은 끝내 변화시킬 수 있는 용기를 주시옵소서. 그리고 변화시킬 수 있는 것과 변화시킬 수 없는 것을 분별하는 지혜를 주시옵소서."

4. 몸과 마음이 아파 누워 있는 목사 사모

상담을 받으러 온 성미숙 씨는 단아하고 겸손하며 목소리가 작고 단 한 번도 웃지 않는 모습이었다. 성미숙(41세) 씨는 교회의 부목사인 남편(43세)과 두 아들(4세, 3세)과 함께 경기도 ○○시에서 살고 있다. 착하고 말이 없는 성격의 성미숙 씨는 넉넉하지 못한 집안에서 세 자매 중 맏이로 자랐다. 어머니가 지병이 있는 아버지를 대신하여 평생 동안 경제 활동을 하였으므로 그녀는 집안 살림을 도맡다시피하고 성장하였다. 중학교 때 미숙 씨는 우등생이었는데, 어머니는 큰딸이 가정 경제를 도와야 한다면서 고등학교에 진학시키지 않고 1년을 쉬게 한 다음 공장에 취업시켰다. 울적한 그녀를 어머니는 새벽에 깨워 교회의 새벽기도에 곧잘 데리고 나갔다. 어머니는 약간 광적인 신앙인이고 남자 같았다. 미숙 씨는 공장에 다니면서 야간 고등학교에서 공부했고, 졸업한 뒤에는 더 나은 직장에 취업하였다. 그녀가 받은 월급으로 동생들 등록금을 지원하였다. 그녀는 공부하고 싶은 열망에 따라 28세에 신학대학교에 등록하였다. 그리고 그곳에서 현재의 남편을 만나 결혼(당시 30세)하게 되었다.

남편은 시골에서 힘들게 자랐다. 과묵한 성격이고 하나님에 대한 강한 열정이 있는 것으로 보여서 미숙 씨는 그를 먼 발치에서 존경스럽게 바라보았다. 남편(당시 33세)이 그녀에게 다가와 자꾸만 결혼하자고 하였다. 그녀는 남편에게 특별한 매력이나 친근감은 느끼지 않았으나 깊은 신앙심을 믿고 결혼에 응하였다. 남편은 장차 목회자로서 힘든 삶을 살아야 하므로 생활력이 있어 보이고 피아노도 칠 줄 알고 신앙심이 있는 미숙 씨가 목사 사모로는 제격이라고 생각되어 배우자로 점찍었다고 한다.

두 사람은 원룸에서 신혼생활을 시작하였다. 그런데 시골에 계시는 시부가 병이 났으니 시모는 생활비를 보내라고 독촉을 하였고, 그 뒤로 힘들게 사는 이들 부부는 시부모에게 계속 경제적 지원을 해 왔다. 시모는 며느리에게 주말마다 시골에 와서 반찬, 빨래 등의 살림을 하라고 명령하였다. 직장 생활, 결혼 생활, 시부모 집안 건사로 과로하여 미숙 씨는 어깨 통증에 시달렸다. 시골 동네에서 성미가 고약하기로 소문난 시모는 미숙 씨에게 지참금도 없이 감히 목사인 내 아들한테 시집을 올 생각을 했느냐고 삿대질을 하며 욕설을 하였다. 배짱 없고 착한 미숙 씨는 충격을 받고 어찌할 바를 몰랐다. 남편은 자기를 보호해 주지도 않았고 일체의 말을 하지 않았기 때문에 시모는 며느리인 그녀에게 노골적으로 무시하는 말을 하였다. 남편이 원망스럽고, 시모가 미웠지만, 그런 감정을 느끼는 것은 하나님 앞에 죄를 짓는 것이라 생각했다. 그래서 원망하는 마음의 자신이 맘에 들지 않았다. 미숙 씨는 두 집 살림을 하면서 시골을 왕래하다가 아이를 두 번이나 유산하였고 그 뒤에 시름시름 앓았다. 그러나 그녀는 기도하며 잘 이겨냈다. 그러다가 결혼 후 3~4년이 되던 해 갑자기 남편이 A국의 한인교회에 부목사로 초빙을 받았다. 알고 보니 남편이 A국의 여러 한인교회에 사역을 신청했던 모양이다. 얼마나 기뻤던지 그녀는 아픈 것도 금방 나았다. A국에 부목사로 몇 년간 체류하는 기회를 이용하여 남편은 신학대학원 박사과정에 등록하였다. 미숙 씨는 취업을 하여 남편의 학비를 보조하다가 자기도 공부하고 싶은 욕심이 생겨 뒤늦게 석사과정에 등록하였다. 서양의 자유로운 분위기와 아름다운 환경 속에서 그들은 처음으로 낭만의 감정을 느낄 수 있었다. 그리고는 곧 두 아들이 연년생으로 태어났다. 그녀는 악착같이 공부와 아이 양육을 병행하였다. 경상도 출신의 남편은 가부장적인 성격으로 오로지 교회 일과 학업에만 몰두하였다. 서양 남자들처럼 가사 일을 도와주는 것을 잘 하지 못한 것은 시간 부족이었던 것 같다. 그렇더라도 미숙 씨는 그런 남편이 섭섭하였다. 2년 전에 그들은 한국으로 돌아왔고 남편은 중형교회에 부임하여 눈코 뜰 새 없이 바쁘고 소진되어 힘들게 살고 있다. 미숙 씨는 작년부터 심한 관절염과 호흡장애와 불면증에 시달리고 있다. 음식은 먹지만 아무런 맛을 느끼지 못한다고 한다. 두통도 심하다. 그녀는 A국에서 석사과정을 끝마치지 못하고 귀국한 것에 대한 아쉬움이 컸다. "내가 지금이라도 논문을 써야 하는데……" "무언가 가치 있는 일을 하고 살아야 하는데 나는 무위도식하고 있고 경력단절 여성의 신세요, 거기에 아프기까지 하니 아무 짝에도 쓸모없는 인간이다. 이럴 바에야 차라리 죽고 싶다. 근데 두 아이를 남겨 두고 자살하면 하나님이 용서하지 않으시겠지……" 이런 증상을 보면 그녀는 우울증을 앓고 있는 것으로 보인다.

시어머니에게 전화가 오면 그녀는 어깨 통증과 허리 통증으로 아프다고 말씀드리는데 강직한 시어머니는 그녀의 사정을 이해하지 못한다. "아이 키운답시고 일도 하지 않으면서 여기저기 아프다니 호강에 겨웠구나. 얼른 일어나 돈을 벌어야 할 것 아니냐?"

친정어머니는 자기가 사는 곳과 거리도 멀고, 또 평생 장사만 하고 바쁘게 살아서 그런지, 손자들(자기의 두 아이)을 조금이나마 돌보아 줄 생각은 아예 하지도 않는다. 그리고 아픈 딸에게 음식 하나 만들어 가져다 줄 줄을 모른다. 여동생들은 먼 지역에 살기 때문에 도와달라고 말할 처지가 못된다. 지금까지 하나님이 복 주신 은혜에 감사하지만, 그래도 외롭고 슬픈 마음이 들었다.

자기는 어려서부터 지금까지 희생만 하고 팍팍하게 살아왔는데, 앞으로도 자기의 삶은 똑같을 것만 같다. 정말 재미도 없고 의욕도 없고, 몸은 아픈데 어린 아이들이 자기에게 다가와 떼쓰고 조르는 것이 지겨워 죽을 지경이다. 그런 아이들에게 소리 지를 힘도 없기에 눈물만 뚝뚝 흘린다.

조용하고 자기표현이 없는 미숙 씨는 얼마 전에 남편에게 불만을 호소하였다. '지금의 생활이 너무 힘들고 지쳤으니 더 이상 견딜 수가 없다. 어딘가로 멀리 떠나고 싶으니 이혼해 달라. 그러지 않으면 차라리 죽어버리고 싶다. 당신은 나를 사랑하지도 않으면서 결혼한 것처럼 느껴진다. 개척 교회를 하려면 내가 교회에서 무임 봉사로 피아노 반주도 할 것이고, 또 군소리 없이 직장생활을 하고 돈 벌어 시댁도 보조해 줄 것 같으니까 계산적으로 나를 택한 것 아니냐?' 이런 말을 듣고 남편은 소스라치게 놀라는 표정으로 자기는 그런 생각을 해 본 적이 없으며 아내를 사랑한다고 하더라는 것이다.

자, 성미숙 씨의 우울증은 어떤 방식으로 치유할 수 있을까?

우울증은 대개 몸이 아프고 마음이 아픈 것이 합쳐져 복합적인 증상을 보인다. 미숙 씨는 과격한 힘을 쓰는 노동자나 극한 직업의 종사자의 경우와 비슷하다고 볼 수 있다. 그들은 작업을 한 다음에 반드시 충분한 휴식을 취해야 한다. 그런데 중노동을 하는 '갑'이라는 사람은 충분한 휴식을 취하지 않고 계속 일만 하는 습관이 있다. 그러므로 언젠가는 병이 날 것이 분명하다. 게다가 그는 자기 신세를 한탄하고 투덜대면서 일을 한다. 불평을 하는 것은 신체 안에 흐르는 에너지에 방해를 주어 기(氣)의 막힘 현상을 초래한다. 그래서 큰 병이 나고 통증이 수반될 가능성이 농후하다. 동의보감에서 통즉불통(通即不痛), 불통즉통(不通即痛)이라고 말하는 원리와 같다.

인간의 성격은 ① 선천적 소인(유전), ② 환경적 영향(부모의 양육 태도 등), ③ 개인의 심리적 욕구 내지 가치관에 의해서 형성된다고 볼 수 있다. 이 세 가지 면에서 그녀를 살펴보자.

첫째, 미숙 씨는 타고난 기질이 내향적이고 신중하며, 소심한 것으로 보인다. 그래서 소신 있는 자기표현(자기주장)을 하지 못하고 걱정이 많은 성격인 듯하다.

둘째, 그녀는 나이 어려서부터 가사를 도와야 하는 큰딸 역할을 함으로써 '애어른'이 되었다. 다시 말해서 또래들과 즐겁게 뛰어놀아야 할 시기에 어린이의 노릇을 해 본 적이 없고 집안 일만 해 온 딸, 곧 부모화된 아이로 살아왔다. 그러니까 그녀는 인생이란 고(苦)와 낙(樂)이 한데 어우러져 있지만, 그런 대로 즐겁고 재미있게 살아볼 만한 가치가 있는 것이라는 인식을 하지 못하고, 삶이란 오로지 힘든 일만 하고 사는 것으로 지각되었다고 볼 수 있다.

셋째, 미숙 씨는 어려서부터 어머니의 영향을 받아 신앙인이 되었다. 심리학적으로 볼 때 미숙 씨는 지나치게 발달한 초자아(양심)가 기독교 신앙과 결부되어 오로지 희생 정신과 의무감으로 살아왔다고 볼 수 있다. 그리고 무언가 가치 있는 일을 하는 것에서 삶의 보람을 느꼈다. '일'과 능력이 그녀에게는 중요한 삶의 목적이다. 오락 내지 유희의 즐거움이나 부부간에 어린이같이 토닥거리고 사는 기쁨은 중요시되지 않았다.

설상가상으로 남편과 시부모는 미숙 씨의 힘으로는 도저히 싸워 이길 수 없는, 두 명의 거인 '골리앗'같이 여겨졌다. 그녀는 두 명의 골리앗을 기쁘게 해 드리려고 노력했건만 역부족 상태에서 소진된 것으로 보인다.

이런 분석을 하고 나면 미숙 씨가 우울증을 떨치고 일어날 수 있는 그림이 머릿속에 그려질 수 있을 것이다.

미숙 씨의 우울증 극복 방안에 대하여 1장에서 언급한 제레드 다이아몬드(Jered Diamond)의 위기 대처 방법과 연관지어 살펴보자.

① 그녀는 지금 이 시점이 바로 자기 삶의 위기요, 전환점이라는 것을 깨닫고 인정하는 것이 필요하다.
② 그녀가 변경해야 할 부분은 오로지 희생으로 일관하고 죽도록 일만 하고 살아온 삶의 방식을 바꾸는 것이다. 그래서 때로는 울고 소리 지르고 깔깔 웃으며 사는 평범한 인간으로의 삶을 살아야 한다.
③ 자아 강도 면에서 볼 때 그녀는 취약성을 보인다. 소심한 성격에 자기 주장이 약하므로 자기 힘에 과도한 책임을 안고 견디며 어떤 사건을 부정적으로 과대 해석하는 경향이 있어서 우울증에 걸릴 소지가 높다고

볼 수 있다.

④ 이제는 기존의 인생관을 고수할지, 아니면 과감하게 그것을 떨치고 새로운 삶의 가치관으로 살아야 할지를 결정해야 한다.

⑤ 외부적인 방해 요건 중에 강압적인 시모의 태도는 과거보다 좋아져서 그것은 큰 문제가 아니다. 그러니까 남아 있는 한 명의 거인 골리앗은 '남편의 무관심과 일 중독 증상'이다.

그녀는 하나님 사업을 위하여 가족은 어쩔 수 없이 방치하고 사는 것이 마땅하다는 남편의 가치관을 따라 그 문제는 지금까지 치외법권(治外法權)으로 간주했는데, 그런 관념에 정면으로 도전해 볼 필요가 있다.

그녀가 생동감 있는 삶을 살기 위한 방법을 찾는 상담시간에는 성령님의 임재를 간구하는 가운데 상담심리학적인 접근을 병용하는 것이 좋다고 본다. 여기에서는 상담심리학적 이론을 병용하는 면에 강조점을 두고 살펴보기로 한다.

(1) REBT로써 그녀의 핵심신념을 발견하게 한다

상담자는 미숙 씨에게 REBT 이론을 설명해 주고 그녀의 자아개념과 관련된 핵심신념을 찾아내도록 인도할 수 있다.

남편은 하나님 사역에 종사하여 바쁘게 일하고 가치 있게 생활하는데, 그에 비하여 자기는 무언가 가치 있는 일을 하지 못하고 지내니까 쓸모없는 인간이라는 생각이 강하다. 이것이 그녀의 핵심신념이다.

그런데 그 생각이 과연 타당한가? 성미숙 사모는 결혼하자마자 신혼살림, 직장 생활, 시댁 보살핌으로 계속 과로하였고 두 번이나 유산하여 몸이 좋지 않은 상태에서 외국으로 떠났다. A국에서도 직장, 학업, 자녀 출산과 양육으로 녹초가 되어 거의 쓰러질 지경에 한국으로 귀국하였다. 그러니까 지금 그녀가 아파 눕게 될 만도 하다. 이런 상태에서도 계속 무언가 일을 해야 한다고 자기를 닦달하는 것이 과연 사리에 맞는 생각인가를 그녀가 다시 한번 심도 있게 분석해 보아야 한다. 그녀의 체력이나 경제적 여건상 한계 상황일 때는 일을 하지 않고 쉬며, 건강 회복을 위하여 경우에 따라서는 빚을 지는 것도 감내할 용기가 필요하다.

우리의 신체도 영혼으로 구성된 미립자들의 집합체다. 자기의 어깨와 허리, 머리가 '통증'이라는 증상을 통하여 자신에게 무슨 말을 하고 있는가? 신체와 대화하고 마음과 대화할 필요가 있다. 그래서 자기 신체의 메시지와 접촉하고 자기 감정과 접촉할 때, 그의 영혼은 안식할 수 있다고 본다.

(2) 심상대화의 기법을 적용한다

그녀의 우울감의 뿌리는 어린 시절부터 누적된 결핍 욕구, 즉 만성적인 좌절감 때문으로 보인다. 자기의 욕구를 종교적인 사랑과 희생의 개념으로 승화시키려고 노력했지만, 그녀 역시 인간인지라 불만이 마음속에서 해소되지 않은 상태로 일해야 했기에 생체의 흐름에 걸림돌이 되면, 결국은 신체의 어딘가가 막히게 되는 것은 자명하다.

미숙 씨에게 '심상대화'를 하게 하는 것이 좋다. 심리도식치료이론에서의 심상대화는 상담자가 내담자에게 어떤 괴로운 이미지가 떠오르는가를 질문하는 것으로 시작한다. 현재 그녀의 머리에 떠오르는 이미지는 자기 주변에 자기를 도와줄 사람이 한 명도 없어서 슬피 울고 있는 모습일 것이다. 그러면 어린 시절로 돌아가서 그와 비슷한 장면을 떠올려 보라고 지시할 수 있다. 그래서 그녀가 현재의 처지와 어린 시절의 경험이 유사하다는 것을 발견하고, 자기에 대한 그런 이미지를 찾게 되면 그것이 그녀의 심리도식이다.

상담자의 도움을 받아 그녀는 어린 시절에 '상처받은 내면아이'가 그 당시에 어머니에게 하고 싶었으나 미처 하지 못했던 말을 지금 이 자리에서 토로하라고 지시할 수 있다. 그리하여 억압되었던 아동기의 슬픔과 접촉하게 되면 가슴의 응어리가 풀리게 된다. 이어서 상담자는 현재의 시점으로 돌아와,

자기의 어머니를 대신하여 남편에게 그런 욕구를 대신 충족해 달라고 부탁할 수 있다(오제은 역, 2005).

(3) 실질적인 문제해결 방안을 탐색한다

소진된 미숙 씨를 회복시킬 유일한 길은 남편의 협조다. 따라서 남편을 상담실에 불러 부부상담의 시간을 가지는 것이 필요하다.

첫째로 이들 부부의 신조인 '주께 죽도록 헌신하라.'는 의미를 다시금 정립할 필요가 있다. '죽도록 일하라.'라는 말은 주님을 위하여 뼈가 부러지도록 일을 함으로써 목사는 사역 현장에서 일하다가 젊은 나이에 쓰러져도 좋다는 의미인가? 쉬엄쉬엄하고 일함으로써 무병장수하면서 주님의 사역을 오래오래 감당하는 삶과, 젊은 시절에 에너지를 다 쏟고 일찍 생을 마감하는 것 중에 어떤 삶이 더 지혜로운가?

한국 교회의 실정상 목사는 어쩔 수 없이 과로하게 되어 있다. 그런 현실을 무시할 수는 없지만 '쉬임(rest)'을 찾는 지혜가 필요하다. 또 주님이 기르는 양떼는 오로지 교인들인가? 목사의 아내와 자녀는 잃어버린 양으로 방치해도 괜찮다는 의미인가? 소크라테스적인 대화를 통하여 미숙 씨와 남편인 목사가 하나님의 속성인 '사랑'에 대하여, 또 '헌신'에 대하여 새로운 개념을 신속하게 정립할 수 있을 것이다.

둘째, 현실적으로 이 가정의 도움을 어디에서 구할 것인가를 연구해야 한다. 남편은 부목사이므로 경제적으로 풍족하게 살기를 기대하기가 힘들다. 그녀가 크게 아파 누워 있는 현 시점에서는 교회나 종교단체를 통하여 과감하게 융자를 받도록 하는 것이 현명할 것이다.

자녀에게 복 주시는 하나님을 믿는 그들이 우선 융자금을 대출받아 아이 돌보미와 보건비로 충당하고, 건강이 회복된 다음에 사모가 어떤 형식으로든 직업 전선에 뛰어들어 대출금을 상환하기로 결단하면 좋을 것 같다.

셋째, 남편의 태도가 변화될 필요가 있다. 마음속으로는 아내를 사랑하지만, 그는 말과 행동으로 사랑을 표현하는 것에 서투르다. 신체적으로 아내를 어루만져 주고 토닥여 주는 시간을 가지며 '사랑한다'는 말과 부드러운 눈빛을 보내주며, 제아무리 바쁘더라도 자녀 양육과 가사 일을 도와주는 데에 얼마간의 시간을 투자하도록 계획을 짜고 실천해야 할 것이다.

융(Jung)의 분석심리학적 이론으로 설명하면, 남편은 여성성(Animus)이 결여된 채 남성성(Anima)으로서만 살았다. 아내 역시 여성 본래의 특성인 여성성을 억압하고 남성성만 개발하고 살았다. 그러니까 이들은 이성(Logos)과 감성(Eros)이 조화된 삶이 아니고, 오로지 이성적인 논리로써 삭막하고 전투적인 태도로 살아왔다. 따라서 미숙 씨는 어찌보면 자녀 양육의 기쁨에 동참하는 일에도 서투를 소지가 있다.

두뇌 이론으로 설명하자면 전두엽은 ① 논리 기능, ② 계획, ③ 직관, ④ 긍정적인 정서(웃고 춤추고 노래하는)로 구성되어 있다. 이들 부부는 ④번, 곧 정서가 더욱 개발되어야 한다.

지금부터는 그들의 삶에 낭만과 사랑과 재미를 초대할 필요가 있다. 좀 더 좋은 사역자가 되고 좀 더 좋은 부모가 되려면, 직업(사역)과 가정과 건강과 사교생활과 애정생활 영역에 균형을 가져야 한다. 이것이 '부모의 자기보살핌'이라는 개념이다. 이를 위해서는 [그림 10-1]과 같은 '나의 삶의 수레바퀴'를 참조하여 각자의 일상생활을 점검해 보면 유익할 것이다.

흔히들 '마음을 비우라.'고 하는데 그것은 불가능하다. 인간의 마음은 이것 아니면 저것으로 채워지기 때문이다. 그러므로 그녀는 걱정하고 체념하는 마음 대신에 기쁨으로 채울 필요가 있다. 우리가 매순간을 기쁨 속에 살기는 쉽지 않다. 어쩌면 기쁨, 행복감, 즐거움의 정서가 우리 한국인들에게는 아직은 익숙하지 않은 것 같다. '위기'를 반전의 기회로 삼듯이, 힘든 세상을 긍정적으로 바라보는 안목, 즉 세상을 거꾸로 보는 태도가 요청된다.

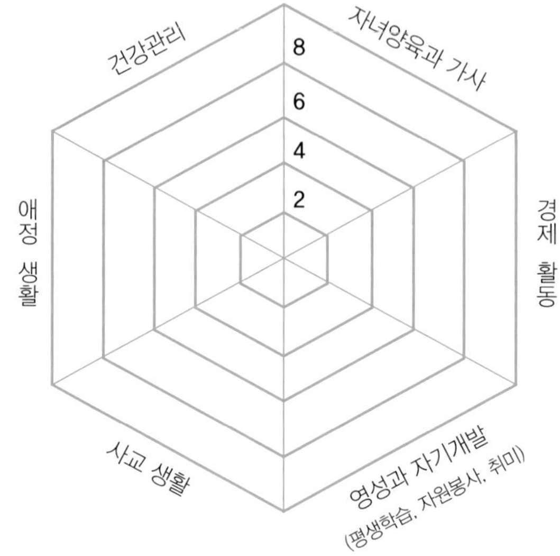

[그림 10-1] 나의 삶의 수레바퀴

[그림 10-2] 세상을 거꾸로 보기

행복하기를 지체하지 말라. 좌절되고 위협적인 상황 속에서도 '행복'을 연기하는 연기자, 기쁨을 요리하는 요리사로 살자. 가능하다면 매일 중 어느 순간은 방학의 마지막 날처럼 축제 같은 기분으로 살자.

흘러야 산다.

– 이해인 –

구름도 흐르고
물도 흐르고
시간도 흐르고

아픔도 흐르고
슬픔도 흐르고

흐르는 것은
다 아름답네
내 몸 속의 피도
흘러야 하는데
제대로 흐르질 못하여
내가 아픈 것이라고
많이 움직이지 않아
더욱 아픈 것이라고
사람들이 말을 하네

그래서

나는 지금
꼼짝 못하고 누워서
우두커니 하늘만 보네
창밖으로
바람도 흐르고
구름도 흐르는데……

11. 나도 도인이 될 수 있을까

우리는 모두 성공과 행복을 향유하고 싶어 한다. 우리의 청소년들 역시 유복한 가정에서 자라 무난하게 대학에 진학하고 좋은 직장에 들어가 평탄한 삶을 살기를 염원한다. 그것은 모두의 희망사항이다.

그런데 문제는 인생이 그렇게 호락호락하지 않다는 데에 있다. 설령 일생 동안 유복하게 살아온 사람이 있다고 하더라도, 언젠가 한두 번은 그에게 난관과 실패적인 상황이 닥쳐올 것이다. 그때 평탄하게만 살아온 그 사람은 어떻게 그 상황을 헤쳐 나갈 것 같은가? 아마도 당황하고 자신감을 잃어 크게 좌초될 것이 분명하다.

그러므로 우리는 평소에 생활하면서 어느 정도의 스트레스와 좌절적인 경험, 즉 쓴 약을 마시는 것이 필요하다. 그것은 마치 독감 예방주사와 같은 스트레스 면역훈련이 된다.

국가도 마찬가지다. 좁은 국토에 과밀한 인구, 자원 부족의 대한민국은 강대국의 틈바구니에 끼어서 긴긴 역사상 무수한 침략을 받으면서도 지금까지 건재하다. 그래서 우리 국민은 강인한 생명력과 오뚝이 같은 회복 탄력성을 가지게 되었다.

중세 시대에 유럽 인구의 절반 이상을 죽게 한 페스트(흑사병), 또 최근에는 메르스, 사스, 코로나 바이러스가 강타하여 전 세계를 뒤흔들고 있다. 미래에는 세상의 땅을 흔들 뿐만 아니라 땅과 하늘을 동시에 뒤흔드는 엄청난 천재지변이 도래할 수도 있다. 그때 우리 모두는 어려운 시기를 겪게 될 것이다. 그럴수록 가장 중요한 것은 마음가짐이다.

대한민국 국민이 코로나 바이러스 사태를 비교적 차분하게 그리고 신속하고 지혜롭게 대처했던 것은 우리가 겪었던 역사적 시련이라는 면역훈련을 잘 통과했기 때문이다. 이와 마찬가지로 우리는 일상생활 중에 속이 상하여 마음의 평화를 잃게 될 경우 현명하게 대처할 수 있는 방법을 알고 그것을 실천할 수 있어야 한다.

이 책에서 소개한 REBT와 기타 인지치료 이론은 우리에게 역경과 난관을 헤쳐 나갈 수 있는 회복 탄력성을 줄 수 있다고 본다. 이들 이론을 심도 있게 익힌 당신은 장차 무슨 일이 발생하더라도 합리적이고 과학적이며 철학적인 태도로 의연하게 임하는 방법을 알게 되었을 것이다.

이제부터는 새롭게 익힌 인지이론을 실생활에 능숙하게 적용하는 것, 즉 훈습의 과정이 남아 있을 뿐이다.

1. 재혼한 한미미 씨의 부부 문제

예쁘고 똑똑한 한미미(43세) 씨는 남편의 폭력 때문에 9년 전에 이혼하고, 과외교사를 하면서 독신으로 살아왔다. 전남편과의 사이에 태어난 아들은 전남편이 시부모와 함께 기르고 있다. 아들은 방문 허가권이 있는 그녀의 집으로 주말에 가끔씩 와서 그녀와 함께 지내다가 갔다. 그녀는 6년 전에 친구들과 등산을 갔다가 실수로 위험한 바윗길에서 미끄러진 사건이 발생하였다. 그때 마침 주변에 있던 등반인들이 몰려와 그녀를 구출하고 119에 연락을 취하여 치료를 받게 하였다. 구출작업에 앞장서서 가장 적극적으로 도와준 사람이 백○○ 씨였다. 그는 한미미 씨가 입원해 있는 병원까지 자주 방문하고 위로해 주었다. 이런 일이 발생한 다음에 두 사람은 연인관계로 발전하였다. 그녀는 3년 연상의 아이까지 있는 이혼녀였기 때문에 시댁에서는 처음에 이들의 결혼을 크게 반대하였으나, 남편이 워낙 주장이 강한 성격이라 시댁은 끝내 결혼을 허락했고, 지금은 공주 같은 딸(아름이 4세)과 함께 잘 살고 있다.

시부모는 젊은 시절에 외국에서 공부했고, 시아버지는 대학교수를 역임하였고 지금은 은퇴하였다. 두 명의 시누이들은 바이올린과 첼로 전공자다. 남편은 엔지니어 계열의 직장에 다니고 있지만, 피아노도 잘 치고 노래도 잘 부르는 편이다. 시댁 식구들은 화목하다. 명절 때마다 온 식구가 시댁에 모이면 그들은 웃음꽃을 피운다. 그리고 주로 클래식 음악에 대한 이야기를 많이 하였다.

시부모나 시누이들은 한미미 씨에게 친절하게 대하고, 특별히 딸(아름이)은 이들의 귀여움을 독차지하고 있다. 한미미 씨의 친정은 중산층으로 무난하게 살고 있다. 그러나 그녀는 수준 높은 클래식 음악에 대해서는 잘 알지 못한다. 그리고 외국어를 유창하게 구사하는 시댁 식구들 속에서 자기만이 이 집에서 낙후된 존재인 것 같다. 그녀는 그들의 대화에 끼지 못하므로 소외자의 씁쓸함이 있다.

특히 그녀는 시모에 대해서 섭섭해 하였다. 동갑내기 시누이가 아이를 출산했을 때는 산후조리사까지 아파트로 오게 하여 극진한 조리를 받게 하였는데, 자기가 아름이를 출산했을 때는 시모가 자기 아파트에 두어 번 방문했을 뿐이다.

결국 자기는 시집에서 '개밥에 도토리' 신세인 것 같다. 미미 씨는 명절 때 시댁에 갔다가 귀가한 다음에는 남편에게 투정을 부리고 싸움을 걸었다. 시댁 식구들이 모두 자기에게 겉으로만 친절한 척하지, 내심으로는 자기를 무시한다며 남편에게 불평을 하였다. 그리고 공연히 딸에게는 사소한 일로 야단치고 신경질을 부렸다. 아름이는 그녀의 눈치를 보고, 아빠를 더 좋아한다.

남편은 그녀더러 신경이 예민하다고 반박했다. 그런 일로 언쟁하면서 남편이 큰 소리로 야단을 치면 미미 씨는 흠칫 놀라 움츠러들고, 서럽게 눈물을 흘린다. 전남편의 폭력 피해에 대한 후유증이 아직도 약간은 남아 있는 모양이다.

미미 씨는 집안을 깔끔하게 잘 관리하고 살림도 잘한다. 미미 씨는 요즈음 1주에 1회씩 궁중음식과 떡 만들기 취미반에 나가고 있다. 그 모임에 나가서 대화를 하면 모두가 미미 씨를 부러워하는데, 자기는 마음 한 구석에 무거운 돌덩이가 들어 있다.

한미미 씨가 행복한 가정생활을 영위하려면 어떻게 해야 할까?

상담자는 그녀를 도와주기 위해서 먼저 그녀가 애로점으로 거론하는 문제가 무엇인가를 규명한다. 그리고 그녀가 원하는 것이 무엇인가를 알아보고 그에 맞추어 상담의 목표를 수립한다. 그러고 나서 해결방안을 탐색한다. 여기에는 부부대화 기술의 코칭과 자녀지도의 기술 코칭도 포함된다.

(1) 자신의 가치관과 세상을 바라보는 시각이 객관적이고 합리적인가를 검토하라

한미미 씨는 '시댁 식구가 자기를 친자식처럼 수용하고 사랑해 주어야 하며, 그렇지 않으면 자기를 흠이 있는 인간으로 보고 무시하는 것이다. 그것은 견딜 수 없다.'라고 생각하는 것 같다. 이런 당위적인 생각이 그녀를 불평, 불만의 소굴 속에 가두어 놓고 있다.

그런 비합리적인 생각은 그녀를 불행감의 노예로 묶어두는 망념이요, 마귀적인 생각이다. 그녀는 자기가 고정관념에서 얼마나 자유로울 수 있는지 성찰할 필요가 있다.

'재혼한 사람은 흠이 있고 열등한 존재이며, 새로운 가정을 꾸려 행복하게

살 수는 없는 사람인가?'

그리고 자기 역시 사람들의 인격과 가치를 오로지 외적인 조건으로만 평가하는가를 검토해 볼 필요가 있다. 왜냐하면 자신의 가치와 행복할 권리를 외적 조건에 근거하여 판단하는 세상 사람들의 견해를 그녀 역시 수용하는 듯한 인상이 들기 때문이다.

'그렇다면 자기의 힘으로 일상생활을 영위할 수 없는 장애인은 모든 사람들로부터 멸시 받아야 마땅하며 행복할 권리는 없다는 말인가?' 인간이란 ① 살아 있다는 것 자체로서, ② 그리고 자기의 삶에 만족하며, ③ 여러 사람들과 조화롭게 어울려 사는 것에 큰 의미를 두는 귀한 존재라는 명제를 다시 한번 확인해 볼 필요가 있다.

(2) 고통스러운 상황을 '거리두기'로 바라보면서 창의적으로 유연하게 적응하라

한미미 씨는 시댁에서 결혼 시초부터 자기를 반대했다는 것에 대하여 아직까지도 어느 정도 섭섭한 감정이 남아 있는 것으로 보인다. 시댁 식구들을 그런 관점으로 보고 있기 때문에 그녀는 그들이 지금도 그녀를 차별대우한다고 믿고 있는 것 같다. 설령 시댁 식구가 실제로 그녀를 아직도 차별대우하고 있다고 하더라도, 그것을 실제보다 더 확대해서 보고 있는 것 같다. 그러므로 그녀는 REBT를 통하여 자기의 신념이 합리적인가의 여부를 확실하게 알아보아야 할 것이다. 그러고 나서 자기 마음을 '거리두기'로써 바라보는 작업이 필요하다.

세상의 현상을 보면 절대적인 공평성의 개념은 없고 오직 다양성의 원리만 존재한다. 큰 나라, 작은 나라…… 큰 동물, 작은 동물 등

그러니까 이것이 옳고 저것은 그르다는 논리로 세상을 바라보는 것은 잘못된 것이다. 자기 논리로써 사물을 평가하는 것을 기독교적인 관점으로 해석하면 '선악과'로 인한 인류의 지성의 타락이라고 볼 수 있다. 그런 까닭에

결혼 문제, 가정 문제는 논리로써 해결되지 않는다는 것을 우리는 인지해야 한다.

예를 들면, '부모는 모든 자식을 똑같이 사랑한다.'고 하지만 실제로는 어떤 자녀를 편애하기도 하고 재산이나 교육 기회를 특정 아이에게만 더 많이 주기도 한다. 심지어 자녀를 학대하고, 아주 드문 경우이지만 자녀가 태어나자마자 내다버리는 부모도 있다. 그런 여건 속에서 자란 사람들이 가정을 꾸려 살아갈 때 본의 아니게 많은 문제를 만들 소지가 있다.

우리가 입고 있는 옷감이 형형색색의 씨줄과 날줄로 짜여지듯이, 각자는 우주에서 내려온 씨줄과 날줄로 짜여진 옷감이다. 그러므로 가정생활에서의 모순과 부조리를 목격하게 될 때는 논리를 뛰어넘어, 그 사실을 있는 그대로 인정하고, 그런 다음에 그 문제를 다루도록 하는 것이 현명하다.

그리고 결혼생활에서는 어떤 특정 문제에 대하여 서로 타협할 줄 알아야 한다. 자기가 좋아하지 않지만 상대방이 좋아하는 것을 자기도 좋아할 수 있는 방법을 배워야 한다. 그래서 좋거나 싫거나 하는 것을 뛰어넘게 되면 좋아하고 싫어하는 것을 모두 받아들이게 된다. 이것이 초월이요, 달관이다.

(3) 마음챙김을 통하여 기쁨과 감사 속에 사는 습관을 들여라

우리가 화를 내거나 불평, 불만을 하게 될 때 우리의 두뇌 안에서는 변연계가 활성화된다. 그래서 공격하거나 움츠러드는 방식으로 자기 방어에 몰두하게 된다. 이때 전두엽, 특히 전-전두엽은 일시적으로 활동이 정체된다. 따라서 한미미 씨가 시댁 식구들에게 섭섭한 감정이 느껴질 때는 먼저 변연계를 잠재우는 일이 필요하다. 그것은 호흡명상을 시작하여 마음을 안정시킨 다음에 자기의 감정을 알아차리는 작업을 하는 것이다.

'아, 내가 시어머니에 대해서 서운한 감정을 가지고 있구나.'

'그리고 시댁 식구들에 비해서 나는 예술 감각과 지성이 부족하다고 생각하고 스스로를 초라하다고 보는구나.'

'그래. 그런 나의 감정을 받아들인다. 그래. 나는 초라하게 느껴진다.'

그러고 나서 그녀는 안정을 찾기 위해 호흡명상과 마음챙김을 하는 것을 일상화할 필요가 있다. 이리하여 소란스러운 마음을 진정시키고 잠시 동안 마음을 편안하게 쉬도록 허용하면 조용한 기쁨의 에너지가 자기를 감싸게 된다는 것을 느낄 수 있다. 이 기쁨은 예쁜 물건을 사고, 맛있는 것을 먹고, 영화를 봄으로써 느끼게 되는 감각적, 자기도취적인 쾌락의 즐거움과는 '차원이 다른 기쁨'이다.

또 전-전두엽은 감사하기를 일상화할 때도 활성화된다. 그래서 감사하기는 잔잔한 기쁨의 파동으로 우리 몸을 감싸준다(유정은 역, 2017).

한미미 씨는 자기에게 없는 것(예: 시모가 산후조리사를 보내주지 않았던 점)에 대해서는 더 이상 신경을 쓰지 않기로 결단하면 된다. 그것은 결핍 욕구다. 그 대신에 자기에게 있는 것(시부모가 자기를 며느리로 용납한 것, 남편의 사랑, 시댁 식구들의 친절함, 아름이 등)에 대하여 하나하나 감사하면 행복의 문이 열리게 된다. 행복하게 살 권리를 향유하기 위해서 행복한 방향을 선택하라!

명상으로써 평안한 마음 상태가 되면, 그다음에는 자기가 원하는 모습의 이미지를 만들고, 그 이미지의 모습을 바라보는 것이 유익하다. 그렇게 되면 한미미 씨의 긍정적인 에너지가 삶을 긍정적인 상황으로 몰고 간다. 그래서 한미미 씨가 믿는 대로 사랑받는 며느리와 사랑받는 아내의 꿈이 현실로서 이루어지게 된다. 이것이 '무엇이든지 네가 믿고 구하면 그대로 이루어진다.'라고 하는 원리다. 한미미 씨가 기독교신자라면 이것을 감사기도로써 더욱 쉽게 실천할 수 있을 것이다.

외부적 환경이 어떻든 간에 그것에 구애되지 않고 우리는 기쁨으로, 또 감사함으로 마음의 평안을 누릴 수 있다.

2. 죄의식으로 괴로워하는 R군, "나는 나쁜 놈입니다"

다음 내용은 죄책감으로 괴로워하는 젊은이를 저자가 1990년대 초반에 REBT로써 상담한 사례다(홍경자, 1998).

대학교 3학년 2학기에 R군과 4회기의 단기상담을 하면서 밝혀진 것은 주로 두 가지 문제로 R군이 고통을 겪어 왔다는 점이다. 첫째는 대학 2학년 1학기부터 애인과 동거생활을 하고 있는 사실을 부모, 친척, 친구들에게 숨기고 있다는 점이다. 이 문제로 인한 괴로운 마음이 거의 해결을 볼 즈음, R군은 과거에 도서관에서 책을 훔친 것 때문에 문득문득 양심의 가책으로 움츠러든다고 호소하였다. 지면 관계상 간략하게 R군의 사례를 요약하기로 한다.

1회기

내 1: 제게 한 가지 비밀이 있는데요. 사실은 지금까지 누구한테도 일체 알리지 않고 살아왔는데 대학교 2학년에 올라와서부터, 아니 정확하게 말하면, 그해 겨울 1월부터 저는 여자친구랑 동거를 시작했어요. 지금까지 일 년 반 이상 동거 중이거든요. 결혼식도 올리지 않고 이 사실을 일체 알리지 않고 숨기고 살아왔어요. 그러자니 죄인같이 떳떳치 못하고…… 자기 학대가 심해요. 이러니까 자연히 학교 친구들도 되도록 피하고 지내 왔습니다. 빨리 결혼 생활을 시작한 것이 문제가 많아요. 정말 괴로운 적이 하도 많아서 혼자 지금까지 만날 고민해 왔습니다.

상 1: 그러니까 몰래 동거 생활하는 것에 대해서 양심의 가책을 느낀다고 할까…… 그런 거로군요?

내 2: 네. 교수님께 고백하고 나니까 가슴이 후련해요. 그래도 좀 괴로워요.

상 2: 어떻게 괴롭지요?

내 3: 머리에 피도 안 마른 놈이 일찍부터 여자를 밝힌다고 집안 어른들은 그럴 것이고, 또 대학 친구들 중에 저희 같은 사람은 별로 많지 않잖아요? 그냥 사귀고 어쩌다 같이 몰래 잠을 자고 지내는 학생들은 있겠지만요. 그러니까 괴로워요.

상 3: 그래요. 그런 괴로움에서 벗어나고 싶겠지요? 어떻게 하면 될까? 여자친구와 동거 생활을 하지 않으면 괴로움에서 해방될까요?

내 4: 우리도 몇 번 옛날 상태로 돌아갈까 생각도 해 봤거든요. 이렇게 같이 살다 보니까 친구 사귀는 것에도 지장이 많고…… 또 서로 좋기도 하지만, 제약을 서로 받거든요. 그런데 그게 안 돼요. 저도 이곳이 객지라 어차피 하숙을 해야 하고 제 여자친구 S도 집이 서울이거든요. 또 우리 둘 다 돈이 없어서 어떻게든 돈을 벌어 가지고 학교를 다녀야 할 처지예요. 그래서 어차피 우리는 1학년 때 사랑에 빠졌고, 시골에서 보내주는 쥐꼬리 만 한 돈은 용돈도 못 되는 금액이거든요. 차라리 우리가 함께 자취를 하는 것이 더 낫겠다고 하여 사글셋방을 얻고 자취 아닌 자취 생활을 한 거거든요. 막상 동거에 들어가고 나니까 '우리 둘만 좋으면 된다. 우리들은 진정으로 사랑하니까. 누가 우리에게 돌을 던질 권리가 있냐?'라고 했지만, 막상 동거하고 나서 여러 가지로 문제가 많아요. 공연히 우리는 죄를 짓고 사는 것 같아 어떤 때는 숨어 사는 두더지 같기도 하고, 위선자 같기도 하고, 괜스레 학교 친구들에게 미안하고, 죄짓고 들킨 것처럼 찝찝하고…… 사실 힘들고 외로운 우리 두 사람이 같이 살게 되면서부터 저는 마음이 많이 안정을 되찾았습니다. 오랜만에 따뜻한 밥도 얻어 먹게 되고요. 동거하니까 남자 쪽이 더 좋아요. 물론 S도 저를 좋아하니까. 우리 둘 사이에는 정말 너무 쪼들리지만 그런 대로 대학은 기어이 졸업하려고 서로 격려하고 열심히 살려고 해요.

상 4: 그러니까 두 사람은 결혼식은 올리지 않았고 또 아직 나이도 어리지만, 서로 깊이 사랑하고 있고, 동거를 하니까 경제적으로나 마음적으로 도움이 되고 있다는 것이지요?

내 5: 네.

상 5: 그런데도 어쩐지 잘못을 저지른 죄인 같아 괴롭고, 그런 불편한 마음을 해결해 보고 싶다는 것 아니에요?

내 6: 그래요. 이제 와서 1년만 있으면 졸업하는데, 우리 관계를 때려치우고 각사 헤어져서 산다는 것도 거의 불가능하고요.

상 6: 그러니까 동거 생활에서 오는 죄의식 같은 찝찝한 마음이 사라지고 편안한 마음이 될 수는 없는가? 그런 거지요?

내 7: 바로 그겁니다.

1~4회기의 상담과정 중에 상담자는 R군에게 REBT의 사상을 소개하고 ABCDE의 작업을 시도하였다. 또한 REBT의 독서요법도 권장하였다. R군은 지적인 이해가 빠른 편이어서, 저자와 여러 가지로 논의하면서 단기간의 인지상담으로도 만족할 만한 효과를 거두었다.

R군이 ABCDE의 양식을 이용하여 풀어본 문제는 다음과 같다.

(1) A(사건)

나는 애인과 결혼식을 치르지 않은 채 부모, 친지 몰래 동거생활을 하고 있다.

(2) C(결과)

나는 나쁜 짓을 했다는 생각으로 괴롭다.

(3) iB(비합리적 신념) 발견하기

① 부모 몰래 동거 생활을 하고 있으니 나는 부모를 속이고 죄를 짓고 있는 불효자다.

② 대학을 졸업하고 결혼을 해야 한다. 어린 나이에 동거 생활을 해서는 안 된다. 그러니까 나는 모범생이 아니다.

③ 이웃사람들이 나를 보고 '성(sex)이나 밝히는 젊은이'라고 손가락질 할

것이다. 그러니까 나는 좋지 못한 사람이다.

④ 친구들을 속이는 것은 진정한 우정이 아니다. 나는 친구들은 속이고 멀리하고 있다. 그러므로 나는 친구들에게 의리도 없는 위선자다.

(4) D(내담자를 논박으로 이끌기, 내담자에게 논리적 질문, 경험적 질문, 기능적 질문을 통하여 논리성, 현실성, 유용성에 대한 객관적이고 합리적인 대답을 찾도록 하기)

① 나는 평소에 부모의 속을 썩이는 불효자 노릇을 해 왔는가? 부모에게 동거 사실을 알리지 않았다고 해서 죄를 지은 불효자라는 말이 논리에 맞는 말인가?

② 20~21세(대학교 1~2학년) 때 동거 생활을 해서는 안 된다는 법이 있는가? 그런 사람은 실제로 쓰레기이고 불량학생인가?

③ 동네 사람들이 수군거리고 흉을 본다고 해서 내가 실제로 나쁜 짓을 한 사람인가? 사랑하는 사람과의 잠자리나 동거가 죄악이라는 말은 합리적으로 맞는가?

④ 나는 평소에 우정을 소홀히 하는 사람인가? 동거생활을 친구에게 알리지 않는다고 해서 내가 위선자라는 말은 과연 논리적으로 맞는 말인가? 모든 대학생들은 실제로 자기의 사생활을 친구들에게 다 알리고 사는가?

⑤ 동거생활에 대한 콤플렉스 때문에 내 자신을 학대하고 울적한 마음으로 움츠러드는 습관이 생겼는데, 그것이 나에게 어떠한 이득을 가져오는가?

(5) 반박 후에 획득한 rB(합리적 신념)

① 아니다. 나는 우리 부모를 사랑하고 내 마음속에는 효심이 있다. 동거생활을 한다는 사실을 감추고 있는 것도 부모님이 걱정하실까 봐 그러는 것이다. 대학 졸업 후에는 부모님께 S를 데리고 가서 인사시키고 정식으로 결혼 허락을 받을 작정이다.

② 나도 대학을 졸업한 뒤에 직장을 가지고 나서 여러 사람의 축복을 받으며 결혼식을 올리고 싶다. 그러나 사람마다 다 사정이 있는데, 무조건 대학을 졸업하기 이전에 동거 생활을 해서는 안 된다는 법은 없다. 나는 쓰레기도, 불량학생도 아니다. 초·중·고등학교 시절에도 나는 모범생이었다.

③ 실제로 우리 할머니 할아버지는 17세, 19세에 결혼하여 18세, 20세에 아이를 낳으셨다. 미국에서는 결혼하지 않은 십대들도 아이를 낳고 산다. 이웃 사람들이 나에게 손가락질하는지는 모르지만, 그들이 나를 손가락질한다고 해서 자동적으로 내가 나쁜 사람이 되는 것은 아니다. 세상 사람들의 생각이 반드시 옳은 것은 아니다. 나는 내가 옳다고 믿는 바에 따라 내 철학대로 살아가면 된다. 나는 S를 사랑한다. 사랑하는 사람과 동거하는 것이 정말 죄일까? 아니다. 로미오와 줄리엣도 15~16세에 부모 몰래 서로 사랑했고 성관계를 하지 않았는가? 요즈음에는 애정도 없이 불장난으로 여러 사람과 성관계를 하는 청소년들이 꽤 있는데 나는 그런 사람이 아니다.

④ 나는 우정을 소중하게 여기는 의리 있는 놈이다. 어쩌다가 내 형편상 별 수 없이 동거하니까 친구들을 멀리하게 된 것이고, 부질없는 화젯거리의 대상이 되기 싫어서 친구들에게 동거 사실을 알리지 않았을 뿐이다. 정말 친한 친구 한두 명에게는 내가 동거한다는 사실도 알려 주었지 않은가? 그러니까 나는 위선자가 아니다. 그리고 자기의 속사정을 전부 친구들에게 알리고 사는 학생들은 많지 않을 것이다. 피치 못할 사정이 많이 있을 테니까. 그래도 우정은 변함없이 계속될 수 있다.

⑤ 동거 사실 때문에 내가 자기학대해서 얻어지는 이득은 하나도 없다. 그렇지 않아도 나나 S는 힘들게 돈을 벌어 대학을 다니는 어려운 상황에 있다. 이런 처지에서 공연히 남의 손가락질 때문에 자기학대하여 힘을 더 잃어서야 되겠는가? 마음을 굳게 하자.

(6) E(반박 후의 효과)

R군은 이러한 성찰의 작업을 통하여 마음이 상당히 편안해졌고, 내심으로 떳떳하게 되고 부질없는 죄의식이 사라졌다고 했다.

이어서 R군이 가져온 문제는 다음과 같다. R군은 작년에 도서관에서 공부하다가 우연히 옆 좌석의 빈자리에 놓여 있던 남의 교과서를 두어 권 들고 가서 다른 좌석에서 시험공부를 하게 되었다. 그 뒤에 그 책들을 돌려주려고 했으나 책에 이름도 쓰여 있지 않고, 그 자리에 다시 왔을 때는 이미 그 좌석에 놓여 있던 책가방도 온데간데없어서 돌려줄 수가 없게 되었다고 한다. 그 이후로는 '소위 대학생이라는 내가 도둑놈이 되었다.'라는 생각이 문득문득 떠올라 괴로웠다. 또 단과대학 학생회 부회장으로서 단 위에 서서 여러 학생들 앞에서 회의를 진행하거나 사회를 볼 때면 '나 같은 위선자가 지도자 자격이 있는 것일까?' 하는 생각에 R군은 갑자기 움츠러든다고 하였다.

또 시골에 내려가 동생들을 훈계할 경우에도 '내가 이런 사실을 숨기고 살아온 주제에 과연 동생들을 훈계하고 시비를 가릴 자격이 있는 것일까?' 하는 의심이 들어 떳떳하지 못하고 괴롭다고 하였다.

우리는 이 문제를 REBT 이론으로써 다루었다. ABCDE의 모형으로 R군이 풀어본 반박문은 다음과 같다.

① 나는 작년에 무심코 누군가의 책을 훔쳐 가지고 가서 공부하였다. 다시는 그런 짓을 하지 않겠다고 자책하였고 그 후로 그런 짓은 단 한 번도 하지 않았는데, 단 한 번의 잘못으로 나는 영원히 도둑놈인가?

② 실제 모든 대학생은 절도를 포함하여 윤리적으로 나쁜 짓을 결코 하지 않으며 윤리적으로 완벽한가?

③ 과거에 잘못을 저지른 적이 있는 사람은 결코 지도자가 될 수 없는가? 외국이나 한국의 저명한 지도자들은 모두 단 한 번의 과오나 범죄도 범

한 적이 없는가? 전혀 과오가 없는 사람이 반드시 훌륭한 지도자인가? 과오를 범하고도 후일에 훌륭한 업적을 남긴 지도자는 없는가?

④ 동생들에게 자기의 약점을 숨겼다고 해서 동생들을 지도할 자격이 없다는 논리가 맞는가? 그런 근거가 어디 있는가? 동생들을 속이기 위해서 자신의 과오를 숨긴 것인가? 아니면 동생들에게 실망을 주지 않고 좋은 형으로 처신하기 위하여 방편상 숨긴 것인가?

R군은 이상의 질문에 대하여 반박문을 써보았다. 그리고 또 그 내용을 가지고 상담자와 논의하면서 REBT의 사상을 확실하게 소화한 후에 마음의 평화를 찾게 되었다. 특히 미국의 닉슨 대통령의 사례라든가 유명한 소설 속의 『장발장』도 과거의 실수를 통하여 개과천선하게 되었고 훌륭한 사회지도자로 변신하는 계기가 되었다는 사실을 생각해 낸 후 이것이 그에게 큰 위로와 희망을 주었다.

3. 불합리한 세상에서 합리적으로 생활하는 방법

이 절은 『정신건강적 사고』(홍경자 역, 1986, 20장)의 저서에서 엘리스가 마지막으로 요약한 내용이다.

지난 세기 동안에 이루어 온 엄청난 기술적 지식과 발전에 힘입어 인류 모두가 평화스럽고 번영 속에 살 수 있는 가능성이 있음에도 불구하고, 실제로는 세계적 전쟁, 경제적 불안정, 공해, 생태계의 파괴, 경영상의 부조리, 종교적인 광신 등의 비인간적인 양상이 판을 치고 있다.

개개인의 인간적인 성품 면에서 볼 때도 암담한 면이 많다. 인격을 무시하며 악랄하고 병적인 방식으로 행동하는 사람들을 거의 매일같이 접하게 될 때 우리는 이들과 더불어 기분 좋은 관계로 생활하기가 참으로 힘들다. 그러니까 현대 생활은 낙원이 아니라 고해처럼 보일 뿐이다.

그렇기는 하지만 반드시 울적하게 느낄 필요까지는 없다. 우리들에게는 선천적으로 어리석은 면과 불건전한 면을 타고 났지만, 또한 다행스럽게도 건전한 사고의 능력도 상당히 부여받았기 때문이다. 우리가 우리 자신의 사고와 행동을 총명하게 잘 조직하고 훈련하기만 한다면, 우리는 성취적이고 창조적이고 심리적으로도 만족스러운 삶을 영위할 수 있다.

내(엘리스)가 저술한『정신 건강적 사고(A New Guide for Rational Living)』에서 제시한 내용을 다음과 같이 요약해 보기로 한다.

인간의 욕망과 감정에는 뿌리 깊은 원인이 있다. 또한 그것은 학습의 산물이기도 하다. 그래서 때로는 당신은 자신의 욕망과 감정을 즉각적으로 통제할 수 없을 때도 많다. 그러나 이들 대부분은 당신의 사고와 상상력과 직접적으로 관련되어 있다. 그러므로 대부분의 욕망과 감정을 당신 쪽에서 통제할 수가 있다.

만일 당신이 자기 감정을 잘 통제하고 싶고, 또 자기 비하적이고 신경증적인 생활을 하고 싶지 않다면, 당신은 과거에 습득된 비합리적인 관념을 팽개쳐야 한다.

비합리적인 관념은 주로 다음과 같은 이유 때문에 생긴 것이다.

① 어린 시절부터 올바른 사고를 하지 못했던 점(어린이는 미래의 이익보다는 즉각적인 만족을 얻겠다고 유치하게 고집하거나, 상상적인 위험성과 실제적인 위험성을 정확하게 구별하지 못한다)

② 어린이이기 때문에 의사결정하는 데 성인에게 의존하는 경향성

③ 부모에게서 주입된 미신과 편견의 영향

④ 사회와 문화권의 대중매체에 의하여 주입된 사상

당신이 도전해야 할 몇 가지 주요한 비합리적 관념을 소개하자면 다음과 같다.

① 당신이 매사에 모든 중요한 사람들로부터 인정받고 사랑받아야 한다는 신념을 논박하라.

② 당신은 매우 유능하고 똑똑하며, 업적을 이루어 놓아야 한다는 생각을 버려야 한다.

③ 어떤 사람은 아주 나쁘고 사악하고 흉악한 사람이라고 규정하는 것도 삼가라.

④ 매사가 당신 뜻대로 되지 않을 경우에 그것이 끔찍한 일이고, 큰 야단이 났다는 식으로 간주하는 습관을 버려라.

⑤ 인간의 불행은 외부적 조건에 의해서 야기된다는 생각과 자기의 우울증이나 자기 연민의 감정을 통제할 능력은 자기에게 있지 않다는 사상을 단호하게 배격하라.

⑥ 만일 위험한 사태가 발생하게 된다면, 당신은 겁을 먹고 몹시 신경이 곤두서야 된다는 사상을 버리기 바란다.

⑦ 인생의 고달픔과 책임감으로부터 도망치려 하는 습관을 중단하라.

⑧ 과거의 역사가 아주 중요하므로 인간은 어린 시절의 성장 경험의 영향에서 벗어날 수 없다는 생각을 버리기 바란다.

⑨ '세상 돌아가는 모습이 이래서는 안 된다.'는 생각과 '비정한 현실을 타개할 좋은 방안이 재빨리 대두되지 않는다면, 인생은 끔직스럽고 지겨운 것이다.'라는 생각을 버려라.

⑩ 아무런 행동을 하지 않고 무사 안일주의로 조용히 즐기는 것으로써 최대의 행복을 누릴 수 있다고 하는 생각을 버려라.

마지막으로 다음과 같이 말하고 싶다.

다른 사람을 이유 없이 비방하지 않도록 매우 조심하면서, 동시에 항상 당신의 독자성을 잃지 않도록 노력하라. 짧은 인생에서 당신에게 가장 큰 만족을 안겨다 주는 흥미와 일에 전념하도록 하라. 그리고 진정으로 좋아하는 사물이나 인간에게도 전념하라. 전심전력하는 것은 자신의 욕망을 충족시켜 주고 자신의 흥미를 계발시켜 주는 도덕적인 행위다. 그리고 자신에 대한 흥미(self-interest)에 진실할수록, 당신은 아들러(Alfred Adler)가 말한 것처럼 타인을 배려하고(sociai-interest) 도와줄 수 있다. 그리하여 자신의 삶에 충실하면서 동시에 타인을 배려하는 것은 매우 건전하고 지성적인 생활의 기본 조건이 된다고 본다.

4. 참된 나의 모습과 자유로운 영혼을 찾아서

일생 동안 우리네 인간 세상에는 바람 잘 날이 없는 것 같다. 때로는 순풍이, 때로는 광풍이 불어오고, 예고 없이 행운과 역경이 교차한다. 우리는 왜 살기가 힘들고 마음이 괴롭다고 아우성을 치는가? 어떤 때는 내 능력이 부족하고 내가 잘못을 범하였기 때문이다. 또 어떤 때는 내가 최선을 다하지만 악의를 품은 사람들로 인하여 억울한 피해자로 살아야 하기 때문이다. 그리고 예기치 못한 천재지변으로 선량한 주변 사람들과 자신의 삶이 송두리째 무너져 버리는 엄청난 상황이 발생하기 때문이다.

이런 위기를 맞을 때 우리의 이성은 빛을 잃고 절망 속에 빠져 허우적대기 쉽다. 그때 합리적으로 사고하고 효율적으로 행동하는 길을 제시하는 것이 REBT 등의 인지이론이다. 그러나 세상의 비정한 모순과 부조리 현상을 이성적이고 과학적인 사고 방법으로 해결할 수 없는 경우가 허다하다. 나는 성숙한 인격자로 살고 싶은데, 이런저런 상황이 발생하면 무력한 갈대처럼 흔들리는 모습을 발견할 때 자신에 대해서 크게 실망하고 환멸을 느낄 수 있다.

과연 나는 어떤 형편에 처하더라도 의연하고 품위 있게 그 상황에 대처해 나갈 수는 없는가? '나'는 본질상 누구인가? 나의 내면에 빛으로, 지혜로, 사랑으로, 기쁨으로 끊임없이 나를 지켜주는 변함없는 '참된 나'를 어떻게 발견하고 붙들 수 있는가?

'본래적인 나'에 대한 깨달음은 아마도 종교적 수행을 통해서 가능할 것이다. 그런데 나는 평상시에 빛의 존재인 나의 영혼을 대면하고 싶다. 그렇게 되면 세파에 흔들리는 갈대가 아니라, 세상의 난관에 좌우되지 않으며 존엄성 있는 존재로 살아갈 수 있을 것 같다.

그런데 다행하게도 인지행동이론 중에서 수용전념치료(ACT)이론은 불교적 수행법을 활용하여 그 방법을 가르쳐 주고 있다. 즉, 마음챙김이다. 그것은 세상 사물에 대하여 온갖 판단 의식을 내려놓고 그저 바라보고(觀), 알아차리라고 하는 이론이다.

1) REBT, CT, 심리도식치료 등의 CBT 이론

우리가 느끼는 불안, 공포, 수치심, 분노는 결국 현실과 환상을 구별하지 못하는 데에서 비롯된다. 우리는 과거의 경험에 의지해서 과거에 착용한 낡은 안경을 쓰고 오늘의 현실을 보고 있다. 그러니까 심리적인 괴로움은 자기의 생각이 지어낸 것이다. 그리고 우리의 생각이 우리 몸과 마음의 에너지 흐름을 막기 때문에 기(氣)의 흐름이 정체되어 고통(통증)을 유발한다.

이제부터 우리는 우리가 착용하고 있던 안경을 깨끗한 물로 닦아내고 나서 착용해야 하겠다.

마음의 평안과 자유함을 구가하기 위해서 인지행동치료(CBT)이론을 내담자에게 적용하는 과정은 다음과 같다. 먼저 내담자에게 심리적으로 고통을 가져다주는 상황(환경자극)이 무엇이고, 그때 처한 상황(자극)에 대하여 그가 어떤 해석(사고, 인지, 평가 과정)을 하고 있으며, 그것은 어떤 감정과 행동을 유발하는지, 즉 그의 마음 작용(곧 사건 → 사고 → 감정 → 행동의 순환작용)을 내담자가 살펴보게 한다. 이어서 그의 마음 작용의 근간이 되는 자동적 사고 안에 들어 있는 인지적인 오류를 발견하고 그것을 교정한다.

이때 CBT는 복합인지(생각에 대해서 또 다른 생각을 해 보도록)로써 심리적인 문제를 해결해 나간다. 그래서 부정적인 자기평가를 긍정적인 자기 진술로 바꾸고, 비합리적 생각을 보다 더 정확하고 합리적인 생각으로 변화시킴으로써 인지적인 재구성을 한다. 이것은 언어적인 치료 방식이다.

2) ACT와 마음챙김이론

ACT의 이론에서는 우리가 착용하고 있는 안경을 통해서 사물을 보는 것은 부정확하므로 그 안경을 아예 벗어 버리라고 한다.

'이건 좋다, 나쁘다.'라고 하는 판단이나 평가를 하지 않고, 또 '나는 못났다. 그래서 수치스럽다.'는 자기 개념화를 버리라고 한다.

그리고 역경과 고통을 피하려고 발버둥치는 것 자체를 내려놓고, 오히려 고통을 수용하라고 한다. 오직 관찰하는 자기가 되어, 마치 제3자의 눈으로 바라보듯이 그렇게 객관적인 관찰자로서 자기와 자기 문제점을 관련된 사람들과 상황 간의 맥락 안에서 바라보라고 한다. 그것은 내가 360도의 시각으로 높은 하늘에 떠서 사물을 바라보며, 현재의 상황을 과거, 미래와 연관해서 이해하는 것이다. 그래서 관찰하는 자기는 초월적이고 맥락적이고 영적인 자기다. 이를 위해서는 나 자신의 감정, 생각, 신체 감각을 있는 그대로 바라보는 마음챙김의 자세가 필요하다. 그리고 고통을 외면하지 않고 고통과 대면할 용기를 가진 채 자신이 가장 중요시하는 삶의 가치를 선택하고 거기에 전념하라고 한다.

가령 누가 나를 헐뜯고 나에게 피해를 줄 때, 그 상황과 그때 내가 느끼는 감정과 생각에 대하여 있는 그대로 알아차리고 비판단적으로 일체를 수용하게 된다면, 그것은 마치 나(ego)가 없는 것과 같은 상태가 될 것이다. 따라서 분노와 좌절 감정에 휩쓸리지 않고 초연할 수 있게 된다. 다시 말해서 자타의 생각과 감정이 전혀 걸림돌이 되지 않게 된다. 그래서 너와 내가 서로 대립된 것으로 지각되지도 않으며, 내 자신을 초월할 수 있는 마음 상태가 될 수 있다. 이것은 불교에서 말하는 무아(無我)의 경지라고 볼 수 있다.

그리고 예수님이 '마음이 가난한 자는 천국이 저희 것임이요.'(마태복음 5:3) 라고 말한 상태라고 볼 수 있다. 이런 태도의 소유자는 세상살이의 고통이 문제가 되지 않기에, 고통으로부터 더 큰 깨달음을 얻고, 고통을 스승 삼아 무한한 능력으로 비상할 수 있다.

마음챙김 명상을 수련하게 되면 현실을 왜곡되지 않게 지각할 수 있게 되어 마음의 평안과 기쁨과 활력이 살아난다. 두뇌에 대한 연구에 의하면 신체감각에 주의를 집중한 명상훈련이나 인지행동치료는 약물치료와 동일한 효과를 보였다. 즉, 이들 세 가지가 모두 두뇌의 구조를 변화시키는 효과를 가져오는 것으로 보고되었다(권준수, 2014).

ACT에서 순간순간의 감각적 알아차림을 강조하고, 또 언어를 뛰어넘어 직접적으로 자기의 본성을 알아차리는 것을 강조하는 것은 불교의 참선(參禪) 수행과 유사하다고 볼 수 있다. 그러니까 ACT는 비언어적인 치료방식이라고 하겠다.

3) 불교의 심우도

불교, 특히 선불교(禪佛教)에서는 참된 자기(自己)를 찾아가는 수행의 과정을 심우도(尋牛圖), 또는 십우도(十牛圖)로 묘사한다.

그것을 소개하면 다음과 같다.

1단계: 심우(尋牛)

소는 인간의 본성, 곧 불성 내지 진리를 뜻한다.

나(인간 본성)를 찾아나서는 단계다.

2단계: 견적(見跡)

선(禪)의 수행 방법을 통해서 이제 겨우 발자국을 발견한 단계다.

3단계: 견우(見牛)

선을 수행하기를 더욱 노력(정진)한 결과, 나 자신의 모습인 소(인간 본성, 참된 나)를 보게 되었다. 즉, 깨달음의 단계에 들어섰다.

4단계: 득우(得牛)

소를 붙잡았다. 이제 깨달음을 잃지 않고 일상생활에 반영시켜야 한다.

5단계: 목우(牧牛)

붙잡은 소에게 꼴을 먹여 잘 길러야 한다.

깨달은 진리대로 살기 위해 계속 수행해야 한다.

6단계: 기우귀가(騎牛歸家)

소에게 배불리 꼴을 먹인 다음에 집으로 돌아온다.

집(本家)이란 깨달음의 자리를 말한다.

7단계: 망우존인(忘牛存人)

애써 소(인간의 본성)를 찾아내고 잘 길렀더니 소가 있는지조차 잊어버리게 되었다. 즉 인간의 본성을 깨닫고 보니 그것은 외부에 있는 것이 아니었다. 이제 구도자(求道者)인 '나'라는 존재로만 남아 있다.

8단계: 인우구망(人牛俱妄)

소의 존재를 잊어버리고 지냈는데, 이제는 나 자신도 잊어버렸다.

즉, 우주 내지 인간의 본성과 나의 실체(眞我)라는 것이 모두 공(空)하다는 깨달음에 이르렀다.

9단계: 반본환원(返本還源)

일체개공(一切皆空)의 진리를 깨닫고 난 다음에, 원래의 현실세계(중생세계)에 다시 돌아왔다.

10단계: 입전수수(入廛垂手)

'전'은 가게를 뜻하고 수수는 손을 내밀어 중생을 교화한다는 뜻이다. 현실로 돌아와 사람들을 가르치고 이롭게 한다.

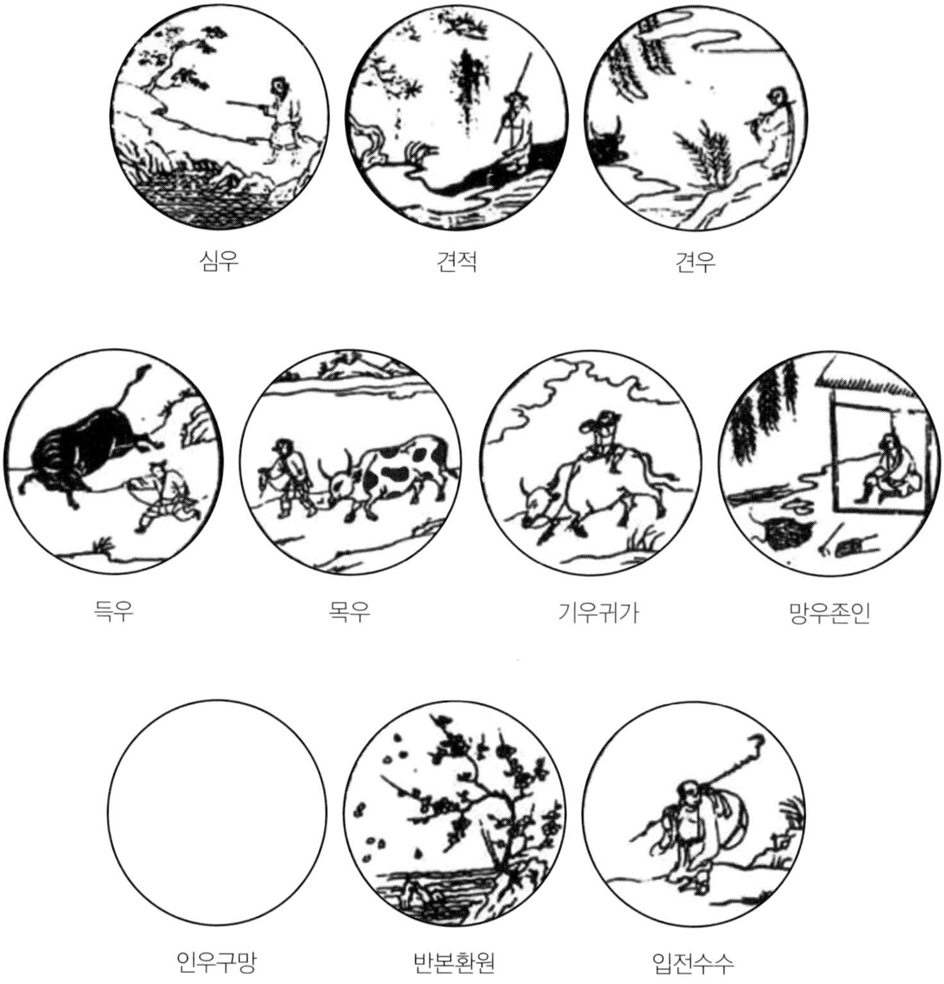

[그림 11-1] 십우도(十牛圖)

심리상담과 정신치료를 통하여 자기의 참된 면목 내지 인간의 본성을 확연하게 깨닫기는 쉽지 않다고 본다. 참된 자기(眞我)의 발견은 수준 높은 스승(guru 또는 善知識)의 지도와 쉬임없는 정진에 의해서 가능하다.

그런데 불교, 특히 선불교에서 참된 자기를 찾아가는 과정을 제시한 심우도는 심리상담의 과정과 일맥상통하는 면이 있다. 물론 내담자의 깨달음의 수준은 불교나 타 종교적 수행자의 수준과 차이가 있겠지만, 심리상담을 통하여 문제를 해결하고, 고뇌로부터 자유함을 얻고, 마침내 평강과 자유를 향유하는 과정은 심우도의 단계와 매우 흡사한 것으로 보인다. 그래서 저자는 CBT를 통한 내담자의 심리적 성장과 성숙 단계를 십우도의 10단계 중에서 7단계와 연관지어 다음과 같이 설명해 보기로 한다.

1과정(심우): 참된 자기(소)를 찾고자 한다. 그리하여 마음의 평화를 잃어버린 내담자가 평정심을 되찾기 위하여 상담을 받으러 간다.

2과정(견적): 소(자기)의 발자국을 발견한다. 즉, 자기가 처한 상황과 자기의 마음 상태에 대하여 이해하기 시작한다.

3과정(견우): 비로소 자기(소)를 보게 된다. 그런데 자기가 불안, 열등의식, 공포, 분노, 죄의식, 자기학대, 절망감 등으로 뭉쳐 있는 모습을 발견하게 된다. 그래서 여기서는 소(자기)가 검정색으로 보인다.

4과정(득우): 갈등하는 자기(소)를 잘 다스리려고 씨름하고 있다. 그리고 외부적인 스트레스 요인 때문에 자신이 괴로운 것이 아니라 그것에 대한 자기의 인지(판단작용)와 자기개념화의 습관 때문에 괴로움을 겪는다는 것을 알아차렸다. 그래서 자기의 생각을 올바르게 다스리기 시작한다.

5과정(목우): 자기를 다스리기 시작한다. 이제는 자신의 생각, 감정, 신체감각을 매 순간 알아차림으로써 심리적인 괴로움을 다스리게 된다. 그래서 자기(소)는 점점 흰색으로 변한다.

6과정(기우귀가): 소를 데리고 집으로 돌아왔다. 즉, 자기의 참된 모습을 찾고 자기의 마음관리를 잘하게 되어 평정심을 되찾았다.

7과정(망우존인): 소(자기)에 대한 생각을 깡그리 잊고 자기 혼자 앉아 있다. 그러니까 과거에는 자신의 정체성이나 가치관에 대하여 혼란되어 있었고, 세상과 자신의 여러 부면이 마음에 들지 않아서 몹시 괴로워했었는데, 지금은 그런 것들이 하등의 문제가 되지 않는다. 이제는 어떠한 외부

> 적 스트레스 요인도 자기 마음의 평안을 방해하는 걸림돌이 되지 못한다. 그래서 시초에 심각하게 괴로워했던 갈등이나 콤플렉스가 사라지고 자유로운 영혼으로 존재하게 되었다. 이 시점에서 상담을 종결하게 된다.

우리가 비록 선(禪)의 수행자처럼 정규적으로 철저하게 통찰명상을 지속하지는 못하더라도, 나의 고뇌를 척결하여 은은한 마음의 기쁨과 평화 속에 살아가기를 염원하는 것은 사실이다. 그리하여 우리가 7과정의 수준에 도달해 있다면, 사람들은 우리를 보고 '도인'(道人)같다고 하지 않겠는가?

인간을 영, 혼, 육으로 된 유기체라고 한다면, 육은 몸이고, 혼은 이성과 감성이고, 영은 본래부터 있는 맑은 지혜 자체, 내지 생명력이라고 사료된다. 우리가 심리적으로 갈등하고 혼란되어 있는 상태는 지혜를 떠나 혼(魂)의 사고방식으로 삶의 문제를 해결하려고 발버둥치고 있기 때문이다. 그래서 본래의 밝은 빛(영)이 어두움에 가려져 있는 상태라고 볼수 있다. 그러나 세상사는 혼의 방식, 즉 논리와 감정으로는 결코 만족스럽게 해결될 수가 없다. 그래서 마음챙김 명상을 하면서 관찰하는 자기, 초월적 자기, 무아적 자기로서 임할 필요가 있다. 그것은 의식과 무의식을 통합하는 길이며 자신의 문제를 과거와 현재와 미래의 시간 속에서 인과관계적으로 조감하는 태도라고 볼 수 있겠다.

자, 이제 우리는 인생사의 해답을 찾는 길의 종착점에 와 있는 것 같다. 과연 '나는 인생에 통달한 도인으로서 생활할 수 있을까?' 그에 대한 질문과 대답은 당신에게 달려 있다.

결론부터 말하자면, 분주하고 자극이 넘쳐나는 세상 속에 살면서 우리가 각자(覺者)로서 24시간 의식이 깨어 있는 상태로 살기란 거의 불가능하지 않을까? 그러니까 어쩌면 도인(道人)의 경지에는 이를 수가 없을지도 모른다. 그러나 인간은 실수하기 쉬운 속성을 가지고 있으면서도, 자기실현을 추구하는 경향이 있기 때문에, 어리석음과 지혜를 동시에 공유하고 있다. 그러니까 죽을 때까지 인간의 한계점을 받아들이고, 그 속에서 평안을 누리고 감사하는 마음으로 충만한 기쁨 속에 산다면, 그것이 우리가 추구하는 이상적인 모습이라고 보아야 할 것 같다.

우주는 역설로써 우리를 가르친다. 행복한 자가 불행하다. 불행 속에 눈물 흘리는 자가 오히려 축복받은 사람이다. 실패는 실패가 아니라, 나의 갈 길을 궤도 수정하라는 신의 메시지다. 그리고 그 시점에서 내가 괴로워하는 것은 내 영혼이 그것에 반응한 것이다. 그러므로 우리가 불완전한 것이 완전한 것이다. 우리는 세상의 다양성과 모순점을 겸손하게 받아들이면서, 인생은 끊임없이 변화한다는 점을 이해하고, 그 속에서 평강을 누리면 족하다고 본다.

겉으로 보기에 세상은 안전한 것이 없고 문제투성이다. 그러나 바로 그것 때문에 인생은 경이와 신비로 가득 차 있다. 그러므로 우리 삶의 순간순간 속에서 경이와 신비로움을 발견하자. 그리고 그러한 경이 속에서 우주와 연결되어 있음을 매순간 알아차리고 기쁨과 감사의 마음으로 살아가자. 그것이 내가 하나님(우주의 에너지) 안에, 또 하나님이 내 안에 거하는 모습이 아닐까?

끝으로, 〈눈이 부시게〉라는 드라마로 2019년 연기자 대상(제55회 백상예술대상 TV부문)을 받은 배우 김혜자의 소감문을 소개한다.

"우리는 위로가 필요한 시대에 살고 있는 것 같습니다.
내 삶은 때로 불행했고 때론 행복했습니다.
삶이 한낱 꿈에 불과하다지만
그래도 살아있어서 좋았습니다.
새벽에 쨍한 차가운 공기,
꽃이 피기 전에 부는 달큰한 바람,
해질 무렵 우러나오는 노을의 냄새……
어느 한 가지 눈부시지 않은 날이 없었습니다.
지금 삶이 힘든 당신, 이 세상에 태어난 이상
당신은 이 모든 걸 매일 누릴 자격이 있습니다.

후회만 가득한 과거와 불안하기만 한 미래 때문에
지금을 망치지 마세요.
오늘을 살아가세요.
눈이 부시게……
당신은 그럴 자격이 있습니다."

흔들리며 피는 꽃

– 도종환 –

흔들리지 않고 피는 꽃이 어디 있으랴
이 세상 그 어떤 아름다운 꽃들도
다 흔들리면서 피었나니
흔들리면서 줄기를 곧게 세웠나니
흔들리지 않고 가는 사랑이 어디 있으랴

젖지 않고 피는 꽃이 어디 있으랴
이 세상 그 어떤 빛나는 꽃들도
다 젖으며 젖으며 피었나니
바람과 비에 젖으며 꽃잎 따뜻하게 피웠나니
젖지 않고 가는 삶이 어디 있으랴

참고문헌

강주헌 역(2019). 대변동: 위기, 선택, 변화–무엇을 선택하고 어떻게 변화할 것인가(Upheaval). Diamond, J. 저. 서울: 김영사.

권석만, 김진숙, 서수균, 주리애, 유성진, 이지영 역(2005). 심리도식치료(Schema Therapy). Young, J. E., Klosko, J. S., & Weishaar, M. E. 저. 서울: 학지사.

권준수(2014). "뇌과학과 상담", 융합학문으로서의 상담. 2014년 한국상담학회 연차 학술대회, 17-37.

김남성, 조현주 역(2000). 스트레스 상담: 인지 · 정서 · 행동적 접근(Stress Counseling). Ellis, A. & Gordon, J. 저. 서울: 민지사.

김득성 역(2004). 행복한 결혼 생활 만들기. 서울: 시그마프레스.

김대식(2014). 내 머릿속에선 무슨 일이 벌어지고 있을까. 서울: 문학동네.

김성훈 역(2018). 10대의 뇌(The Teenage Brain). 서울: 웅진지식하우스.

김용내(2014). "기독교 영성과 상담". 초월영성과 상담, 2014년 한국상담학회 연차 학술대회.

김정규, 김영주, 심정아 역(2008). 알아차림, 대화 그리고 과정. 서울: 학지사.

노안영(2013). 게슈탈트 치료의 이해와 적용. 서울: 학지사.

도종환(2012). 흔들리며 피는 꽃. 서울: 문학동네.

류창현 역(2010). 친밀감 만들기(Making Intimate Connections). Ellis, A. & Crawford, T. 저. 경기: 교육과학사.

문현미, 민병배 역(2010). 마음에서 빠져나와 삶 속으로 들어가라(Get Out of Your Mind & Into Your Life). Hayes, S. & Smith, S. 저. 서울: 학지사.

박경애(1997). 인지 · 정서 · 행동치료. 서울: 학지사.

박경애(2019). 동양에서 REBT의 적용과 과제. 한국 REBT 인지행동치료학회 창립총회 및 제1차 국제학술대회, 1-40.

박노동(2007). 역설. 광주수필, 45호, pp. 148-149. 광주: 교음사.

박태수(2010). 상담자의 전문성과 자기관리. 2010년 광주전남상담학회 연차대회.

방선욱 역(2018). 행복에 이르는 길(How to Make Yourself Happy). Ellis, A. 저. 서울: 교육과학사.

서수균, 김윤희 역(2007). 합리적 정서행동치료(Rational Emotive Behavior Therapy: A Therapist's Guide, 2nd ed.). Ellis, A. & McLaren, C. 저. 서울: 학지사.

신진영(2018). 구시렁구시렁. 서울: 여름언덕.

오제은 역(2004). 상처받은 내면아이 치유(Home-coming). Bradshaw, J. 저. 서울: 학지사.

오제은 역(2005). 당신이 원하는 사랑 만들기: 국제공인 이마고 커플 워크숍 매뉴얼(Getting the Love You want). Hendrix, H. & Hunt, H. 저. 서울: 한국부부상담연구소.

원호택 외 역(1996). 우울증 인지치료(Cognitive Therapy on Depression). Aaron Beck 저. 서울: 학지사.

유성진 역(2017). 합리적 정서행동치료(Rational Emotive Behavior Therapy: Distinctive Features). Dryden, W. 저. 서울: 학지사.

유정은 역(2017). 기쁨에 접속하라(Joy on demand). Chade-Meng Tan 저. 서울: 알키.

이남규 역(2011). 매사 마음먹기 나름이야(Control stress). McKenna, P. 저. 서울: 기파랑.

이동귀 역(2011). 앨버트 엘리스(Albert Ellis). Yankura, J. & Dryden, W. 저. 서울: 학지사.

이민수(1998). 노자 도덕경(혜원동양고전 10). 서울: 혜원출판사.

이성직 역(2014). 성폭행 생존자를 위한 인지처리치료 매뉴얼(Cognitive Processing

Therapy for Rape Victims). Posick, P. A. & Schmicke M. K. 저. 서울: 학지사.
이우경, 이미옥 역(2018). 마음챙김 기반 인지치료(Mindfulness-Based Cognitive Therapy for Depression, 2nd ed.). Segal, Z., Williams, M., & Teasdale, J. 저. 서울: 학지사.
이우경, 조신미, 황태연 역(2006). 마음챙김 명상에 기초한 인지치료(Mindfulness-Based Cognitive Therapy for Depression). Segal, Z., Williams, M., & Teasdale, J. 저. 서울: 학지사.
이해인(2014). 필 때도 질 때도 동백꽃처럼. 서울: 마음산책.
인경스님, 김수인 역(2011). 수용전념치료 임상 가이드(ACBT-Practitioner's Guide to ACT). Ciarrochi, J. & Bailey, A. 저. 서울: 평상상담연구원.
인문출판사 편집부(1998). 세계의 명시. 서울: 인문출판사.
장동숙, 황을호 역(2010). 5가지 사랑의 언어(The Five Love Languages). Chapman, G. & Southern, R. 저. 서울: 생명의 말씀사.
장협갑 외(2005). 마음챙김명상과 자기 치유(Fuii Catastrophe Living). Jon Kabat-Zimn 저. 서울: 학지사.
전병근 역(2019). 다시, 책으로(Reader, Come Home). Wolf, M. 저. 서울: 어크로스.
정태연, 이민희 역(2016). 비로소 나를 사랑하는 방법(The Myth of Self-Esteem). Ellis, A. 저. 서울: 학지사.
정호승(1998). 외로우니까 사람이다. 서울: 엘림원.
채숙향 역(2010). 약해지지 마. 시바타 도요 저. 서울: 지식여행.
최종훈 역(2010). 닉 부이치치의 허그(Hug). Nick Vujicic 저. 서울: 두란노.
한소영 역(2014). 불안을 치유하는 마음챙김 명상법(The Mindful Way Through Anxiety). Orsillo, S. M. & Roemer, L. 저. 서울: 소울메이트.
허지원(2018). 나도 아직 나를 모른다. 서울: 홍익출판사.
홍경자 역(1984). 이성을 통한 자기성장(Growth though Reason). Ellis, A. 저. 서울: 탐구당.
홍경자 역(1986). 정신건강적 사고(A New Guide for Rational Living). Ellis, A. 저. 대구: 이문출판사.
홍경자, 김선남 역(1995). 화가 날 때 읽는 책(Anger: How to live with/without It).

Ellis, A. 저. 서울: 학지사.

홍경자(1998). "나는 위선자이고 나쁜 놈이다: 청소년의 열등감과 죄의식을 다룬 상담사례". 청소년 인지상담(pp. 384-408). 서울: 청소년 대화의 광장.

홍경자(1998). "불효자는 웁니다: 청소년의 열등감과 죄의식을 다룬 상담사례", 청소년 인지상담(pp. 145-422). 서울: 청소년 대화의 광장

홍경자, 유정수 역(2003). 나를 사랑하기(Self-Esteem). McKay, M. & Fanning, P. 저. 서울: 교육과학사.

홍경자, 노안영, 차영희, 최태산 역(2007). 부모코칭 프로그램 적극적인 부모역할 Now (Active Parenting Now). Popkin, M. 저. 서울: 학지사.

홍경자(2016). 넉넉한 부모, 잘 되는 아이. 서울: 학지사.

홍경자, 정욱호, 최태산, 권선이(2017). 자존감을 심어주기. 서울: 홍경자심리상담센터 출판부.

홍경자 편(2020). REBT와 인지이론의 실제: 생각 바꾸기 훈련 사례. 서울: 학지사.

Gibran, K. (1975). *The Prophet. New York*, U.S.: Alfred, A. Knopf.

Miller, A. L., Rathus, J. H., & Lenehan, M. M. (2007). *Dialectical Behavior Therapy with Suicidal Adolescents*. NY: Guilford Press.

Neff, K., & Germer, C. (2018). *The Mindful Self-Compassion Workbook*. NY: Guilford Press.

Sievers, N. J., & Gonsiewski, N. (2007). *It's Your Mind: Own It!* Oregon, U.S.: Innovations Press.

Sukhabodhananda, S. (2002). *Oh, Life, Relax Please*. Bangalore, India: Prasanna Trust.

찾아보기

인명

내용

저자 소개

홍경자(Hong, Kyungja)

전남대학교 교수(1976~2006)를 역임하였고, 현재는 전남대학교 명예교수이며, 홍경자심리상담센터 소장으로서 세계적인 부모코칭 프로그램인 적극적인 부모역할 훈련(AP)의 지도자를 20여 년간 양성해 왔다. 저자는 한국사회에 '상담심리학'이라는 학문을 처음 소개한 제1세대 학자이기도 하다. 그리고 엘리스(Ellis)의 REBT 이론을 한국사회에 최초로 소개하였다. 지난 50년 동안 상담자들에게 상담의 실제적인 기술을 명쾌하게 가르쳐 왔고 특히 '마음치유여행'의 워크숍을 통하여 한국인의 한(恨)과 화병을 치유하고 있다. 저자는 국제공인 이마고 부부상담치료사이고, 상담심리학 분야의 네 개 학회(한국심리학회, 한국상담학회, 한국가족상담협회, 한국기독교상담심리학회)에서 공인 슈퍼바이저로 활동하고 있으며, '아리랑Therapy'에 대한 특허를 소유하고 있다. 현재는 개인상담, 부부상담, 집단상담, 상담자 기술 훈련과 슈퍼비전 등에 주력하고 있다.

『REBT와 인지이론의 실제』(학지사, 2020), 『넉넉한 부모, 잘되는 아이』(학지사, 2016), 『자존감을 심어주기』(공저, 홍경자심리상담센터 출판부, 2017), 『사회성과 대화능력을 길러주기』(공저, 홍경자심리상담센터 출판부, 2017), 의사소통 보드게임, 두근두근 탐험대(홍경자 심리상담센터 출판부, 2017), 『상담의 과정』(학지사, 2001), 『청소년의 인성교육』(학지사, 2004), 『부모코칭 프로그램: 적극적인 부모역할, NOW』(공역, 학지사, 2007), 『의사소통의 심리학』(학지사, 2007), 『이혼·별거 가정의 부모역할』(공역, 학지사, 2009) 등 40여 권의 저·역서와 100여 편의 논문을 저술하였다.

REBT와 인지이론으로 마음 다스리기
-속이 상하세요? 답이 있습니다-

Mind Management with REBT & Cognitive Theories
-Are You Confused? Here are answers-

2020년 5월 11일 1판 1쇄 발행
2024년 1월 25일 1판 3쇄 발행

지은이 • 홍 경 자
펴낸이 • 김 진 환
펴낸곳 • (주) 학지사
04031 서울특별시 마포구 양화로 15길 20 마인드월드빌딩 5층
대표전화 • 02) 330-5114 팩스 • 02) 324-2345
등록번호 • 제313-2006-000265호
홈페이지 • http://www.hakjisa.co.kr
인스타그램 • https://www.instagram.com/hakjisabook

ISBN 978-89-997-2105-2 93180

정가 15,000원